어디든 갈 수 있다~

다재다능
기업체면접

타임 취업연구소

인쇄일 2019년 9월 1일 초판 1쇄 인쇄
발행일 2019년 9월 5일 초판 1쇄 발행
등　록 제17-269호
판　권 시스컴2019

발행처 시스컴 출판사
발행인 송인식
지은이 타임 취업연구소

ISBN 979-11-6215-305-5 13320
정　가 15,000원

주소 서울시 양천구 목동동로 233-1, 1007호(목동, 드림타워) | **홈페이지** www.siscom.co.kr
E-mail master@siscom.co.kr | **전화** 02)866-9311 | **Fax** 02)866-9312

머리말

높은 학점과 토익점수가 기본인 요즘 시대에 취업의 길은 험난하고 취업의 문턱은 날이 갈수록 높아지고 있다. 지원자가 갖추고 있어야 할 경험(봉사활동, 사회생활, 입상내역 등)과 능력(OPIc, 어학연수, 각종 자격증 등)은 해마다 공개되는 기업 공채 경쟁률과 함께 끝을 모르고 올라가고 있다. 따라서 다른 취업 준비생들과는 다른 무언가를 준비해야 할 시기인 것이다. 그건 바로 면접이다.

면접에는 정답도 오답도 없다. 면접관이 원하는 답안을 쭈뼛거리며 소극적으로 답한다면 좋은 결과를 예측하기 쉽지 않을 것이다. 반면 면접관이 원하는 답안을 제시하지 못하였어도, 당당하고 자신있게 소신대로 답을 한다면 결과는 모르는 것이다. 따라서 면접은 답을 구하는 준비를 하는 것이 아니라 여러 상황을 자신감 있게 대처하는 준비를 하는 것이다.

어느 기업이나 원하는 인재상은 있기 마련이다. 하지만 하루아침에 그에 맞는 사람이 되는 것은 힘들다. 그래서 우리는 기업에서 원하는 인재상이 될 수 있다는 가능성을 면접을 통해 보여주어야 한다. 회사원으로서의 자세, 전문지식, 창의력과 논리성 등을 함양하고 있는 인재임을 면접관에게 각인시켜야 한다. 그 방법을 이 책을 통해 탐구하기를 바란다.

이 책과 함께하는 준비생들에게 출근길이 열리길 바라며...

구성과 특징

기업체 면접의 유형과 그 유형에 맞는 대비 전략을 세우는 것은 면접 합격의 출발이다.

핵심내용
면접 준비에 있어 필요한 기본적 흐름이나 알아두어야
하는 기본 면접 대비 자세에 관한 내용을 담았습니다.

TIP
면접일정별, 면접유형별 알아두면 좋을 정보와 전략을
추가로 준비하여 담았습니다.

BEST-GOOD-BAD
질문을 파악하고, 알맞은 해석을 하여 질문에 맞는 맞
춤답변과 하지 않으면 좋을 답변까지 준비하여 담았
습니다.

직접해보기
토론면접에 자주 나오는 주제에 직접 대비할 수 있도록
만들어 담았습니다.

⑪ 지상파 광고 총량제 도입에 대한 찬반 토론

| 주요 논점 |

▷ 찬성 측

– 광고 총량제를 통해 유연하고 효율적인 프로그램 편성이 가능하다.
– 지상파의 재정적 안정성이 강화되어 양질의 프로그램 제작이 가능하다.

▷ 반대 측

– 시청률 위주의 프로그램 편성으로 공공성이 저하된다.
– 시청 중 광고를 자주 접하게 되어 시청권을 침해할 수 있다.
– 인기 프로그램에 광고가 몰리게 되어 영세 방송사업자 등이 어려워질 수 있다

| 찬성/반대의 의견 요약 |

◯ 오늘 뉴스 기사 중 가장 기억에 남는 것은 무엇입니까?

◯ 오늘 아침 주요 일간지 톱(Top) 기사는 무엇입니까?

◯ 현재 우리 사회의 대표적인 현안은 무엇입니까? 두 가지만 말해보세요.

내 생각 채우기
준비해야 할 주요 시사상식에 관한 질문에 대비할 수
있도록 준비하여 담았습니다.

01 일반면접 빈출 질문

Q 자기소개를 해 보세요.

Q 당사 지원 동기는 무엇입니까?

Q 당사에 대해 아는 대로 말해보세요.

Q (경력) 이직 또는 퇴사 동기는 무엇입니까?

Q 마지막으로 하고 싶은 말이 있다면 해보세요.

Q 입사하면 어떤 일을 하고 싶어요?

Q 자신의 취미를 소개해보세요.

Q 해당 직무를 선택한 이유는 무엇입니까?

Q 다른 회사에 지원했나요? 결과는 어떻게 됐어요?

부록
유형별 면접의 빈출문제를 수록하여 면접자들이 대비할
수 있도록 담았습니다.

차 례

Part 1

성공적 면접을 위한
사전 준비

01 면접에 대해 제대로 알아야 한다.

1 최근의 면접 트렌드는 어떻게 되는가?

    취업을 위한 면접에서 좋은 결과를 얻기 위해서는 무엇보다 인력을 채용할 기업이 어떤 면접을 시행하고 있고, 어떠한 부분을 강조하고 있는지를 먼저 파악해야 한다. 최근 강조되고 있는 기업체 면접 트렌드에는 심층면접의 증가, 직무역량의 강조, 블라인드 면접의 증가, 실질적 영어 구사능력의 강조 등을 대표적인 예로 들 수 있겠다. 이와 관련된 내용을 조금 더 자세히 살펴보면 다음과 같다.

① 심층면접의 증가

    최근의 기업은 우수한 인재를 채용하기 위한 심층면접을 강화하는 추세이다. 기업에 따라 합숙면접을 통한 역량의 검증, 직무 에세이 및 과제 제출, 다양한 사회 현안과 관련된 평가, 집단토론과 프레젠테이션 평가, 롤플레잉 평가 방법 등이 도입되고 있다. 특히 합숙면접을 통해 개인의 역량을 다각도로 평가하는 심층면접을 실시하거나 개인에게 과제해결을 위한 미션 수행을 요구하는 기업에 지원하는 경우, 이에 맞는 맞춤형 대비 전략이 필요하다고 할 수 있다.

② 직무역량 면접(구조화 면접)의 강조

    최근 기업들의 소위 '탈(脫) 스펙' 전형 추세와 함께 가장 강조되는 요소가 바로 '직무역량'이다. 각 기업들은 수년간의 경험을 통해 학점이나 영어점수, 자격증 등의 수치화된 요소로는 기업이 추구하는 직무 적합성을 갖춘 인재를 채용하는 데 한계가 있다는 것을 알게 되었다. 이에 따라 최근 많은 기업이 단순한 스펙형 인재보다는 풍부한 직무 관련 경험을 통한 실무형 인재를 채용하기 위해 직무역량 면접을 강조하고 있다.

    직무역량을 향상시키기 위해서 가장 좋은 방법은 해당 직무와 관련된 인턴십 과정이나 아르바이트 등을 통해 경험을 쌓는 것이다. 비록 직무와 동일한 경험은 아니라 하더라도 직무역량 향상에 도움이 되는 다양한 경험을 쌓고, 그것을 통해 직무에 대한 이해의 폭을 넓히는 것도 큰 도움이 된다.

직접적인 경험뿐만 아니라 자신의 학업과 면접을 위한 준비과정에서도 자신의 역량을 키우는 준비가 필요하다. 특히 면접 준비에 있어 역량을 드러낼 수 있도록 연관된 지식을 폭넓게 쌓는 것이 중요하다. 지원한 기업과 관련 산업에 대한 지식뿐만 아니라, 직무 조사와 분석을 통해 해당 직무에 대해 철저히 파악하는 것이 필요하다. 실제 면접에서의 질문도 지원자의 역량을 파악하기 위해 관련된 질문이 연속적으로 제시될 수 있으므로, 이러한 대비는 꼭 필요하다. 또한 자신의 경험을 해당 기업 직무와 관련하여 어떻게 도움이 되는 방향으로 연결할 수 있을지를 파악하는 것도 반드시 필요한 과정이라 할 수 있다.

③ 블라인드 면접의 증가

블라인드 면접은 면접에 앞서 기본적인 서류심사는 하지만, 면접 자체에서 이력서의 내용은 반영하지 않는 방식의 면접으로, 지원자의 기본적 마음가짐과 소신, 의지, 능력을 토대로 선발하기 위해 만들어진 면접이다.

블라인드 면접은 기본 스펙이 뛰어나거나 회사의 전형적인 인재상에 부합하는 지원자가, 입사 후 기대한 실무 능력에 부합하지 못하거나 회사에 원만하게 적응하지 못하는 경우가 많아 도입된 방식이라 할 수 있다. 따라서 지원자도 자신의 스펙보다는 자신이 어떻게 회사에 기여할 것인가를 설명하고, 그와 관련된 추진 방향이나 구체적 방안을 제시하는 것이 무척 중요하다.

블라인드 면접의 경우 다른 면접보다 돌발적인 질문이 제시될 가능성이 많고 필요에 따라 압박면접과도 결합될 수 있으므로, 이에 적절하게 대처할 수 있도록 준비하는 것도 필요한 과정이라 할 수 있다.

④ 영어 구사능력의 강조

영어를 면접에서 평가하는 경우, 실무에서 적용할 수 있는 실제 구사능력이 얼마나 되는가에 초점을 맞추는 추세로 바뀌었다. 이를 위해 기업이 면접관으로 외국인을 고용하기도 하며, 기존의 토익, 토플, 텝스 등의 공인 영어점수보다 OPIc(Oral Proficiency Interview - computer), 토익스피킹시험(TOEIC Speaking Test) 등이 더욱 중시되기도 한다. 따라서 지원자도 자신이 지원하는 회사가 이러한 영어 면접을 시행하고 있는지 미리 파악해 이에 대비하는 것이 필요하다.

2 면접의 형태에는 어떤 것이 있는가.

면접전형은 회사마다 차이가 있으나 일반적으로 '서류전형 – 필기시험(인·적성검사) – 1차 면접 – 2차 면접'의 형식으로 진행된다.

1차 면접은 주로 지원자의 기본적 역량과 인성, 경력 등을 파악하는 면접이다. 여기에는 일반적인 능력(창의력, 기획력, 논리력, 이해력, 문제 해결 능력 등)과 전문성(전공 지식, 시사상식, 회사 관련 지식 등), 상황 대처 능력과 순발력, 판단력, 협동 및 소통 능력, 지원자의 열정과 열의, 성실성, 다양한 경력과 경험 등이 모두 포함된다.

2차 면접의 경우 주로 회사의 임원진으로 구성된 면접으로, 1차 면접의 평가 대상이 되는 요소와 함께 지원자의 인정과 잠재력이 주요한 평가 요소가 된다.

면접의 구체적 형태에는 다음과 같은 것이 있다.

① 개인면접(단독면접)

한 명의 지원자를 두고 면접을 진행하는 것으로, 면접관은 한 명 또는 다수의 면접관이 있는 형태로 구분된다(일대일 또는 일대다의 형태).

지원자와 면접관이 각각 한 명씩 배치되어 진행되는 면접은 경력직을 채용하는 중소기업이나 벤처기업, 외국계 기업에서 주로 시행되는 형태이다. 이 경우 주로 담당 실무자나 팀장이 진행하는 1차 면접과 임원이 면접관으로 참여하는 2차 면접으로 진행되며, 각 면접에서 직무를 중심으로 하는 심층적인 면접이 이루어진다.

지원자 한 명을 두고 여러 면접관이 참여하는 개인면접은 지원자가 느끼는 부담이 가장 큰 형태의 면접이라 할 수 있다. 실제 면접에서도 면접관들의 압박 질문이 이어질 수 있고, 면접관들이 각자의 기준을 토대로 개별적이고 개성적인 질문을 던질 수도 있다. 평가에 있어서도 면접관들마다 강조점이 다를 수 있으므로, 지원자의 적절한 답변과 대처가 요구되는 형태이기도 하다.

[개인면접(단독면접)]

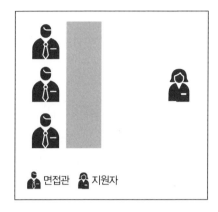

② 패널면접(다수면접, 집단면접)

가장 일반적으로 채택되어 온 면접 형태로, 다수의 지원자와 다수의 면접관이 참여하는 면접 형태이다. 주로 채용 기업의 규모가 크고 채용 인원이 많은 경우 흔히 실시된다.

채용 기업의 입장에서 본다면, 패널면접은 한 번에 많은 지원자를 대상으로 면접을 진행하므로 면접 시간과 비용을 줄일 수 있다는 장점이 있다. 그러나 개별 지원자에 대한 심층적 파악이 어렵고 면접 집중도가 떨어지는 산만한 면접이 될 수 있다는 단점도 있다.

이 면접 방식은 면접관이 다수이므로, 특정 면접관의 질문에 대해서도 전체 면접관을 대상으로 답변하는 형식을 취해야 한다.

[패널면접(다수면접, 집단면접)]

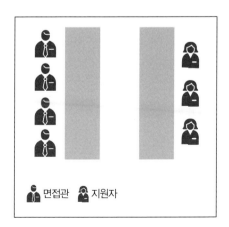

③ 토론면접

특정 주제를 두고 다수의 지원자가 토론을 하고, 이 과정을 면접관이 보고 평가·판단하는 형태의 면접이다. 일부 대기업이나 중견기업의 면접에서 주로 채택되는 면접으로, 지원자의 논리력과 의사전달 능력 등을 파악하기 위해 실시된다.

제시되는 주제는 시사적인 내용이나 토론이 가능한 일반적인 문제가 될 수도 있고, 지원자의 직무나 직군과 관련된 주제가 제시될 수도 있다. 면접관은 지원자들의 토론 참여도와 자신의 견해를 뒷받침하는 논리력, 토론 참여자로서의 기본적인 태도 등을 평가한다. 자신의 주장을 논리정연하게 주장하는 것도 좋지만, 다른 참여자의 견해를 진지하게 경청하는 자세도 중요한 평가요소가 된다는 것을 명심해야 한다.

[토론면접(집단토론면접)]

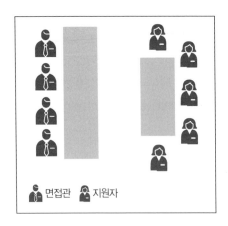

④ 프레젠테이션 면접

직무 또는 전공과 관련된 주제를 제시하고 정해진 시간 내에 발표하게 하는 면접 형태이다. 지원자의 기본적 지식과 가치관, 기획 능력, 표현력, 논리력 등을 평가하기 위한 면접이다.

주로 기업체에서 몇 가지 주제를 제시하고, 이에 대해 지원자가 한 가지를 선택해 일정 시간 동안 준비한 후, 5~10분 정도의 시간에서 발표하게 하는 방식으로 진행된다.

⑤ 기타 면접

이전에 살펴 본 일반적인 면접 형태에서 벗어난 독특한 면접을 채택하는 기업이 늘고 있다. 회식자리나 술자리, 노래방 등에 함께 하며 면접을 진행하기도 하고, 사내 체육대회나 등산, 여행 등을 함께 하며 면접을 진행하는 기업도 있다.

면접의 다양한 형태와 관계없이 면접은 기업이 원하는 적합한 인재를 선별하는 과정의 하나이므로, 충분한 준비를 토대로 면접에 임하는 기본적 자세와 긍정적 태도를 유지하는 것이 가장 중요하다는 것임을 잊지 말아야 한다.

① 다양한 경험과 직무에서의 활용 가능성

면접관은 지원자의 풍부한 경험을 높이 평가한다. 특히 경험을 직무에서 어떻게 활용할 수 있는가에 많은 관심을 가지며, 활용 방안에 대한 구체적 계획과 가능성이 보인다면 채용될 확률도 높아진다.

경험은 어떤 것이어야 하는가? 물론 그러한 경험이 인턴 등을 통해 직무를 직접 경험해 봤다면 이상적일 수 있지만, 반드시 그런 직접적 경험이 절대적인 평가요소가 되는 것은 아니다. 현실적으로 그런 경험은 대상이 제한적일 수밖에 없으므로, 그보다는 학교 수업이나 학교에서의 활동, 아르바이트 등을 통해 경험한 것을 어떻게 직무와 회사생활에 연결할 수 있을 것인가에 주목하게 된다.

자신이 지원한 분야가 홍보 업무라면, 자신이 그동안 쌓은 지식이나 다양한 경험 등을 어떻게 홍보 업무와 연결할 수 있는지가 중요하다. 구체적인 사례를 들거나 재미있는 에피소드를 구성해 연결할 수 있다면 좋은 평가를 받을 수 있을 것이다. 예를 들어, 화장품 판매 아르바이트를 통해 얻은 시행착오의 경험을 영업이나 마케팅 직무와 연결할 수 있다면, 면접관에게 크게 어필할 수 있을 것이다.

② 경험의 효과적인 전달

지원자가 풍부한 지식과 경험을 쌓았다 하더라도 이를 면접관에게 효과적으로 전달할 수 없다면 좋은 결과를 얻기 어렵다. 실제 면접에서 지원자 1인에게 주어지는 답변 시간은 그리 길지 않다. 따라서 자신의 경험을 잘 살리면서도 명확하고 논리적으로 전달할 수 있는 준비가 필요하다. 즉, 자신이 지원하는 분야와 관련된 경험을 충분히 파악한 후, 경험과 직무의 연결지점을 찾아 이를 논리적·효과적으로 전달할 수 있도록 반복하여 연습하는 과정이 필요하다.

③ 성실하고 긍정적인 이미지

지원자에 대한 좋은 이미지는 당락의 결정하는 요소의 하나이다. 지원자의 다양한 경험과 풍부한 지식 등을 알게 되었더라도 지원자가 성실하지 못하거나 성격상의 결함, 소극적이고 원만하지 못한 모습을 보인다면 좋은 평가를 받기 어렵다. 면접관들은 성실하면서도 자신감 있는 모습을 통해 회사에 새로운 활력을 불어넣을 수 있는 지원자를 찾고 있다는 것을 명심해야 한다.

02 면접을 실시하는 회사(분야)에 대해 알아야 한다.

1 '내가 선택하는가' 아니면 '회사가 선택하는가'

이는 '내가 원하는 회사에 스스로 지원하는가'와 '나를 필요로 하는 회사를 찾아 지원하는가'의 문제와 연결될 수 있다. 현재의 상황, 정확히 최근 20년 간의 상황은 입사 경쟁이 치열하고 좋은 일자리는 극히 제한적인 상황이라 할 수 있다.

이러한 상황에서 내가 원하는 회사에만 지원하는 것은 일부의 지원자만의 일이고, 대다수의 지원자들은 이 말이 다소 무의미하게 느껴질 수도 있을 것이다. 하지만 대부분의 지원자는 어떤 회사에 입사를 하더라도, 일과 회사, 그리고 자신에 대한 회사와 주변의 평가에 대해 고민하게 되며, 적지 않은 수의 신입사원이 이직이나 진로 변경을 고민하게 된다. 이러한 점에서 내가 원하는 회사(일)인가의 여부도 중요한 판단 기준이 될 수밖에 없다.

결론부터 말하자면, 이 문제에 대한 명쾌한 답은 없겠지만 가급적 자신이 원하는 회사(분야)를 폭넓게 찾아 지원해보라는 것이다.

자신이 원하는 회사나 일을 찾는 것은 단시간에 쉽게 이루어지는 일이 아니다. 학교를 졸업하기 전에 충분한 시간을 두고 찾아보아야 한다. 물론 처음에는 자신도 원하고 모두가 선호하는 몇몇 대기업들이 1차적 고려대상이 될 것이다. 이런 회사는 대부분 대기업 중 기업의 높은 명성과 세계적인 경쟁력을 갖추고 있으며, 높은 연봉과 우수한 복리후생 조건이 보장되는 곳이다. 따라서 지원자는 그러한 회사에 대한 충분한 정보 수집과 함께 기업에서 요구하는 역량을 갖추기 위해 준비하는 것이 우선시되어야 한다.

1차 고려대상의 입사에 실패할 경우나 실패가 유력한 경우는 자신이 원하는 회사나 분야의 폭을 넓힐 필요가 있다. 대기업이 아니더라도 좋은 중견기업이 많이 있으며, 벤처 기업 등 작고 튼튼한 회사들도 꽤 있다. 각 분야에서 경쟁력 있는 중소기업이 많이 있다는 것이다.

그리고 만일 중소기업에 입사했다고 해도 위축될 필요가 없다. 자신을 저평가할 필요도 없으며, 주위의 시선을 의식할 필요도 없다. 그곳에서 실제로 일하며 살아가야 하는 사람은 지원자 자신이다. 자신이 적응할 수 있고, 일정 수준 이상 만족할 수 있으면 되는 것이다. 위에서도 잠시 언급했지만, 실제 대기업에 입사하고도 적응하지 못해 고민하거나 이직 또는 진로를 변경하는 사람도 꽤 있다는 것을 명심하자.

[자신이 원하는 곳에 지원하기]

1차 지원 대상		준비 과정		지원 대상(회사·분야)의 확대
• 내가 원하는 곳 • 모두가 원하는 곳	→	• 학업 및 다양한 경험 • 정보 수집 및 역량 갖추기	→	• 지원 대상에 관한 정보 수집 • 준비 과정 및 경험의 확대

지원하는 회사나 분야를 넓히는 것은 결국 그 사람을 그만큼 성장하게 하고, 취업 경쟁력을 높일 수 있다는 장점도 지닌다. 다소 생소한 회사나 분야를 지원하게 되면, 그 회사나 분야에 대한 준비과정에서 그에 관한 정보를 얻게 되고 면접과정에서 새로운 것을 배우게 되며, 이러한 과정을 통해 결국 자신의 경험은 그만큼 쌓이게 되는 것이다.

취업과정에서의 정보와 면접의 경험은 그 사람의 경쟁력을 배가시키는 결정적 요인 중 하나이다. 이는 지원자가 다음 면접에서 좋은 평가를 받을 수 있는 자산이 되며, 실제 입사 후에도 그 분야를 이해하고 적응하는데 큰 도움이 된다.

간혹 자신의 전공과 다소 동떨어진 분야를 지원하는 것에 어려움을 느끼는 지원자가 많은데, 이러한 소극적인 태도는 바람직하지 않다. 직무나 산업의 특성상 일부 전공자로 제한하는 경우를 제외하고는 원칙적으로 지원자의 전공이 관련이 없는 것이 사실이다. 금융회사라고 해서 상경계열만 지원할 수 있는 것은 아니며, 화학회사라고 화학이나 에너지 전공자만 지원하는 것이 아니다. 회사의 입장에서도 그런 사람만 원하는 것이 아님을 알아야 한다.

❷ 기업이 선호하는 사람은 어떤 사람인가.

지원자들이 각자의 기준에 따라 지원할 회사를 선택하듯이 기업도 선호하는 인재의 기준이 있다. 기업은 단순히 스펙만 높은 지원자보다는 회사에 대한 열정과 열의가 있고, 조직에 잘 적응하며 성과를 낼 수 있는 사람을 원한다. 아무리 우수한 인재라 하더라도 회사에 대한 관심이 부족하거나 조직 문화에 적응하지 못하는 사람은 좋은 평가를 받을 수 없다. 그러면 기업이 원하는 구체적인 인재의 기준은 무엇인지 살펴보자.

① 회사에 대한 높은 관심과 입사 열망이 강한 사람

면접관의 입장에서 지원자를 평가하는 경우, 실제의 면접에서는 대부분 비슷한 평가를 받는 경우가 많다. 특별히 흡족한 수준의 지원자도 없고 대체로 무난한 수준에서 비슷한 평가점수를 받는 경우가 많다는 것이다. 이때 면접관의 마음을 사로잡는 요소가 되는 것은 지원자의 회사에 대한 높은 관심도와 입사에 대한 열의이다. 회사에 대한 높은 관심이 있고 회사에 대한 해박한 지식을 보유하고 있으며, 꼭 입사하고 싶다는 열의를 보여주는 지원자는 면접관들이 호감을 가질 수 있다.

이러한 관심과 열의는 시간을 두고 미리 준비할 때 충분히 표현될 수 있다. 즉, 자신이 원하는 회사나 분야 5~6곳을 미리 정해, 꾸준히 정보를 수집하고 필요한 조건을 갖출 수 있도록 준비하는 과정이 필요하다. 요구되는 기본적인 스펙뿐만 아니라 그 회사가 필요로 하는 인재상을 잘 분석해 그에 부응할 수 있도록 해야 하며, 지원하는 분야와 관련된 경험을 쌓고 그것을 업무에 어떻게 연결할 수 있을지에 대한 세부적이고 집중적인 준비가 필요하다.

그러나 주의해야 할 점은 회사에 대한 지나친 애정과 열의로 인해, 모든 것을 회사에 맞추는데 급급하지는 말아야 한다는 것이다. 자기소개서 작성이나 실제 면접에서도 이러한 점을 특히 주의해야 한다. 회사는 자기에게 관심이나 열의가 있는 사람을 원하나, 모든 것을 회사가 요구하는 대로 따르는 사람을 원하는 것은 아니다. 전체적으로 회사의 방향이나 요구에 부응하되, 자신이 개선하거나 발전시킬 수 있는 방안을 한두 가지 덧붙이는 것이 가장 이상적이라고 알려져 있다.

② 기본적 역량을 토대로 성과를 낼 수 있는 사람

기업은 지원자가 그동안 쌓아 온 역량을 통해 입사 후 업무에서 최대한 빠른 시간 내에 성과를 낼 수 있는 사람을 선호한다. 여기서의 성과란 업무와 관련된 대단한 업적을 말하는 것이 아니라, 회사가 원하는 수준에서의 업무성과를 말한다고 할 수 있다. 이는 곧 지원자가 해당 업무에서 필요한 기본적인 역량을 갖추고 있고, 그것을 업무과정에 적용할 준비가 되어 있어야 한다는 말이다.

구체적인 예로, 재무회계 분야에 지원하는 경우는 전산회계 등 관련 자격증을 취득해 두고 엑셀 프로그램을 통해 회계 관리 업무를 원활히 다룰 수 있도록 준비해 둠으로써, 최대한 빠른 시간에 업무에 투입될 수 있도록 하는 것이 좋다. 산업안전 분야에 지원하는 경우는 산업안전기사 등 관련 자격증을 취득하는 것 이외에, 안전 관련 사고 유형과 예방 및 점검 절차를 어느 정도 숙지해 두는 것이 좋다. 처음부터 사고 해결을 위한 업무에 바로 투입되기는 어려우므로, 아무래도 사고예방 절차와 사전 점검 절차를 숙지하는 것이 신속한 업무 적응에 도움이 될 것이다.

③ 직무에 대한 열정과 책임이 있는 사람

모든 회사나 조직은 지원한 직무 분야에 대한 기본적인 열정과 책임감이 있는 사람을 원한다. 이러한 열정과 책임감은 업무에 대한 빠른 적응과 성과의 도출을 가능케 하는 원동력이 된다. 면접관은 이러한 열정과 책임감이 있는 사람이 곧 직무에 대한 이해와 숙달을 통해 지속적으로 노력하며, 회사와 함께 오랫동안 성장할 수 있는 사람이 될 수 있다는 기본적 시각을 가지고 있다. 따라서 지원자는 직무에 대한 열정과 함께 강한 책임감을 가질 수 있도록 노력해야 한다.

그러나 지원자의 입장에서 볼 때, 직무에 대한 강한 열정이나 책임감은 하루아침에 쉽게 형성되는 것이 아니다. 결국은 자신이 그것을 좋아하고 그 일에 맞아야 열정과 책임감이 생길 수 있다. 따라서 지원자는 우선 자신의 원하는 직무 분야를 찾아야 한다.

자신의 원하는 직무는 꼭 한 가지만 있는 것은 아니고, 또 언제나 하나로 명확히 확정되는 것도 아닐 수 있다. 이러한 경우는 자신의 성격 또는 성향을 분석해 자신이 무난히 적응할 수 있는 분야를 찾는 것이 좋다. 그리고 이를 통해 파악된 직무와 관련된 회사를 최대한 많이 찾아 지원할 회사들을 선별해야 한다. 다음으로 선정된 회사를 중심으로 꾸준히 관련 직무에 대한 정보를 수집하고, 그와 관련된 역량을 키워야 한다. 이러한 과정에서 열정과 책임감이 배양되는 것이다.

④ 기업이나 조직문화에 잘 적응하는 사람

지원자의 역량 등의 조건이 잘 갖춰져 있다 하더라도, 그 사람이 기업이나 조직문화에 잘 적응하지 못한다면 채용되기 어렵다. 이러한 적응력은 그 사람의 기본적 품성이나 예의 등 인성과 관련된 것이므로, 최근 채용시장에서는 인성에 대한 평가가 여러 측면에서 중시되고 있다.

면접관은 대부분 어느 정도의 연륜을 갖춘 사람으로, 조직 내에서건 면접을 통해서건 많은 사람을 경험한 사람으로 구성된다. 따라서 짧은 시간의 면접만으로도 그 사람의 품성이나 성향을 어느 정도 파악할 수 있다. 지원자는 이를 염두에 두고 기본적인 면접 예절을 갖추어야 하고, 좋은 품성이 드러날 수 있도록 노력해야 한다.

회사나 조직문화에 잘 적응한다는 것은 그 문화 자체뿐만 아니라 조직원들과 잘 융화하는 것을 포함한다. 이는 곧 조직 구성원 간의 의사소통에 적극적이고, 상대방을 존중하고 인정하는 태도를 갖추어야 한다는 것이다.

어떠한 회사나 조직도 결국은 사람들이 구성하는 것이므로, 구성원 간의 의사소통이 원활하고 서로 존중하는 태도를 견지하는 것은 무척 중요하다. 업무의 인수인계나 전달, 업무지시와 협조 요청 등을 수행함에 있어 매너 있는 태도로 임하고, 상대방의 의사나 의견을 잘 경청하는 것이 필요하다. 이를 통해 개인은 조직문화에 잘 적응할 수 있고, 그 조직은 정체되지 않고 유연하게 발전해 갈 수 있는 것이다.

⑤ 회사와 오래 함께 할 수 있는 사람

이는 채용된 신입사원이 다른 곳으로 쉽게 이직하지 않고 회사와 오랫동안 일할 수 있어야 한다는 것이다. 회사의 입장에서 보면, 아무리 우수한 인재를 채용했다 하더라도 그 사람이 다른 곳으로 이직하거나 잘 적응하지 못해 고민한다면, 그만큼 손실을 보게 된다. 또한 지원자의 입장에서도 마찬가지이다. 힘들게 들어간 회사에 제대로 적응하지 못해 고민하거나, 새로운 회사를 알아본다는 것은 여러 가지로 어려움이 따를 수밖에 없다. 따라서 지원자는 자신이 선택한 회사와 분야에 대해 사전에 충분히 파악하는 작업이 꼭 필요하다.

물론 더 나은 회사로 이직하거나 자신의 진로를 스스로의 판단으로 변경하는 경우는 예외일 수 있다. 하지만 그 회사에 적응하지 못했거나 만족하지 못해 이직을 고려하는 경우가 대부분이므로, 이 경우는 문제가 될 수 있다. 새로 구직활동을 해야 하는 문제도 있지만, 새로 들어간 회사가 이전 회사보다 더 만족스럽다는 보장도 없다.

특히 잦은 이직은 관련 업계에서 경계하는 요소가 되므로, 지원자는 이직에 대해 신중히 결정해야한다. 이직을 하는 경우에도, 입사한 회사에서 몇 년 동안(5년 내외)의 경력을 쌓은 후 자신의 경력을 살릴 수 있는 곳으로 이직하는 것이 바람직하다.

❸ 특이한 면접 방식을 채택하는 기업에는 어떤 곳이 있는가.

　과거에는 몇몇 중소기업이나 벤처기업에서 특이한 방식의 면접을 제한적으로 도입하는 것이 일반적이었다. 그러나 최근에는 정형화된 채용 면접 방식이 좋은 인재를 판정하는 데 한계를 드러내면서 특이한 방식의 면접이 점차 증가하는 추세에 있다. 이는 지원자에게 다양한 상황을 제시하고 그에 대한 대처 및 문제 해결 방식에 주목함으로써, 그 사람의 진면목이나 잠재된 역량을 보다 정교하게 평가하기 위한 의도를 반영한다.

　기업들은 필요에 맞는 인재의 채용을 위해 특이한 방식의 면접을 앞으로 더 확대할 가능성이 있으므로, 이에 대한 대비가 필요한 상황이라 할 수 있다.

① 합숙면접(캠프 면접)

　서류전형을 통과한 지원자들을 대상으로 기업의 담당자들과 합숙을 진행하며 면접을 진행하는 방식이다. 주로 기업의 연수원 등에서 1박 2일(또는 2박 3일) 동안 진행되는 것이 일반적이다. 합숙을 통해 레크리에이션과 등반, 토론, 스피치 등 다양한 활동을 실시하며, 대부분이 평가대상이 된다는 특징이 있다.

　합숙면접을 실시하는 기업으로는 금융기업이나 포스코, 대우조선해양, 안철수연구소, 이랜드 등이 있는 것으로 알려져 있다. 특히 우리은행 같은 경우는 다수의 면접관을 배치하여, 개별 지원자에 대한 다양한 측정이 이루어지는 것으로 유명하다. 무엇보다 다양한 질문에 대한 답변과정에서 자신의 견해를 일관성 있게 유지하는 것이 필요하다.

　대우조선해양의 경우 1박 2일간 실시하는데, 첫 날 호텔에 모여 숙식한 후 다음 날 회사로 이동해 함께 식사하고 인성검사와 전공면접, 영어면접을 차례로 실시한다. 특히 다소간의 압박면접 방식이 적용되는 것으로 알려져 있으며, 회사에 대한 관심과 열의가 많은 사람을 선호하는 것으로 알려져 있다.

　안철수연구소는 독특한 합숙 면접인 'A캠프'를 도입하여 전문성과 인성, 팀워크를 갖춘 사원을 채용하고 있다. 서류 전형과 1차 면접 전형을 통해 직무 전문성 및 잠재역량을 심사한 후 A캠프라는 1박 2일 합숙을 통한 다차원 면접을 실시하는데, 참가자들이 회사의 목적과 존재 이유, 독특한 기업문화를 간접 체험하며, 캠프 진행과정에서 팀 과제 수행 우수팀에게 주어지는 상금을 사회단체에 기부함으로써 예비 직장인으로서 사회 공헌 활동을 체험하게 된다. 이러한 합숙면접을 통해 지원자의 다양한 전문성과 인성뿐만 아니라, 팀워크, 커뮤니케이션 능력 등을 평가하는 것으로 알려져 있다.

이랜드의 경우 호텔에서 함께 생활하며 진행되는 활동 과정을 종합적으로 평가하며, 특히 조화롭고 무난한 인성을 높이 평가하고 팀워크 등도 강조하는 것으로 알려져 있다.

② 요리면접

요리면접은 주로 샘표식품과 같은 식품 관련 기업이 진행하는 면접이다. 샘표의 경우 공개채용 요리면접에서 4~5명을 하나의 조를 구성하여 2시간 동안 테마를 정해 요리 1인분을 만들도록 하고, 조리가 끝난 후 면접관이 시식을 한 다음 요리에 관한 프레젠테이션을 진행하는 방식으로 진행된다. 요리면접의 경우 요리 실력보다는 다른 조원들과의 협동력과 팀워크, 창의성, 열정, 인성 등을 중요하게 평가한다. 특히 조원끼리 협동하지 않거나 의견 충돌로 갈등을 보이는 것은 감점 요인이 되는 것으로 알려져 있다.

라면으로 유명한 팔도의 경우 시식 면접을 실시하는 것으로 유명하다. 이 면접은 단순한 라면의 시식이 아니라, 지원자의 창의성을 토대로 한 개선점이나 아이디어 제시에 초점을 맞추고 있다. 따라서 자신의 개인적인 기호보다는 소비자들이 좋아할 수 있는 포인트를 찾아 아이디어를 미리 구상해 보는 것이 필요하다.

③ 산행면접(등산면접)

산행면접(등산면접)은 회사의 팀장 또는 팀원과 산행을 함께 하며 끈기와 인내심, 협동심 등을 평가하고, 산행 과정에서 다양한 미션을 수행하고 그에 대한 평가를 진행하는 방식으로 이루어진다. 산행면접을 시행하는 기업으로는 블랙야크, 이브자리, 크라운, 해태제과 등이 있다.

블랙야크의 경우 산행을 실시한 후 텐트 설치, 다양한 퀴즈와 문제의 해결 등 다양한 과제를 수행하는 과정을 통해 기본 태도와 인성, 도전정신, 조직 적합도, 팀워크 등을 평가하고 있다.

크라운과 해태제과의 경우도 등산면접을 특히 중시하고 있다. 약 4.5km 정도의 등산 코스를 50분 내에 주파하도록 하며, 등산 후 조별 미션과 장기자랑을 통해 기본 체력과 인성뿐만 아니라 소통 능력,

팀워크, 개성 등을 폭넓게 평가한다. 따라서 등산을 수행하기 위한 체력적인 준비뿐만 아니라 등산 과정에서 인솔자와 대화를 통해 평가되는 인성 부분에 대한 대비도 있어야 한다. 또한 등산면접을 위한 복장과 배낭, 등산화에 대한 준비도 필요하다.

④ 독서토론 및 독후감면접

독서토론면접은 면접 전에 지원 분야 또는 베스트셀러 도서를 선정해 주고 면접 시 이에 관한 내용을 토론하고 평가하는 면접을 말한다. 독서토론면접을 실시하는 기업으로는 KB국민은행, 크라운, 해태제과, 동양기전 등이 있다.

KB국민은행은 인문학적 소양을 겸비한 통섭형 인재를 선발하기 위해 독서토론면접 방식을 도입하고 있다. 사전에 인문 분야의 베스트셀러 도서의 리스트를 배부하고 면접 시 이에 관한 심층적인 질의응답과 토론을 실시함으로써, 지원자의 다양한 역량을 검증·평가하고 있다. 독서토론면접에 대비하기 위해서는 평소 인문학 전반에 대한 이해와 다양한 독서가 필요하다. 또한 도서와 관련된 주요 이슈와 핵심 내용을 사전에 점검하여 예상 질문과 답변을 키워드 중심으로 미리 준비하는 것도 큰 도움이 된다.

크라운과 해태제과는 등산면접 외에 독서토론면접도 도입하고 있다. 6명 정도를 한 조로 하여 식품 및 마케팅 관련 도서를 중심으로 토론 주제를 선정하며, 각자가 느낀 점을 공유하고 실무에 적용하거나 제품 개발에 응용하기 위한 방법 등을 토론하게 된다. 토론 후 면접에서는 관련 내용에 대한 질의응답을 통해 지원자의 논리력이나 상황 판단 능력, 팀워크 등을 종합적으로 평가한다.

동양기전은 면접 전에 도서를 배부해주고 독후감을 제출하도록 하는 면접 방식을 채택하기도 한다.

⑤ 롤 플레이(Role Play) 면접

롤 플레이 면접은 일반적인 질의응답의 소극적 형식이 아니라, 직원이 처할 수 있는 상황을 직접 연출하여 지원자가 역할 연기를 수행하도록 하여 평가하는 면접이다. 이는 주로 면접관이나 직원이 고객의 역할을 하고 지원자가 직원이 되어 문제나 상황을 해결해 나가는 방식으로 진행된다. 따라서 지원자는 실제 조직의 직원이라는 마인드를 갖고 능동적·창의적인 자세로 임해야 한다.

응대 또는 업무 매뉴얼에 따라 고객의 요구에 부응하는 답변을 해야 하지만, 지나치게 천편일률적으로 대응하는 것은 자제하는 것이 좋다. 조직 내 직원이라는 위치에서 벗어나지 않는 범위 내에서 새로운 해결책이나 대안을 제시하는 것이 좋다. 이러한 롤 플레이 면접을 시행하는 기업으로는 웅진그룹, 신한은행, 외환은행, 우리은행 등이 있다.

웅진그룹의 롤 플레이 면접은 주로 특정 상황을 역할 연기를 시연하는 형태로, 5분 정도 진행된다. 관리 및 서비스와 관련된 고객의 컴플레인 응대 방식을 주로 평가하는 것으로 알려져 있다.

신한은행의 경우 비즈니스 상황 판단 및 대응 능력 평가가 중심이며, 입금 처리 오류와 펀드 손실 고객에 대한 대처, VVIP 고객 응대 상황, 상사의 부정행위에 대한 대처, 지방 발령, 폐점 시간 및 내점 고객 처리 등이 과제로 제시된다. 외환은행의 경우는 상황 대처 능력을 평가하기 위한 테스트로, 제시된 상황에 대한 자신의 행동을 직접 서술하라는 과제가 제시되기도 한다.

⑥ 기타 특이한 면접 방식

최근에는 다양한 이색 면접 방식을 채택하는 기업이 점점 늘어나고 있다. 돌발 상황에 순발력 있게 대응하는 능력을 평가하기 위한 순발력 테스트(신한은행 등) 형식의 면접이 도입되기도 하며, 각자의 개인기로 면접관을 웃겨야 하는 유머 면접(우리은행 등) 등이 시행되기도 한다. 그 밖에도 식사와 술자리 매너를 평가하는 면접(녹십자생명), 제시된 영상에 맞는 효과음을 직접 만들어 내는 폴리 아트(외환은행), 영어면접 방식 중 비즈니스 요청사항의 작성(홈플러스), 게임 진행을 통해 평가하는 게임면접(하나은행) 등이 실시되고 있다.

지원한 기업의 특성에 맞는 지원자에게 면접 시 가산점을 주는 기업도 있다. 악기를 잘 다루는 지원자에게 가산점을 부여하는 삼익악기, 국내외의 와인 아카데미 수료자나 와인 투어를 다녀온 지원자를 우대하는 금양인터내셔날이 대표적인 기업이다.

03 면접을 대비한 구체적 전략을 세워야 한다.

1 각각의 채용 기업에서 중시하는 평가항목을 알아야 한다.

면접에서 좋은 평가를 얻기 위해 가장 중요한 것은, 채용하는 기업에서 무엇을 평가항목으로 강조하는지 알고 구체적인 대비 전략을 세우는 것이다. 모든 기업의 면접관들은 각각의 기업에서 중시하는 인재 평가항목을 숙지하고 있으며, 실제 면접에서도 이 점을 중심으로 평가하게 된다. 따라서 면접을 준비하는 지원자는 무엇보다 이러한 구체적 평가항목이 무엇인지 아는 것이 가장 우선적인 과제가 된다.

기업의 주요 평가항목은 회사의 비전이나 설립 목표, 핵심가치, 인재상 등의 명칭으로 각 기업의 홈페이지에서 설명하는 내용을 토대로 하여 결정된다. 예를 들어 '창의적 인재'를 핵심적 인재상으로 설정한 기업에서는 창의적인 인재를 찾기 위한 질문과 과제가 부여되고, 그에 대한 평가가 당락을 결정하는 중요한 요소가 될 수 있다. 만일 기업이 '도전과 성장하는 기업'을 비전이나 핵심가치로 설정했다면, 기업 성장을 위한 도전 정신을 보여주는 사람이 좋은 평가를 받을 가능성이 크다.

최근에는 대기업을 중심으로, 이러한 평가항목을 토대로 면접 평가표 항목을 객관화 · 세분화하여 개별 항목마다 점수를 부여하는 방식의 면접을 실시하는 추세이다. 이를 통해 기업이 원하는 인재를 뽑으면서도 그 과정에서 평가표를 통해 객관성과 공정성을 담보할 수 있게 된다.

지원자는 이러한 평가항목에 대해 파악하고 예상 질문을 다양하게 작성해 대비하는 것이 좋다. 또한, 그 기업이 성장률 등 어떤 구체적 성과목표를 정해 추진하고 있는지와 국내 · 외의 경쟁 환경에 대처하기 위해 어떤 노력을 하고 있는지도 알아두어야 한다. 그리고 최근(금년도)의 기업 신년사와 중점 추진전략의 내용은 어떤 것인지 파악하는 것도 중요하다. 실제 면접에서 관련된 질문에 대해 그러한 분위기에 맞춰 답변할 수 있다면, 기업의 실무자 또는 임원면접에서 좋은 평가를 받을 수 있을 것이다.

지원자들이 자신에게 맞는 직군에 지원하는 경우 면접을 준비하는 과정뿐만 아니라 실제 면접에서의 질문에 대처하는 데도 한결 편안한 상태에서 임할 수 있다는 장점이 있다. 따라서 적절한 직군을 찾는 것은 비단 면접 과정에만 적용되는 것은 아니다. 최근 10년간의 자료를 토대로 하여 자신에게 유리한 구체적 직군을 성별에 따라 구분해 보면 다음과 같다.

① 남성 지원자에게 유리한 분야

지난 10년 간의 통계 자료를 통해 판단하면, 남자는 대체로 제조업 중심의 주력산업 분야에서 채용될 확률이 높았다. 대표적인 직군으로는 자동차, 철강, 석유화학, 조선, 반도체, 디스플레이 등이 있다. 따라서 남성 지원자들은 지원 시 이러한 직군을 고려하는 것이 취업에 보다 유리하다. 물론 취업에서의 성별 간 평등은 보장되어야 하겠지만, 기업체와 직군의 특성상 선호도의 차이가 있다는 점은 염두에 두어야 한다.

제조업에 대한 일반적인 편견은 업무 강도가 높고 미래 전망이 어둡다는 것이다. 그러나 높은 업무 강도는 어떤 기업에 취업하더라도 한동안 겪게 되는 일이며, 단순한 업무의 강도보다는 자신의 적성과 근무환경 및 처우(보수, 복지 등), 장기 근무 가능성 등이 더 중요한 요소가 된다. 특히 주력 제조업의 경우 아직까지 우리나라가 높은 국제 경쟁력을 갖추고 있고, 상당 기간 이러한 추세는 지속될 가능성이 높다는 것을 고려해야 한다. 이러한 높은 경쟁력은 곧 대규모 채용과 직업적인 안정이 계속될 가능성이 높다는 것을 의미한다.

현재 또는 가까운 미래에 부각될 산업으로 IT 산업, AI(인공지능), 소프트웨어 등이 제시되고 있다. 그러나 이것이 현재의 주력 제조업의 미래 전망이 어둡다는 것을 반영하지는 않는다. 최근 차세대 산업혁명으로 많이 논의되는 4차 산업혁명의 시대에서도 제조업은 단순한 사양산업으로 치부되는 것이 아니다.

4차 산업혁명은 제조업 등의 전통 산업이 정보통신기술(ICT)과 접목되고 융합되는 산업혁명이라 할 수 있다. 따라서 떠오르는 새로운 산업 직군뿐만 아니라 주력 제조업에서의 취업 기회도 놓쳐서는 안 될 것이다.

② 여성 지원자에게 유리한 분야

여성에게 유리한 산업 직군으로는 교육 및 유아 관련 산업, 보건 및 복지, 의류, 패션, 화장품 산업 등을 들 수 있다. 이러한 분야는 주로 여성적 특성이 장점으로 작용할 가능성이 높은 산업 직군으로, 남성 위주의 직군에 비해 여성의 취업률과 복지(육아휴직 등), 장기근무의 가능성이 상대적으로 높은 곳이라 할 수 있다. 따라서 여성 지원자는 이러한 분야에 대한 지속적인 관심과 함께 자신의 장점을 살리는 경쟁력 향상 방안을 고려해야 한다.

✅ Tip 면접 시 여성 지원자에 대한 편견의 극복 방안

성별에 따른 차별을 극복하고 평등을 지향하는 사회 분위기로 바뀌어가면서, 사회의 각 분야에서 남녀 간의 차별이 극복되고 있으며, 취업에서의 차별도 예전에 비해 점차 감소하는 추세이다. 그러나 아직도 일부 기업에서는 여성 지원자에 대한 편견과 차별의 분위기를 공공연히 드러내는 경우가 있는 것도 사실이다. 이것은 여성이 상대적으로 자신의 책임과 역할에 있어 명확한 인식이 부족하다는 편견과 함께, 결혼 후 육아와 가사로 인한 현실적인 어려움이 따른다는 이유로 인해 주로 발생한다. 이러한 편견과 어려움을 극복하고 면접관에게 좋은 평가를 받을 수 있는 방법에는 어떤 것이 있는지 알아보자.

첫째, 개인의 사생활보다는 회사의 업무나 조직에서 역할을 우선한다는 점을 명확히 보여줄 필요가 있다. 물론 모든 사람에게 사생활이 존재하고, 거기에는 자신에게 무척이나 중요한 것도 있다. 그러나 주어진 근무시간에는 근무에 충실하다는 것을 보여주는 것이 중요하다. 여기에는 공과 사를 분명히 구분하는 자세가 기본적으로 전제되어야 한다. 또한 육아나 가사 부담을 병행해야 할 처지라면, 그러한 일을 책임감 있게 해낼 수 있는 높은 수준의 책임감이 결국 회사나 조직에서의 높은 책임감으로 연결될 수 있다는 것을 강조할 필요가 있다.

둘째, 업무에 대한 강한 열정과 의지를 보여주어야 한다. 막상 입사를 하면 막중한 업무뿐만 아니라 예상 못한 업무가 가중되어, 초기의 열정과 의지는 퇴색되고 자신의 개인사를 챙길 시간마저 사라지는 경우가 많다. 이 경우 해답은, 이러한 경우일수록 업무에 대한 열정과 의지를 명확히 보여주는 것이 필요하다. 업무로 인해 가족 모임에 참여하지 못할 수 있고, 친구의 경조사에 참여하지 못할 수도 있다. 피치 못할 경우가 아니라면 자신이 처리해야 할 업무를 우선하여 처리한다는 확고한 기준이 있어야 한다.

셋째, 자신감 있는 프로다운 이미지를 보여주어야 한다. 면접에 갓 지원한 초보이지만, 자신감 있는 당당한 모습을 보여주는 것이 필요하다는 것이다. 면접관은 아주 어려운 질문이나 황당무계한 질문 등 답변이 곤란한 질문을 할 수 있는데, 이는 면접관이 악취미가 아니라 그러한 질문에 대한 지원자의 태도와 대처 능력을 평가하기 위해 하는 것이다. 따라서 지원자는 망설이거나 머뭇거리지 말고 자신감이 있게 논리적으로 답하는 것이 좋다. 이러한 자신감과 명확한 논리는 면접관으로 하여금 지원자를 프로다운 이미지 갖춘 사람으로 느끼도록 하는 출발점이 된다.

❸ 면접 시 답변의 구체적 준비 단계는 어떻게 되는가.

면접 평가에 있어 가장 핵심적 요소라 할 수 있는 것은 질문에 대한 '답변'이라 할 수 있다. 아무리 면접 준비를 많이 했고 많은 것을 알고 있는 사람일지라도, 갑자기 질문이 주어졌을 때 곧바로 좋은 답변을 하기는 쉽지 않다. 이는 질문에 대한 예상과 그에 대한 충분한 사전 준비가 필요하다는 것을 반영한다. 좋은 답변을 하기 위한 구체적인 준비 과정을 살펴보면 다음과 같다.

① 질문을 예상하고 모범 답안(답변)을 만들어라.

지원하는 기업과 직군에 관한 충분한 사전조사를 통해 예상 질문 내용을 정리해야 한다. 통상 질문은 크게 모든 기업(분야)에 관계없이 제시되는 질문과 그 기업(분야)에서 주로 제시되는 질문으로 구별할 할 수 있다. 모든 면접에서 제시되는 예상 질문 목록을 먼저 만들고, 다음으로 특정 기업(분야)에서 제시될 수 있는 질문 목록을 작성한다.

질문 목록을 작성한 다음에는 각 질문에 대한 모범적인 답변을 작성해야 한다. 우선 이 책과 같은 면접 대비 도서나 취업 카페, 관련 사이트 등을 통해 선호되는 답변 내용과 피해야 할 답변 내용 등을 숙지한 후, 유사한 질문 내용을 비교 검토해 하나로 정리하는 작업이 필요하다. 이때에는 지원하는 기업(분야)에 대한 고려가 반영되어야 한다.

답변 작성 시 주의해야 할 점은 답변의 내용이 지나치게 천편일률적이어서는 안 된다는 것이다. 소위 말하는 모범적인, 좋은 답변을 중심으로 하되, 개인의 경험이나 독창성이 반영될 수 있는 내용을 가끔씩 덧붙이는 것이 좋다. 이 부분은 이 책 후반부에 질문/답변에 대한 예시 내용을 참고하면 될 것이다.

② 답변을 제대로 전달하는 연습이 필요하다.

질문 목록을 작성하고 그에 대한 적절한 답변을 준비하는 것만으로 좋은 면접 결과를 보장할 수는 없다. 즉, 좋은 답변을 실제 면접에서 효과적이고 명확하게 전달할 수 있어야 한다는 것이다. 따라서 이를 위해서는 답변을 전달하는 충분한 연습을 해야 한다. 전달할 답변을 면접관에게 말하듯이 자연스럽게 전달할 수 있도록 하되, 무엇보다 답변의 핵심 키워드를 빠뜨리지 않도록 주의해야 한다. 전달이 무난하게 되었다는 가정하에 면접관에게 기억에 남는 것은 핵심 키워드가 되므로, 이를 빠뜨리지 않도록 반복해 연습해야 한다.

③ 면접관을 매료시킬 인상적인 전달 기법을 개발하라.

    대부분 높은 경쟁률을 보이는 최근의 면접 현실에서, 면접관을 매료시킬 인상적인 임팩트가 없다면 면접관에게 자신을 기억시킬 방법은 사실상 없어진다. 그러면 결국 그러한 임팩트를 보여주는 사람에게 밀릴 수밖에 없고, 합격은 그만큼 멀어지게 되는 것이다. 임팩트를 주라는 것이 거짓이나 과장된 연출을 하라는 것이 아니다. 주어진 질문에 대한 자신의 생각을 그 회사나 직군에 맞는 키워드를 중심으로 전달하되, 신뢰감을 형성할 수 있는 자신감과 확신에 찬 표정, 내용을 강조하는 손동작이나 몸짓 등의 사소한 제스처에도 신경을 써야 한다는 것이다.

4 면접 시 소홀히 하기 쉬운 중요 요소는 무엇인가.

실제로 면접을 준비하는 지원자들은 대부분 질문에 대한 답변의 내용을 준비하는데 집중하는 것이 현실이다. 그러나 이러한 답변의 내용 이상으로 중요한 것이 비·반언어적 요소이다. 비·반언어적 요소란 면접에서의 표정, 자세 및 태도, 걸음걸이, 제스처, 말투와 목소리 톤 등을 말한다. 답변의 내용이 좋아도 이러한 요소가 면접관에게 불편하게 느껴진다면 결국 좋은 평가를 받기 어렵다.

① 표정

면접장에 입장하는 순간부터 면접 시간 내내 어떠한 표정을 지어야 하는지 준비하는 것이 필요하다. 자신감 있고 진지한 표정을 기본으로 하며, 좋은 인상을 위해 밝고 가벼운 미소를 짓는 것도 좋다.

이러한 표정은 단시간에 쉽게 연출하기가 어렵고, 또한 억지로 연출할 경우 어색해 보일 수 있다. 따라서 평소 이러한 표정에 익숙하지 않은 사람은 사전에 거울을 보며 충분히(하루 5분 정도, 한 달 이상) 연습을 해두어야 한다. 미소를 짓는 경우 억지스럽지 않고 자연스럽게 보이도록 연습하며, 면접관을 바라볼 때 무엇보다 겸손함이 묻어나는 미소를 지을 수 있도록 해야 한다. 그리고 한 쪽 입꼬리가 지나치게 올라가지 않도록 주의한다.

② 자세와 태도, 제스처 등

면접에 임하는 자세와 태도, 제스처 등도 간과하기 쉬운 중요한 요소이다. 우선 면접장에 입장할 때와 퇴장할 때의 걸음걸이는 당당하게 하며, 목례 시에는 공손함이 묻어나도록 한다. 그리고 면접관의 지시에 따라 의자에 착석하며, 이 경우 감사의 인사를 한 후 바른 자세로 착석한다. 착석 후 허리를 곧게 펴고 손을 가볍게 모으거나 양쪽 무릎에 둔다. 면접관을 공손한 표정으로 바라보되, 고개를 함부로 움직이지 않는 등 바른 자세를 면접 내내 유지하도록 한다.

면접관이 자신에게 질문을 던진 경우 자신감 있게 또박또박 대답하고, 다른 사람이 답변할 때는 경청하는 태도를 항상 유지해야 한다. 답변 시 답변의 효과를 높이기 위해 가벼운 손동작이나 어깨 움직임 등의 제스처를 사용할 수 있는데, 지나치게 큰 동작을 하지 않도록 주의한다.

③ 말투와 목소리 톤

말투와 목소리 톤은 답변 내용을 실제 면접에서의 답변처럼 말하면서 함께 연습하는 것이 필요하다. 여기서도 자신감이 있는 말투와 밝은 어조의 목소리 연출이 기본적으로 필요하다. 구체적으로 보면, 우선 말투와 목소리 톤이 지나치게 크거나 작은 소리로 말하지 않아야 한다. 그리고 지나치게 공격적이거나 위축된 말투도 사용하지 않도록 주의한다. 또한 자신감을 갖고 당당하게 말하되, 이것이 지나치는 경우 맹목적인 확신으로 비치거나 독선적으로 보일 수 있다는 점에도 주의해야 한다.

곤란한 질문이 나왔다고 해서 답변을 머뭇거리거나 소극적으로 태도로 답변해서는 안 된다. 잘 모르는 내용이라면 사실대로 말하고, 항상 자신감을 갖고 최대한 또박또박하게 답변할 수 있도록 한다. 면접 중 가벼운 미소를 유지하는 것이 좋으나, 이것이 지나쳐 말하는 도중 웃는 것은 좋은 태도가 아니다.

5 면접관은 어떻게 구성되며 어떻게 합격자를 결정하는가.

① 면접관의 구성과 면접의 구조화

면접을 진행하는 기업은 일반적으로 기업의 실무진(팀장이나 과장, 대리 등의 중간 관리자)이 면접 관이 되어 진행하는 1차 면접과, 부장 이상의 임원진이 면접관으로 참여하는 2차 면접을 시행하고 있다. 기업의 사장단이 면접관으로 참여하는 3차 면접도 있으나, 일반적인 면접 방식은 아니다.

현재의 기업 환경은 국내외의 경쟁이 극심한 것이 현실이며, 이로 인해 기업들도 우수 인재를 채용하는 것이 회사의 경쟁력 유지·향상을 위해 무척 중요해지게 되었다. 이에 따라 면접관들의 질을 높이고 전문성을 강화하기 위한 전략도 강조되고 있다.

그러나 이러한 노력에도 불구하고, 한두 번의 짧은 면접에서 지원자들의 역량과 리더십, 조직 적응력, 인성 등을 판별해 적합한 인재를 선별해 내는 작업은 무척이나 어려운 과정이다. 더구나 면접관들 간의 견해나 평가 기준도 차이가 있을 수밖에 없다. 따라서 기업에서도 이러한 현실을 반영하여 면접관의 구성에서부터 면접과정 전반에서 이를 보완하기 위한 다양한 시도를 하고 있다.

면접관들 간의 견해차로 인해 혼란을 줄이고 평가 과정이 합리적으로 이루어지도록 면접과정의 구조화 작업이 강조되고 있다. 면접의 구조화는 기업이 요구하는 인재상과 그에 대한 자질 기준을 명시하고, 그에 맞는 질문이나 평가 척도 및 기준을 개발해 이를 통해 지원자를 평가하도록 하는 것을 말한다.

면접의 구조화를 통해 평가가 이루어지는 경우 질문의 내용과 평가의 기준이 어느 정도 사전에 정해진다. 따라서 면접이 정해진 매뉴얼에 따라 효율적이면서 합리적으로 이루어질 수 있고, 평가 기준에 따름으로써 견해 차이로 인한 혼란이나 평가 결과의 오차가 발생할 가능성이 줄어들게 된다.

② 면접관의 합격자 결정 과정

면접을 본 후 면접관들은 면접에 대한 이야기를 하게 되는데, 면접이 어느 정도 구조화되어 있다 하더라도 지원자에 대한 평가 결과는 차이가 발생할 수밖에 없다. 평가 결과가 다른 경우 평가 기준을 토대로 이에 대한 논의가 이루어지는데, 이 과정이 길어지는 경우는 그만큼 차이가 크다는 것을 반영한다. 이러한 논의 과정에서 면접관은 지원자들에 대한 평가 결과가 어느 정도 모아지게 된다.

특히 1차 면접의 경우, 이러한 과정을 통해 어느 정도 집계된 평가 결과에 채용담당자의 의견과 지원자를 직접 관리하는 담당자들의 의견을 감안해 최종적인 평가 결과가 이루어진다. 따라서 지원자는 채용담당자와 채용관리자 앞에서도 결코 흐트러진 모습을 보여서는 안 된다. 그들의 지시 사항에 잘 따르고, 호명에 대한 대답도 예의 바르게 하는 것이 좋다. 그들이 면접의 직접적인 평가자는 아니지만, 평가 결과에 영향을 미칠 수 있다는 것을 명심해야 한다.

면접에서 지원자가 얻게 되는 점수는 그 차가 대부분 크지 않다. 즉, 미세한 차이로 합격과 불합격이 결정된다는 것이다. 그리고 그 차이를 극복하는 데도 그다지 오랜 시간이 걸리지 않는다. 이 책에서 제시된 바람직한 준비 자세를 익히고 실행하며, 삼가야 할 자세를 인지해 삼갈 줄 안다면 그렇지 않은 사람보다 분명 한 발 더 앞서가게 될 것이다.

③ 면접관에 대한 바람직한 태도

지원자들 중에는 면접관을 지나치게 어려워하거나 잔뜩 위축된 모습으로 대하는 사람이 있는데, 면접관들의 앞이라 해서 지나치게 긴장하거나 위축될 필요는 없다. 면접관들은 특별한 사람들이 아니라 주위의 학교나 사회 선배들이며, 입사하는 경우 같이 일하게 될 선배이자 상사들이다. 이러한 생각을 바탕으로 하여 긴장된 마음보다 반가운 마음으로 대하는 것이 좋다.

면접과정에서 지켜야 할 기본적인 예의를 지키면서 밝은 모습으로 대한다면, 그들도 지원자에 대해 좋은 인상을 갖게 되고 함께 일하고 싶은 마음을 갖게 되는 똑같은 사람이라 점을 인식할 필요가 있다.

Part 2

유형별
면접 대비 전략

01 PT면접(프레젠테이션 면접)

① PT면접은 무엇이며, 많은 준비가 필요한 이유는 무엇인가.

PT면접은 특정 주제에 대해 자료를 만들어 그 자료를 보고(발표)하는 형식으로 진행되는 면접을 말한다. 이는 지원자가 가장 어려워하는 면접의 한 형태로서, 지원자 개개인의 역량을 파악할 수 있는 좋은 수단으로 평가되므로 다수의 기업에서 채택하고 있다.

PT면접을 통해 지원자의 분석력과 논리력, 의사표현 및 전달력을 파악할 수 있으며, 기업의 업무 수행과정에서 자주 사용되는 보고 능력을 판단할 수 있다는 장점이 있다. 일반적으로 기업에서 실시하는 PT면접은 기업과 관련된 정책방안이나 개선책, 제품, 서비스 등과 관련된 주제가 주로 제시되고 있다.

평소 발표 능력이 뛰어나고 기업에 대한 충분한 조사로 많은 것을 알고 있는 지원자라 하더라도, 갑자기 어떤 주제가 제시되고 짧은 준비시간 후 PT면접이 실시되는 경우 어려움을 겪을 수밖에 없다. 이는 PT면접에 필요한 스킬을 익히고 실전과 같은 충분한 연습을 해야 하는 이유가 된다.

PT면접은 다른 면접 방식에 비해 혼자 감당해야 할 부분이 많으므로 준비 과정 또한 많은 시간이 필요하다. PT면접의 기본적인 진행 절차뿐만 아니라, 어느 정도의 자료를 어떠한 방식으로 준비·작성하는지에 대해서도 알고 있어야 한다. 또한 발표 시에는 주의할 내용은 무엇이며, 관련 질의가 있는 경우 어떻게 대처할 것인지에 대한 준비도 필요하다.

2 PT면접은 어떤 절차로 진행되는가.

① PT면접에 대한 안내

PT면접을 진행하는 과정에 배치된 담당자가 PT면접에 대한 진행 절차와 방법에 관한 개괄적인 설명을 해준다. 먼저, PT면접의 내용을 작성하기 위한 장소에 안내되고, 여기에는 대부분 사용 가능한 컴퓨터가 있으며, 내용을 작성할 용지나 필기구가 비치된 곳도 있다. 일반적으로 인터넷은 차단되어 사용할 수 없다. 지원자는 관련 설명을 잘 들은 후, 주제가 제시되면 바로 작업을 시작할 수 있도록 차분히 대기한다.

② 발표 주제의 제시와 작성

PT면접을 위한 주제가 제시되면, 지원자는 정해진 시간(통상 30분 내외) 내에 보고(발표)할 자료를 작성해야 한다. 컴퓨터를 활용하는 기업의 경우 파워포인트(Power Point) 프로그램을 사용하여 작성하되, 발표 시간에 맞추어 적당한 슬라이드(Slide) 페이지를 구성해야 한다.

PT면접 시간이 5분인 경우 실제 본문 페이지는 3페이지 이내로 구성한다(페이지 당 2분 정도 소요). 여기서 주의할 점은 목차(주제, 핵심키워드 중심의 목차)를 작성하고, 발표 시에도 서론 부분에서 이와 관련되는 내용(주제, 소주제 등)을 먼저 간략하게 언급하여야 한다는 것이다. 자세한 내용은 뒤에서 다시 언급하니, 참고하면 될 것이다.

PT면접의 경우 통상 준비 시간이 짧고 발표 시간 또한 5~10분 내에서 결정되므로, 시간 내에서 작성하고 발표할 수 있도록 해야 한다. 파워포인트 슬라이드도 주요 내용을 중심으로 간단명료하게 작성하도록 한다.

③ PT면접의 시행

시간 내에 발표 주제의 작성을 완료한 후 지시에 따라 면접장소로 이동해 면접을 시작한다. 이때 면접 시 발표할 내용에 대해 다시 상기해보고, 정해진 시간 내에 발표할 수 있도록 정리한다.

어떤 지원자는 발표 내용이 많아 발표 시 말하는 속도가 점점 빨라지는 경우가 있는데, 이보다는 적절한 속도로 하여 시간 내에 발표할 수 있도록 내용을 간략하게 정리하는 것이 좋다. 발표를 마친 후 면접관으로부터 관련 질문을 받을 수 있으므로, 대비해 두는 것이 필요하다.

3 진행 절차에 따른 구체적 대응 방안은 어떻게 되는가.

① 발표 내용의 작성

발표 내용을 작성하는 경우 가장 먼저 할 것은 주어진 과제(주제)에 대한 관련 주제(핵심 대안, 해결 방안 등)를 정하는 것이다. 관련 주제는 통상 3~4가지 정도로 정할 수 있으며, 시간을 고려해 정한다.

다음으로 주제에 따른 각각의 소주제를 구성해 주제와 함께 연결해 구성한다. 소주제는 가급적 3개 이하로 구성해, 내용이 산만하지 않고 정해진 시간에 전달될 수 있도록 하는 것이 좋다.

주제와 각각의 소주제가 정해지면, 중요도에 따라 순서대로 배치한다. 동일한 중요도의 경우 배치 순서는 무관하나, 면접관에게 어필할 수 있는 주제가 있다면 먼저 배치하는 것이 효과적이다.

주제와 소주제가 정해지고 적절히 배치된 후에는 결론에 해당하는 내용을 작성한다. 결론은 PT면접에서 마지막을 장식하는 것이므로, 한 문장으로 간명하게 작성하여 면접관에게 인상을 남기는 것이 좋다.

모든 작성이 완료되면, 발표할 내용을 머릿속에 그린 후 반복해 연습해야 한다. 발표 내용만 작성하고 어떻게 발표할지 실제로 연습하지 않는다면, 내용이 깔끔하게 정리되지 않아 발표 시 어려움을 겪을 수 있다. 반드시 작성 후 10분 정도의 발표 연습을 해야 한다.

> ✅ **Tip** **모의 PT의 중요성**
>
> 발표 내용을 작성하면서 개략적인 내용이 정리되지만, 이를 정해진 시간 내에 압축 정리해 전달하기는 쉽지 않다. 충분한 모의 연습이 없다면, 내용은 산만하고 혼란스럽게 발표될 가능성이 크다. 따라서 충분한 연습이 필요하다. 그리고 최종적으로는 모의 PT를 통해 전체 발표 내용을 직접 실시해 보는 것이 좋다.
>
> 통상 내용 작성 시간이 30분이 주어진다면 최소 10분 정도의 연습이 필요하다. 5분 정도는 발표 내용을 간추려 정리하고, 발표 순서와 강조할 핵심 내용을 정리한다. 5분 정도는 실제 발표할 내용을 시연해 본다. 부족한 부분은 실제 발표 전까지 머릿속으로 정리한 후 시뮬레이션을 통한 시연을 해봐야 한다. 이것이 필수적인 과정은 아니지만, 곧바로 이어질 실제 발표에서는 큰 도움이 되는 경우가 많다.

② PT면접의 진행

• 주제의 제시

면접 장소에 들어가 PT면접(발표)을 할 때, 가장 먼저 해야 할 일은 자신이 작성한 주제에 대해 말하는 것이다. 주제를 간략히 요약하기 어렵다면, 핵심 키워드를 제시하고 그것에 대해 설명할 것이라 언급하면 된다.

주제의 예시

"자동차 시장의 해외 매출 확대 방안에 대해 말씀드리겠습니다."
"A국의 반도체 활성화 정책에 대한 대응 방안에 대해 검토해보았습니다."
"올해 국내의 화장품 시장에서 강조되는 트렌드에 대해 조사해보았습니다."
"B기업의 신제품에 대한 홍보 및 이미지 개선 방안에 대해 알아보았습니다."

• 서론

주제를 제시한 다음 서론에 해당하는 내용을 간략히 설명하는 식으로 진행한다. 조사 방향과 조사에서 어려웠던 점, 개인적 소회 등이 있다면, 주제 제시 후 간략하게 언급하는 것이 좋다. 이 부분은 면접관의 관심을 집중시킬 수 있는 요소가 된다. 그리고 반드시 주제와 관련된 소주제를 제시해야 한다.

소주제는 시간상 통상 3개 정도만 제시하며, 주제와 관련된 대응 방안이나 문제 상황을 해결하거나 할 수 있는 방안과 관련이 있어야 한다. 소주제는 본론에서 발표하게 될 각각의 내용을 한 문장으로 정리해 제시하는 것이라 할 수 있다.

• 본론

본론에서는 주로 주제를 해결하기 위한 소주제의 내용을 주로 언급한다. 서론 부분에서 언급한 소주제를 좀 더 구체적으로 상세화해서 설명하고, 관련된 구체적 대응 방안이 있다면 덧붙인다. 소주제에 해당하는 각각의 사례를 하나씩 제시하는 것도 좋은 방법이 된다. 사례가 전혀 엉뚱하지 않다면, 면접관의 관심을 끌 수 있는 요소가 된다.

각각의 소주제에 대해 하나씩 사례로 설명하는 것으로 본론의 상세화 과정을 대신할 수 있다. 이 경우는 각각의 사례가 앞서 언급한 소주제와 연결되는 것이어야 한다. 사례를 기업의 정책과 연결하거나, 개선방향을 덧붙인다면 더 좋은 평가를 받을 수 있을 것이다.

• **결론**

본론을 다 말했다고 해서 갑자기 종결하는 것은 적절하지 않다. 결론 부분에 대한 스킬이 필요하다. 결론은 내용을 요약해 면접관의 기억을 상기시키고, 주제와 관련된 발표자의 건의나 바람이 있다면 제시하는 단계이다. 또한 면접관들로 하여금 내용을 정리하고 질의 내용을 준비할 시간을 벌어주기 위해서도 필요하다.

결론의 예시

"자동차 시장의 해외 매출 확대와 관련하여 중국과 인도 시장의 공략 방안을 중심으로 말씀드렸습니다. 이 시장은 큰 규모에 비해 최근까지도 본사의 판매가 상대적으로 부진하기에 보다 집중적인 공략이 필요하다고 생각합니다. 부디 저의 방안이 조금이라도 도움이 되었으면 합니다. 경청해 주셔서 감사합니다. 발표와 관련된 질문이 있으시다면, 답변드리도록 하겠습니다."

"지금까지 A국의 국가적 차원에서의 반도체 활성화 정책에 대해 본사가 어떻게 대응해 글로벌 경쟁력을 유지할 수 있을지에 대해 말씀드렸습니다. 본론에서 말씀드린 바와 같이, 본사가 집중할 부분을 정해 그에 대한 R&D 투자를 늘리고, 기술적 우위를 토대로 한발 앞선 제품 출시를 통해 시장을 경쟁력을 유지하는 것이 가장 중요하다고 생각합니다. 이상 발표를 마치겠습니다. 감사합니다. 질문이 있으십니까? 질문 주시면 제가 아는 범위에서 성심성의껏 답변드리도록 하겠습니다."

4 PT면접 시의 바람직한 자세와 태도, 말투는 어떻게 되는가.

PT면접에서는 발표자의 적절한 자세와 태도, 말투가 무척 중요하다. 이것이 적절하지 않은 경우 면접관은 내용보다는 이 부분이 더 신경 쓰일 수 있어, 결과적으로 좋은 평가를 받기 어렵다.

PT면접 시에도 진지하면서도 밝은 표정과 가벼운 미소, 지속적이고 적절한 아이 컨택, 적절한 제스처, 진지한 경청의 태도가 기본적으로 무척 중요하다. 말투도 발표에 어울리는 표현을 사용하도록 한다. '~ 입니다, ~ 했습니다만 ~'이라는 표현을 사용하며, '~ 인데요, 했는데(요) ~' 라는 표현은 자제하는 것이 좋다.

비속어, 은어, 인터넷 용어 등은 쓰지 않는 것이 좋다. 유행어를 사용하는 경우 그것이 유행어임을 알 수 있는 상황에서 사용하거나, 알 수 있도록 하는 표현과 함께 사용한다. 그리고 '음 ~', '어 ~', '에 ~' 등의 표현도 덧붙이지 않고 간결하게 말할 수 있도록 한다.
구체적인 면접 과정에 따른 바람직한 자세와 말투를 살펴보면 다음과 같다.

① 입장

발표 자료(용지 등)를 들고 가벼운 미소를 띤 표정으로 입장하며, 정중하게 90도로 인사한다. 인사후 "안녕하십니까. 지원자 ○○번 □□□입니다."라고 소개한다. 소개 멘트는 반가움과 자신감을 담고있는 톤으로 하되, 성량을 적절하게 잘 조절해야 한다. 너무 크거나 작지 않아야 한다는 것이다. 목소리가 지나치게 크면 가벼워 보이고 물건을 팔러 온 사람처럼 보일 수 있으며, 너무 작으면 자신감이 없고 성의가 부족해 보일 수 있다.

② 발표의 진행

• 바른 자세의 유지

발표를 시작하면 시종일관 바른 자세로 유지하며 발표를 진행할 수 있도록 해야 한다. 특히, 다리를 꼬거나 짝다리를 짚는 행위, 몸을 불필요하게 움직이는 행위 등을 하지 않도록 주의한다. 일체의 불량한 자세나 불필요한 움직임은 면접관이 내용에 집중력을 저하시키며, 눈살을 찌푸리게 하는 행동이 될 수 있다.

• 차분한 목소리 톤과 적절한 속도의 유지

목소리는 차분한 톤으로 말하며, 말의 속도를 적절히 유지해야 한다. 지나치게 긴장하거나 발표 내용이 많은 경우 말이 빨라지는 경우가 종종 있으므로, 특히 주의한다.

• 시선

발표자의 시선은 면접관을 향하는 것이 발표의 기본적 자세이다. 따라서 발표 자료를 참고하거나 칠판에 필기하는 경우를 제외하고는, 원칙적으로 면접관과 눈을 맞추며 발표를 진행해야 한다. 다만, 지속적으로 응시하기보다는 일정 간격으로 시선을 바꾸고, 필요한 제스처를 함께 곁들이며 진행하는 것이 더욱 효과적이다. 이러한 시선과 제스처는 평소 약간의 연습이 필요한 부분이다.

• 질문

발표를 마친 후 면접관들에게 질문이 있는지 물어봐야 한다. 질문이 없을 수도 있지만, 질문이 있는지를 묻지 않는 것은 적절하지 않다. 질문자가 지원자의 이름이나 번호를 호명하면, '예!'라고 대답하며, 질문이 길어지는 경우도 중간에 '예!'라고 함으로써 질문이 자연스럽게 이어질 수 있도록 하는 것이 좋다.

질문을 받을 때는 고개를 약간 숙인 상태에서 집중해서 들어야 한다. 중간에 고개를 약간 끄덕이며 동의나 공감의 표시할 수 있으나, 지나치게 동작이 크거나 자주 해서는 안 된다. 이 경우도 겸손한 자세로 차분히 경청하는 기본자세에서 벗어나지 않아야 한다는 것이다.

답변은 질문을 끝까지 다 듣고 "예, 답변드리겠습니다."라고 말하고 한다. 질문 후 즉시 답변하는 것보다 잠깐 동안(1~2초) 여유를 둔 후 차분히 답변한다. 답변은 길게 하지 않으며, 답이나 결론을 먼저 말하고 부가 설명을 덧붙이는 식으로 하는 것이 좋다. 답변 도중 면접관이 다시 질문하는 경우는 답변을 멈추고 경청해야 한다.

좋은 답변이 떠오르지 않는다면 질문과 관련된 원론적인 이야기를 하면 된다. 전혀 모르는 질문이 있다면, 엉뚱한 대답을 하기보다는 그 부분은 "지금은 갑자기 그 부분이 떠오르지 않습니다."라고 양해를 구하는 것이 낫다. 추가 질문이 있는 경우도 마찬가지로 진행하면 된다.

• 기타 주의 사항

필기는 꼭 필요한 경우에 키워드 위주로 최소한만 해야 한다. 필요하지 않다면 하지 않아도 된다.

면접관을 집중시키고 발표자에 대한 신뢰감을 제고하기 위해 눈을 맞추는 것이 필요하나, 지나치게 노려보거나 계속해서 눈을 쳐다보는 것을 옳지 않다. 면접관과 대화하듯이, 때로는 설득하고 이해를 구하듯이 진행하며, 이를 통해 상호 공감대를 형성할 수 있다면 그 발표는 가장 이상적인 발표가 될 수 있을 것이다.

③ 퇴장

PT면접이 종료된 후 "감사합니다."라고 인사한 후, 자신의 자리를 바르게 정리한다. 그리고 자신이 챙겨 온 발표 자료를 잘 챙겨 문으로 걸어간다. 문 앞에서 돌아서 면접관에게 다시 한 번 인사(목례)를 한다.

인사 후 조용히 문을 열고 퇴장하는데, 이 경우 인사부터 퇴장까지 너무 서둘지 않도록 주의한다. 흔히 종료로 인한 안도감으로 인해 급히 퇴장하는 경우가 있는데, 마지막 순간의 행동까지도 평가에 반영된다는 것을 잊지 않아야 하겠다.

02 토론면접

1 토론면접에서는 무엇을 강조하는가.

토론면접은 최근 PT면접과 함께 여러 기업에서 강조하고 있는 면접 유형이다. 대부분의 기업에서 하루가 멀다 하고 많은 회의가 진행되고 있으며, 이 중에 상당 부분은 팀 간 또는 부서 간, 때로는 외부기관과 의견 조율이나 논의가 필요한 토론식 회의가 꽤 많이 있다. 따라서 토론면접은 이러한 기업의 현실을 고려하여, 요구되는 몇 가지 역량을 평가하기 위해 실시된다고 볼 수 있다.

그럼, 토론면접을 통해 평가하려는 개인의 역량에는 어떤 것들이 있는가? 여기에는 우선 합리적 사고능력과 논리력, 커뮤니케이션 능력(의사소통 능력), 조직 이해 및 적응 능력을 들 수 있다. 그리고 직무 파악 능력과 직무 적합성, 상대에 대한 설득력, 이해와 배려 등도 중요한 판단 기준이 될 것이다.

이러한 다양한 평가 요소 중 면접관들은 논리력과 설득력 같은 토론의 기본 요소뿐만 아니라 의사소통 능력과 상대에 대한 이해 및 배려도 무척 중시한다. 실제 토론을 진행하는 과정에서는 이러한 측면이 결론 도출에 더 긍정적으로 작용하는 경우가 많기 때문이다. 따라서 토론면접에 임하는 지원자들은 토론 기법이나 기술 외에 상대와의 관계에서 요구되는 이러한 기본적인 태도의 중요성을 염두에 두어야 한다.

토론면접은 다른 면접에 비해 면접 참가자 간의 실력 차이가 바로 드러나며, 현장에서 결과의 판단이 가능한 토론이라 할 수 있다. 따라서 토론에 임하는 지원자들 중 자신의 지식이나 논리력, 설득력이 부족하다는 것을 두고 걱정하는 경우가 많다. 그러나 결론적으로, 이러한 요소들이 평가 결과와 직결되는 것은 아니다. 이보다 더 중요한 평가 요소는 같은 조원들과의 협조 능력과 상대 측과의 원만한 의사소통 능력이며, 따라서 이에 필요한 이해와 배려, 개방적 태도가 강조될 수밖에 없다. 걱정보다는 조금 더 여유를 갖고 열린 마음으로 접근하는 자세가 요구된다고 하겠다.

2 토론면접은 어떤 절차로 진행되며, 주의할 점은 무엇인가.

① 면접실로의 이동 및 토론 준비

면접 장소 밖에서 대기하고 있다고 담당자의 안내에 따라 조별로 면접 장소(면접실)로 입장한다. 통상 토론면접은 6~8명 정도가 한 테이블에 둘러앉아 제시된 특정 주제에 대해 잠깐 정리한 후 토론이 진행된다. 정리 과정은 주제 제시 후 찬성 측과 반대 측을 나누어 양측이 각각 함께 진행하기도 한다. 간혹, 주제를 제시한 후 정리할 시간 없이 바로 시작하는 경우도 있을 수 있다.

② 토론면접의 진행

토론에 앞서 토론 주제가 제시되며, 잠깐 동안(5분 내외) 토론 내용을 정리할 시간을 준다. 이때는 자신의 의견(주장)을 핵심 키워드를 중심으로 몇 가지(3~5가지 정도)로 정리한 후, 토론 시 차례대로 주장하면 된다.

주제 제시 후 따로 준비 시간을 주지 않고 곧바로 토론을 시작하는 경우도 있는데, 이 경우는 모두가 같은 조건이므로 크게 부담을 느낄 필요는 없으며, 다른 사람이 말하는 동안 머릿속으로 자신의 의견을 정리해 제시하면 된다. 자신이 가장 먼저 말하는 경우에는 평소 생각한 것을 중심으로 떠오르는 내용을 하나씩 말하며, 혹시 부족한 부분은 다음 발언 기회에서 보완하면 된다.

토론은 통상 20~30분 정도의 시간 동안, 돌아가며 자신의 의견을 자유롭게 발언하는 형태로 진행된다. 주제에 대한 찬성/반대의 입장을 정해 의견을 제시하되, 발언 기회(횟수)가 사실상 제한되어 있으므로 정리한 내용을 토대로 하여 충분한 시간(1분 이상) 동안 발언하는 것이 좋다.

면접관이 찬성과 반대의 입장을 지정해 주는 경우 그에 따라 토론을 진행해야 한다. 자신이 찬성의 입장에서 토론하도록 지정된 경우, 실제로는 반대의 입장을 지지하더라도 찬성 측의 입장에 부합하는 의견을 제시해야 한다는 것이다.

자신의 의견을 강조하기 위해 너무 자주 발언하지 않도록 주의한다. 앞에서도 언급한 바와 같이, 상대에 대한 이해와 배려도 중요한 평가 대상이 된다. 상대의 의견 제시가 끝난 후 적절한 시기를 잡아 발언하면 되며, 발언의 횟수는 참여자의 평균적 횟수와 대체로 비슷하도록 하는 것이 좋다.

의견 내용이 주제에 부합하는 한 내용 자체가 직접적인 평가의 대상이 되지는 않지만, 의견의 일관성은 유지하여야 한다. 상대의 의견이 좋다고 해서 자신의 의견을 갑자기 바꾸는 것은 옳지 않다. 앞에서는 주제에 대해 찬성 또는 지지의 의견을 말하고, 뒤에서 반대의 근거를 지지하는 것은 감점 대상이 될 수 있다는 점을 명심하자.

토론 시 사회자를 정하는 경우도 있는데, 이 경우 면접관이 지정하는 경우도 있지만 원하는 사람을 지정하는 경우가 많다. 혹시 토론 주제가 찬성/반대를 결정하기 곤란하다고 느껴진다면 사회자로 지원해 진행하는 것도 좋은 방법이 될 수 있다. 사회자에 대한 내용은 뒤에서 다시 언급하겠다.

③ 면접의 종료
주어진 시간이 되면 면접관이 종료를 알리며, 이 경우 추가 발언은 허용되지 않는다는 점에 주의해야 한다. 면접관의 종료 선언 이후에 발언을 이어가는 것도 감점의 대상이 된다. 최종 변론이 제시되지 않았다 하더라도 종료 선언 후에는 발언하지 않도록 주의한다.

3 토론면접에 대한 대응 전략은 어떻게 되는가.

① 토론 내용(주제)에 관한 전략

토론면접은 주제의 제시와 함께 본격적으로 시작된다. 주제는 어떤 것이 제시될지 알 수 없고, 막상 주제가 제시되면 긴장감이 고조되어 어떻게 접근할지 몰라 당황스러운 경우도 있다. 따라서 면접을 실시할 기업에 관한 최근 이슈나 시사적 뉴스를 분석해 예상 가능한 주제를 최대한 선정하고, 각 주제별로 찬성과 반대 의견에 관한 충분한 조사를 통해 적합한 의견을 파악해 두는 것이 좋다. 주제에 대한 기본적인 접근 방식은 유사하므로, 이러한 사전 연습은 주제와 관계없이 긴장감 해소에 도움이 될 수 있다.

토론 주제는 대부분 입장 차이에 따라 찬반이 갈릴 수 있는 내용이 제시된다. 입장의 차이는 각자의 이익과 관련된 경우가 많다. 따라서 토론에서 자신의 견해를 결정하는 경우, 우선 주제에 따라 이익을 입는 수혜 집단과 손해나 부담을 지는 집단(피해 집단)을 파악해야 한다. 만일 어떤 견해가 적절한지 결정하기 어렵다면, 이것이 사회 전체적으로는 어떠한 의미가 있는지 검토해 본다면 결정에 도움이 될 수 있을 것이다.

토론 시 자신의 견해가 무조건 절대적으로 옳다는 자세는 바람직하지 않다. 따라서 이러한 느낌이 드는 경우, 반대 입장이 되어 자신의 견해가 어떠한 약점이 있는 살펴보는 자세가 필요하다.

② 발표 과정에 따른 전략

• 기조연설(찬성과 반대의 의견 표명)

자신의 입장을 결정한 후 토론이 시작되면 가장 먼저 찬반 양측의 기조연설이 이루어진다. 기조연설은 먼저 찬성(또는 반대) 측에서 찬성(또는 반대)하는 견해를 발표하는 방식으로 진행된다.

찬성 측에서 먼저 기조연설을 하는 경우는 '찬성 측의 의견을 말씀드리겠습니다'로 시작해 내용을 발표한 후, '이런 이유로(따라서) 저는 주제에 대해 찬성합니다'라고 하면 된다. 반대 측의 기조연설은 '찬성 측 의견 잘 들었습니다'라고 시작하며, 내용을 발표한 후 '따라서 저는 주제에 대해 반대합니다'라는 식으로 말하면 된다.

찬반 양측에서 두 번째로 발표하는 사람의 경우는, 앞서 발표한 사람에 대한 간략한 언급을 한다. 찬성 측의 두 번째 기조연설은 '찬성 측 의견을 말씀드리겠습니다. 저는 앞서 발표한 저희 측의 ㅇㅇㅇ님의 의견과 같습니다'라고 시작하며, 내용 발표 후 '따라서 저도 주제에 대해 찬성합니다'라고 한다. 반대 측의 두 번째 기조연설자는 '찬성 측의 의견 잘 들었습니다. 저는 앞서 발표한 저희 측 ㅁㅁㅁ님의 의견처럼 주제에 대해 반대하는 입장입니다'라고 시작하며, 내용 발표 후 '따라서 저도 주제에 대해 반대합니다'라고 끝마치면 된다.

• 반박의 제시
기조연설에 이어지는 찬반 양측의 반박은 토론면접의 중심적 내용에 해당한다. 토론이 자신의 견해를 강화하기 위해 상대방의 견해를 논박하는 것이므로, 반박 시에도 기본적으로 근거를 들어 논리적으로 제시하는 것이 바람직하다. 이를 위해서는 자신의 견해를 논리적으로 정리해야 할 뿐만 아니라 상대방의 의견에 대해서도 경청을 통해 파악하고 있어야 한다.

반박의 제시는 일반적으로, '찬성(반대) 측의 의견 잘 들었습니다. 찬성(반대) 측에서는 주제에 대해 ~라 말씀하셨는데, 저의 의견은 조금 다릅니다'라고 말한 후, 자신의 의견을 근거를 들어 제시하는 것이 좋다. 반박을 직접 제시하기보다 상대 측의 주장 내용에 대한 질의를 통해 반박을 대신할 수 있다. 이 경우는 상대방을 논리적으로 공격함으로써 토론의 우위를 점할 수 있는 방법으로 활용될 수 있다.

반박에 대해 재반박하거나 혹은 같은 팀의 반박 의견에 동조할 수 있는데, 이는 재반박이나 동조의 근거가 있는 경우에 해야 한다.

반박 제시 단계에서 가장 주의할 점은 절대로 흥분해서는 안 된다는 것이다. 상대방의 견해를 억누르고자 일방적인 공세를 펴거나 자기 의견을 강조하는 행위를 해서는 안 된다. 또한 자신의 견해가 논박된다고 해서 감정적으로 대응하는 것도 바람직하지 않다. 반드시 상대의 의견을 끝까지 듣고 말해야 하며, 상대를 인정하고 배려하는 마음으로 임해야 한다. 자신의 팀원 중 한 사람이 이러한 행동을 하는 경우, 직접 제지하는 것보다는 논점을 바꾸어 흥분된 상황을 전환하는 방법이 더 바람직하다.

상대의 의견을 듣고 곧바로 자신의 의견을 제시하는 것도 바람직하지 않다. 잠깐 여유를 두고 말하거나, 혹은 '좋은 의견이라 생각합니다만 ~', '네, 잘 들었습니다'라고 말함으로써 상대의 말을 경청하고 상대를 존중하는 모습을 먼저 보여주는 것이 좋다.

토론면접에서의 궁극적 목적은 자신의 견해를 강조함으로써 상대를 논파하는 것에 있지 않다. 이보다는 상대를 인정하고 의견을 경청하며, 팀원 간의 협조를 바탕으로 논리적인 설득의 과정을 거쳐 자신의 견해를 제시하는 것이 더 중요하다. 면접관들은 이 점을 잘 알고 있으므로, 지원자는 반드시 유의해야 한다.

• 최종 변론

최종 변론은 양측이 자신의 견해를 마지막으로 정리해 진술하는 것으로, 면접관이나 토론의 사회자가 유도하는 경우 시작된다. 최종 변론에서도 자신의 견해는 일관성 있고 논리적으로 유지되어야 하지만, 논박 과정에서 확인된 상대의 주장을 통해 보완 또는 개선할 점이 있다면 수용하는 것이 바람직하다. 다만, 이 경우 자신의 견해보다 상대의 견해가 바람직하거나 우월하다는 느낌이 들지 않도록 주의해야 한다. 상대의 주장은 어떤 측면에서 참고할 가치가 있으나, 현실적 여건을 고려할 때 우리의 의견이 보다 바람직하다는 말하는 것이 최종 변론으로 적합하다.

최종 변론은 구체적 예로 설명해 해 본다면, '찬성(반대) 측의 최종 변론을 말씀드리겠습니다. 반대(찬성) 측의 견해는 A라는 측면에서 고려할 가치가 있다고 생각합니다. 그러나 찬성(반대)의 의견은 B, C, D 등 여러 장점을 지니고 있다는 점에서, 현실적 측면을 고려하여 우선되는 것이 옳다고 생각합니다. 따라서 본 주제와 관련하여 반대(찬성) 측의 A를 고려해 보완한다면, 찬성(반대) 측의 의견이 타당하다고 생각합니다. 이상입니다'라고 할 수 있을 것이다. 표현은 조금 달라질 수 있으나, 이러한 패턴으로 말한다면 좋은 변론이 될 수 있다.

③ 사회자가 되는 경우의 전략

사회자가 되는 경우 기본적으로 토론의 주제를 설명하고 토론을 유도·진행하는 역할을 수행한다. 주로 양측의 기조연설과 본격적 토론을 유도하고, 논박 내용을 정리하며, 최종 변론 유도하는 역할을 하는 것이다. 또한 종료 시간을 체크하여 종료 전 양측에 최종 의견 발표를 요청해 정리하며, 찬성과 반대 의견을 중심으로 정리된 내용을 발표하는 것도 사회자의 역할이다.

토론 도중 의견이 주제를 벗어나거나, 의견이 한쪽으로 쏠리는 경우, 또는 토론이 격렬한 경우 이를 조정하는 것도 중요한 사회자의 역할이 된다. 논점에서 벗어난 의견에 대해서는 주제를 다시 한번 상기시켜 주고, 한쪽으로 의견이 쏠린 경우는 다른 의견을 유도함으로써 적절히 조절해 나간다. 그리고 사회자라 하더라도 토론에 임의로 개입할 수는 없지만, 만일 토론이 지나치게 격렬한 경우 이를 조정·전환하기 위해 적절한 방식으로 개입할 수 있다.

4 토론면접 시의 바람직한 자세와 태도, 말투는 어떻게 되는가.

① 입장

면접의 기본자세라 할 수 있는, 예의 바르고 자신감 있는 모습으로 입장한다. 표정은 밝은 표정을 유지하되 소리 내어 웃지는 않는다. 입장에서부터 본격적인 평가가 이루어지므로, 언행에 신경써야 한다.

자신의 자리가 정해져 있는 경우가 아니라면 눈에 띄는 적당한 자리에 앉는다. 자리를 고르기 위해 쭈볏거리거나 면접관과 일부러 멀리 떨어져 않으려는 모습은 좋지 않다. 모두 부정적인 인식을 심어줄 수 있는 모습이다.

자리에 앉을 때는 항상 바른 자세로 앉아야 하고, 주위를 두리번거리거나 다른 사람의 눈치를 살피는 등의 불필요한 행동은 하지 않는다. 만일 테이블에 자신의 의견을 기입할 용지가 준비되어 있다면 지시에 따라 의견을 기입하고, 실제 면접에서 발언할 내용과 면접의 진행 순서를 그려본다.

② 발표의 진행

앞에서 언급했다시피, 토론면접의 개시를 알리는 기조연설이 무척 중요하다. 간결하면서도 명확한 내용을 담아야 하고, 왜 그렇게 생각하는지 간단한 근거를 들어야 한다.

말투와 톤도 적절해야 한다. 적당히 낮은 톤으로, 적당한 속도로 말하고, 불필요한 말은 넣지 않으며, 제스처도 필요한 경우 적절히 사용한다. 제스처가 너무 크거나 많은 경우 산만하게 느껴지고 상대의 집중력을 떨어뜨리며, 궁극적으로 말의 깊이와 신뢰를 잃게 할 수 있다.

토론면접에서 강조되는 또 하나의 요소는 발표자의 의견에 대한 경청의 자세이다. 기본적으로 상대의 말을 끝까지 들어야 하며, 상충되는 견해를 제시하는 경우에도 중간에 말을 끊는 일이 없도록 주의한다. 상대의 말이 지나치게 길어지는 경우도 마찬가지이다. 이것은 상대방의 감점 요인에 해당되므로 나에게는 상대적으로 유리하게 작용할 수 있다.

다른 발표자의 발언 시 적절히 고개를 끄덕여 반응할 필요가 있다. 이는 상대의 의견을 집중해서 듣고 있다는 것을 보여주기 위한 표시이며, 동조의 표현이기도 하다. 다만 너무 빨리 고개를 끄덕이거나 감탄사를 넣는 행위 등은 자제해야 한다. 고개를 빨리 끄덕이는 것은 '알았으니까 이제 그만하라'는 표시가 될 수 있으며, 감탄사를 넣은 행위는 전반적인 집중력을 떨어뜨릴 수 있는 반응이 될 수 있다.

상대 측의 발언 시 핵심 내용을 간략히 기록하는 것이 유리하다. 토론의 상황에서는 자신의 의견을 강조하고 그에 집중하는 경우가 많아, 상대의 주장은 상대적으로 소홀하기 쉽다. 이는 특히 상대의 견해나 주장에 대해 논리적인 반박을 곤란하게 하며, 최종 변론에서도 상대의 핵심 논리를 명확히 파악하기 어렵게 할 수 있다.

최종 변론을 하는 경우에도 상대측의 견해를 종합해 말하는 것이 필요하다. 이는 상대에 대한 기본적인 매너로서, 상대의 주장을 충분히 고려하여 내린 결론이라는 느낌을 줄 수 있다는 장점도 지닌다. 상대의 의견을 무시하는 언행은 절대로 피해야 한다. 상대의 장점까지 수용한 견해가 결국 가장 이상적이라는 것이다. 회사나 조직에서도 궁극적으로 이러한 자세를 높이 평가할 수밖에 없다.

③ 사회자

토론의 사회자는 기본적으로, 찬반 양측에 대해 공정하고 중립적인 자세를 유지해야 한다. 토론 도중 일방의 의견을 두둔하거나, 은연중이라도 자신의 견해를 드러내지 않도록 주의한다. 그리고 이러한 공정하고 중립적인 자세를 통해 최종 의견을 종합적으로 정리할 것이 요구된다.

면접관은 사회자의 의견을 묻지 않는 것이 일반적이나, 사회자의 역할이 전혀 두드러지지 않을 경우 의견을 물어보기도 한다. 이러한 경우를 피하기 위해 사회자의 역할을 충실히 할 필요가 있다. 때로는 상황에 따라서, 혹은 기업에 따라서 기본적인 의견을 물어볼 수도 있다. 이때는 자신의 의견을 말하되, 일반 토론 패널(참여자)과는 조금은 구분되는 입장을 취하는 것이 좋다. 적어도 일방의 의견을 지지·동조하는 발언보다는 양측의 입장을 종합적으로 고려할 필요가 있다는 말이다.

☑ Tip **토론면접에서 체크할 포인트**

토론 도중 목소리가 커지거나 상대의 의견을 무시하는 행위는 하지 않아야 한다. 상대를 억누르기보다는, 공감할 수 있는 부분을 찾아 먼저 공감하는 것이 중요하다. 답답하고 화가 날수록 상대의 말을 더 경청하는 습관을 들이는 것도 좋다. 여기에는 상대에 대한 존중과 배려의 자세가 기본적으로 전제되어 있어야 한다.

주제에 대한 논의가 입장 차이로 원점에서 맴도는 경우, 참신한 아이디어를 찾거나 관점을 바꿔야 한다. 논의 내용의 실현에 필요한 재정적 측면의 고려나 문제 해결 과정에서 발생하는 기업 이미지, 정부의 정책방향과 부합 여부, 외국에서의 성공과 시행착오의 사례 등은 모두 이러한 아이디어나 관점 전환의 발판이 될 수 있다. 답답한 토론을 바꿀 수 있는 말 한마디는 면접관에게 강한 인상을 줄 수 있는 요소가 된다.

토론면접의 실시하는 근본 이유를 인식하고 있어야 한다. 토론면접은 상대를 이기는 뛰어난 인재를 뽑기 위한 것이라기보다는, 이기는 바람직한 방법과 자세를 통해 부적합한 사람을 걸러내는 면접이라 할 수 있다. 언제나 이러한 점을 명심하고 토론면접에 임해야 할 것이다.

03 전공면접

1 전공면접이란 무엇이며, 준비는 어떻게 하는가.

전공면접은 일반적으로 지원자의 전공 분야에 대한 기본적 지식이나 소양을 묻는 형식의 면접을 말한다. 통상 기업에서의 직군이나 구체적인 업무가 특정 전공자를 필요로 하는 경우에 실시되는 것이 일반적이다.

전공면접에 구체적 형식은 기업마다 다양하다. 하지만 기본적으로 자신의 전공과 관련된 내용에 대해 어느 정도 알고 있어야 한다. 따라서 학교를 다니는 동안 이런저런 사정으로 전공 공부를 충실히 하지 못한 경우는, 별도의 공부가 필요한 면접이라 할 수 있다. 다만, 공부의 방향이 세세한 지식보다는 자신의 전공에 대한 기본 틀을 익히고, 전공에서 배운 내용을 기업에서 어떻게, 어떤 점에서 연결할 수 있는지를 준비하는 것이 중요하다. 이것이 핵심이라 할 수 있다.

전공면접을 준비하는 방법은 다음과 같이 구분해 볼 수 있다.

① 전공 구조의 파악과 핵심 키워드 정리

우선은 대학의 수업 커리큘럼에 대한 소개 자료 또는 학교 홈페이지를 통해 자신의 전공 학과의 기본 틀을 파악해야 한다. 어떤 강의가 있는지 전체적으로 파악해야 한다. 자신이 듣지 않은 수업을 포함해, 전체적 구조와 틀을 파악해야 한다는 것이다.

전체적 구조를 파악한 다음에는 주요 과목의 핵심 내용을 이해해야 한다. 과목 소개의 글이나 전공 교재를 통해 핵심 키워드를 중심으로 전공 내용을 파악한다. 주요한 전공 과목은 수강한 경우가 많고, 수강하지 않았다 해도 개략적인 흐름과 내용은 이해하고 있으므로, 이러한 과정은 생각만큼 오래 걸리지 않을 것이다.

면접에서는 실제 어떤 질문이 제시될지 모르는 상황이다. 따라서 전체 구조를 파악하고 과목별 핵심 키워드를 정리함으로써 전반적인 구조를 이해할 수 있을 뿐만 아니라, 세부적인 질문에 대한 대응 능력도 그만큼 향상될 수 있다.

② 예상 질문의 파악

이는 지원하는 기업을 중심으로 출제된 질문을 찾아보는 것이 가장 중요하다. 전공면접의 질문을 알 수 있다면 가장 좋겠지만, 그렇지 않다면 기업의 면접 전반에서 제시된 질문을 찾아 관련된 내용을 파악하는 것도 좋은 방법이 된다.

실제 출제된 질문의 파악 외에도, 지원하는 기업(직군)과 관련된 이슈나 기업에서 추진하는 핵심적 전략을 파악하는 것도 필요한 과정이다. 그리고 그러한 이슈나 전략이 해당 직군과 자신의 전공과는 어떤 관련이 있는지, 구체적으로 적용할 수 있는 부분은 무엇인지 파악해 두면 큰 도움이 될 수 있다.

2 전공면접을 위한 일반적 대비 전략은 어떻게 되는가.

① 전공에 대한 기본적 공부 방법

평소 전공 공부를 하면서 특별히 흥미가 있었거나 중요하다고 생각한 내용이 있다면, 그 부분에 대해 따로 정리해 둘 필요가 있다. 이것은 전공 공부의 본격적인 출발점이 되며, 자신의 전공 지식에 대한 기본 토대가 될 수 있다.

중요한 내용임에도 이해되지 않거나 어렵게 느껴지는 부분이 있다면, 그 내용을 따로 요약해 정리하는 습관을 들인다. 이 과정에서 어렵게 느껴지는 이유를 알 수 있었다면 함께 기록해 두는 것이 좋다. 이것은 전공 공부의 어려움을 극복하고 한 단계 나아가는 발판이 된다. 자신이 진짜 전공자가 되는 출발점이 되는 것이다.

② 전공을 통한 직무의 이해

자신이 공부하는 전공을 통해 관련 직무를 이해하고, 그것을 직무 과정과 연결하는 훈련이 필요하다. 이것은 거창한 훈련이 아니라, 전공 과목을 공부하는 동안 그 내용이 실제 직무에 어떻게 사용·활용될 수 있을지 잠깐씩 고민해 보는 것으로 충분하다. 이는 실제 관련된 직무에 지원하는 경우 특히 도움이 될 수 있다. 지원 분야가 전공과 관련된 곳이라면, 졸업 논문도 이에 맞춰 준비하는 것도 좋은 방법이 될 수 있겠다.

자신의 전공과 다른 분야에 지원하게 되는 경우라도 낙심할 필요는 없다. 다른 전공자와 차별화된 관점도 기업에 필요하며, 그러한 사람도 선호되는 경우가 많다. 다만, 비전공자는 자신의 전공이 해당 직무와 어떻게 연결할 수 있을지에 대해 충분히 고민해 두어야 한다.

③ 전공에 대한 이해가 부족한 경우

전공에 대한 공부나 이해가 부족한 경우는 전공에 대한 기본 개론서를 통해 공부하는 것이 필요하다. 공부는 목차를 통해 기본 흐름을 먼저 파악하는 것이 좋다. 전공 과목의 의의와 목적, 배경에 대한 이해, 주요 개념, 연구나 적용 방법 등을 파악하는 것이 필요하다. 깊이 있는 공부가 필요한 것은 아니다. 질문에 전혀 엉뚱한 답을 하지 않기 위해서는 이러한 핵심 내용을 파악해 이해하는 것이 필수적이다.

04 임원면접

1 임원면접이란 무엇인가.

임원면접은 기업체의 임원진이 면접관으로 참여하는 면접을 말한다. 지원자가 프레젠테이션 면접과 역량 면접 등을 거쳐 통과에 경우에 실시하는, 통상 기업체에서 실시하는 최종 단계의 면접에 해당한다.

임원면접은 기업에서 오랫동안 근무한 임원들이 면접관이 되어 실시하는 면접이라는 점에서, 다른 면접과는 많은 측면에서 차이가 있다. 우선은 실무자의 면접에 비해 다소 엄숙하고 보수적인 분위기가 지배적이다. 따라서 지원자에 대한 평가에 있어서도, 조금 튀는 개성 있는 지원자보다는 무난하게 행동하고 적절하게 답변하는 지원자가 선호될 가능성이 크다. 차별성을 부각하기 위한 행동이나 의도적 연출은 가급적 자제하는 것이 좋다.

임원의 따라 다소간 차이는 있을 수 있으나, 대체로 지원자의 첫인상과 면접 태도를 꽤 중시한다. 따라서 지원자의 입장에서는 첫인상과 자기소개에 신경을 써야 하며, 자신감이 엿보이면서도 진지하고 예의가 있는 태도를 처음부터 끝까지 견지해야 한다. 입장 시의 인사 예절과 착석의 바른 자세, 진지한 경청의 태도 등이 주로 강조된다.

임원면접의 특성상, 면접 시 임원들은 잘 웃지 않고 지원자의 답변에 별다른 반응을 보이지 않는 경우가 많다. 답변을 무난히 잘 한 것 같은데 별다른 반응 없는 경우, 지원자의 입장에서는 답변이 잘못되었는지, 혹시 답변의 방향이 틀렸는지 고민할 수 있다. 그러나 임원들의 특징을 고려해 볼 때 크게 걱정할 것은 없다. 임원들은 대부분 답변을 못했다고 나무라지 않고 잘했다고 칭찬하지 않는 것이 일반적이다.

간혹 지원자의 답변에 대해 다소 까다롭게 꼬투리를 잡는 경우도 있는데, 이 경우 당황하기보다는 관련 사항에 대한 의구심의 표현이나 자신에 대한 관심의 표명이라 생각하고, 공손한 자세로 그때마다 답변을 해나가면 된다. 다만, 이러한 질문의 경우에는 너무 길게 답변하지 않도록 주의한다.

❷ 임원면접 시의 강조 사항과 그 대응 방안은 무엇인가.

① 인사예절과 첫인상

면접실에 입실한 경우 바로 면접관을 향해 가볍게 목례를 하며, 면접관 앞에 서서 90도로 공손히 인사한 후 정해진 소개 멘트를 한다. 이때 가볍게 미소를 띠는 것이 좋으며, 적절한 목소리 톤(다소 낮은 톤)으로 또박또박하게 말해야 한다.

웃는 표정이 어색한 사람의 경우 자연스러운 미소를 지닐 수 있도록 평소 거울을 보며 연습하는 것이 필요하다. 또한 목소리의 경우 면접관과 거리가 멀거나 주위가 다소 소란스러운 경우는 조금 크게 하되, 너무 크지 않도록 주의해야 한다.

밝은 표정과 함께 첫인상에 큰 영향을 미치는 것은 말투나 적절한 말하기 속도이다. 말투에서 공손함과 진지함이 묻어나야 하며, 긴장해서 말이 빨라지지 않도록 주의한다. 말할 내용이 많은 경우 말을 빨리 하기보다는 핵심 내용을 간추려 간결하게 말하는 것이 좋다. 장황한 내용을 다하기 위해 빠른 속도로 말하는 것은 피해야 한다는 것이다.

말의 의미나 말에 담긴 진지한 의미를 강조하기 위해 약간의 제스처를 사용할 수 있다. 제스처의 경우 앞서 언급한 바와 같이 지나치면 부작용을 초래하므로, 평소 답변 연습을 하면서 적절한 수준의 제스처도 함께 연습해야 한다. 주로 고개나 상체를 가볍게 움직이는 정도가 적절한 제스처의 수준으로 알려져 있다. 제스처의 경우 다른 면접에서보다 임원면접에서 더 큰 영향을 미칠 수 있으므로, 꼭 연습해 두는 것이 좋다.

지원자의 시선은 일단 질문한 면접관을 바라보되, 적절한 시간(5~10초 정도)에 한 번씩은 다른 면접관 쪽을 보는 것이 필요하다. 면접관을 바라볼 때는 눈을 직접 쳐다보지 말고 눈보다 약간 아래쪽을 바라보는 것이 좋다. 전체적으로 보면, 예절과 존경의 마음을 담은 시선처리가 가장 적합하다. 이 경우 조금 긴장하는 것처럼 보일 수 있으나, 이것이 면접에서 나쁘게 작용하는 경우는 거의 없다.

면접관은 세대 차이가 나는 농담을 던질 수도 있다. 이 경우 가볍게 미소를 짓는 것이 좋다. 경직된 표정을 짓거나 실소를 머금어서는 안 된다. 면접관이 웃긴 농담으로 웃음을 자아내는 경우는 함께 가볍게 웃되, 큰 소리로 웃거나 해이해진 자세를 보여서는 안 된다.

② 자기소개

자기소개의 경우 면접관의 요구하는 경우 1분 내에서 실시하는 경우가 많다. 자기소개를 각 분야에서 산전수전을 다 겪은 임원들 앞에서 하는 경우 무척 긴장되기 쉽다. 그러나 몇 가지 원칙만 준수할 수 있으면 충분하므로, 그렇게 부담스러워할 필요는 없다.

먼저, 시간을 준수해야 한다. 임원들은 인내심을 갖고 자기의 말을 다 들어주기 위해 있는 사람들이 아니다. 절대로 장황하게 설명해서는 안 되며, 지나치게 천편일률적인 소개 멘트로 일관하는 것도 피해야 한다. 자신의 이름으로 삼행시를 짓거나 잘 알려진 좌우명이나 사자성어로 자신을 소개하는 것도 이미 식상한 방법이다. 자기소개의 경우 자신의 경력을 중심으로 요구하는 경우가 많아, 이러한 방법은 적절한 답변 방향도 아닐 가능성이 크다.

다음으로 진지한 말투와 태도를 유지해야 하며, 절대 오버하지 말아야 한다. 앞서 말한 바와 같이 이미 한 분야의 전문가이자 베테랑들인 면접관들에게, 독특한 자기소개법이나 임팩트를 주기 위한 튀는 언행은 그냥 오버하는 모습에 지나지 않는다. 따라서 이러한 방법보다는 진지한 태도로, 진실로 입사를 원하고 있다는 것을 보여주는 것이 좋다. 이미 1차 면접을 통과한 사람들이니만큼 최소한의 역량은 갖추었다는 것은 확인된 것이다. 더 이상 오버할 필요는 없다.

③ 질문과 답변

면접관들은 이미 수많은 면접 경험을 갖고 있으므로, 지원자들의 답변에 대한 판단도 무척 빠르다. 따라서 지원자들도 이에 맞춰 너무 뻔한 답변을 길게 해서는 안 되며, 중언부언하는 것도 피해야 한다. 답변은 항상 간단명료하게 하며, 핵심 내용을 먼저 말하는 것이 좋다.

핵심 포인트를 제대로 파악해 간명하게 답하는 경우, 답변 내용에 대한 추가 질문이 있을 수 있다. 이 경우는 원래의 답변 내용을 토대로 하여 조금 더 구체적인 답변을 한다.

면접관들이 질문 논점을 제대로 파악해 적절한 답변을 할 수 있도록 주의한다. 핵심을 빠르고 정확하게 파악하는 것도 기업에서 꼭 필요한 능력으로 간주되므로, 질문의 논점을 파악하지 못하는 경우 감점의 대상이 될 가능성이 크다.

논점을 제대로 파악했다 하더라도 답변 내용이 너무 이론적이거나 추상적이어서는 좋은 평가를 받기 어렵다. 자신이 경험한 것을 토대로 주어진 문제에 어떻게 대처할 것인지, 혹은 어떻게 상황을 해결해 나갈 것인지 구체적으로 답변하는 것이 가장 이상적이라 알려져 있다.

면접관의 질문을 한 의도를 정확하게 파악해야 한다. 이는 일반적인 논점에 대한 이해가 아니라, 질문을 한 면접관이 어떤 의도로 질문했으며, 어떤 점을 강조하기 위해 질문한 것인지를 알아야 한다는 말이다. 이는 지원자들이 가장 파악하기 어려운 질문 방식이 되는데, 일반적으로 제시되는 방식이 아니라 면접관이 좋은 평가를 내리는 지원자에게 제한적으로 하는 경우가 많다. 따라서 진행되는 상황을 정확히 파악해 맥락을 이해해야 질문자의 의도에 맞는 답변이 가능하다.

임원면접에서는 지원자의 약점에 대한 질문이 집중될 수 있다. 학점이나 공인 영어점수가 낮은 경우 이에 대해 따져 물을 수 있고, 전공과 다른 분야에 지원한 경우도 지원 동기를 질문할 수 있다. 또한 남자의 경우 군대를 면제받은 경우 그 이유를 파고들 수 있다.

이러한 질문에 대한 한 가지 원칙은 '솔직히 인정하고 사실대로 답변해야 한다'는 것이다. 학점이 낮은 경우 이를 인정하고, 이 점에 대해 자신도 반성하고 있다고 말하는 것이 좋다. 이에 대한 뚜렷한 이유가 있다면 간략하게 언급할 수 있겠으나, 변명하는 모습을 보여서는 안 된다. 타 전공 분야에 대한 지원의 경우는 합리적인 지원 동기를 미리 준비하고, 지원한 분야에 대한 열의를 보여주는 것이 좋다.

지원자의 솔직한 마음을 캐묻는 질문 또는 따져 묻기식 질문의 경우도 답변이 곤란한 질문으로 알려져 있다. 이는 질문에 대한 답변을 했는데, 진짜 솔직한 이유는 뭐냐고 다시 되묻는 방식의 질문을 말한다. 이는 진짜 속마음을 밝히라는 압박보다는 대처 방식을 파악하기 위한 측면이 강하다. 따라서 이러한 질문이 있다는 것을 알고, 미리 대비하는 것이 필요하다.

지원자의 대처 방식이나 순발력을 파악하기 위한 것으로, "가장 가고 싶은 회사가 어딘가?", "더 좋은 조건의 회사 있다면 어떻게 하겠는가?"라는 질문이 있을 수 있다. 이러한 질문은 지원 동기나 입사 열의를 파악하는 질문이라 볼 수 있다. 따라서 분명한 지원 동기가 있고 입사 열의도 강하다는 것을 보여주는 답변이면 충분하다.

다만, 가고 싶은 곳이 여기밖에 없다는 식으로 답하는 것은 진실성이 떨어지므로, 답변으론 곤란하다. 가고 싶은 회사가 몇 군데 있지만, 이곳이 자신의 어떤 점과 맞아 입사를 희망한다고 말하는 정도가 좋다. 자세한 답변은 뒤에 있는 '질문과 답변' 파트를 참고하면 되겠다.

답변의 내용뿐만 아니라 진지한 경청의 자세도 중요하게 평가된다. 면접관이 다른 사람에게 질문한 경우에도 진지한 표정으로 경청하는 것이 좋다. 이 경우 몸을 뒤척이거나 손발 등을 움직이는 태도는 바람직하지 않다. 답변하는 사람 쪽으로 약간 몸을 기울이거나 고개를 조금 돌려 경청의 자세를 보여 주는 것도 좋은 방법이 될 수 있다.

질문을 받지 않았다고 해서 합격할 가능성이 낮은 것은 아니다. 다른 여러 요소가 뛰어나고 자세나 표정이 좋은 경우, 오히려 이미 높은 평가로 인해 그다지 질문의 필요성을 못 느끼는 경우가 많다. 따라서 질문이 없다고 해서 초조함을 보이거나 안절부절못하는 모습은 피해야 한다.

Part **3**

이력서와
자기소개서 작성

01 작성의 기본 원칙

1 적절한 작성 시기는 언제인가.

① 작성의 의의

지원자가 입사를 위해 이력서와 자기소개서를 작성하면서 취업 과정은 본격적으로 시작된다. 원하는 회사의 이력서와 자기소개서의 형식(양식)을 검토해 어떤 내용을, 어떻게 작성해야 하는지 파악한 후 작성을 시작한다. 이력서의 경우 요구하는 항목별 내용을 사실대로 작성해야 하며, 자기소개서는 다른 사람의 소개서보다 차별성을 가질 수 있도록 많은 시간을 준비해 작성하게 된다.

하지만 입사를 원하는 사람은 너무나 많은데 비해 취업 자리는 턱없이 부족한 현실에서, 대부분의 이력서와 자기소개서는 제출한 후 잠깐의 검토 후 그대로 파묻혀 버리는 것이 사실이다. 따라서 취업에 필요하다면 지푸라기라도 붙잡고 싶은 지원자의 입장에서는, 어떻게 하면 조금이라도 나은 이력서와 자기소개서를 작성할 수 있을지 고민하게 된다. 물론, 서류 전형에서 합격하더라도 면접이나 인·적성검사 등이 남아있어 아직 갈 길은 멀지만, 이력서와 자기소개서의 작성은 가장 먼저 극복해야 할 과제가 되는 것이다.

② 작성의 시기

많은 지원자들은 취업에 임박해 이력서와 자기소개서를 작성하는 경우가 많다. 이것은 언제부터 작성해야 하는지조차 모르는 지원자들이 많다는 사실을 반영한다. 대학생을 기준으로 할 때, 이력서와 자기소개서의 작성은 적어도 취업 1년 전인 3학년 무렵부터는 시작해야 한다. 그만큼 오랜 시간 동안 수정·보완하는 과정이 필요하다는 것이다.

취업 공고가 발표되고서야 그때부터 이력서와 자기소개서를 쓴다면, 제대로 검토해 수정·보완할 시간이 절대적으로 부족할 수밖에 없다. 이력서와 자기소개서 작성 외에도 취업을 위해 준비할 것들은 너무나 많다. 면접 준비만 해도 엄청난 시간이 소요된다. 그리고 취업 시즌에 발생할 수 있는 경제 상황을 제대로 파악하고, 그에 따라 발생할 수 있는 변화에 대처할 여유도 없어진다.

모든 기업이 오래전부터 몇 명을 채용할지를 결정해 두고 그대로 진행하는 것은 아니다. 실제로는 취업 시즌이 되어서야 최종 인원이 결정되는 경우가 많고, 추가 채용이 발생할 수도 있다. 그리고 갑작스러운 경제(회사) 상황의 악화로 채용 자체가 미뤄지거나 없어지는 경우도 있으며, 반대로 없던 채용 계획이 발생하기도 한다.

따라서 이러한 모든 여건에 대비하기 위해서는 적어도 1년 전부터 이력서와 자기소개서 형식을 어느 정도 파악해 작성해 보는 것이 필요하다. 막상 작성을 시작해 본다면, 작성에 필요한 시간도 무척이나 많이 소요되고 작성 후 수정 · 보완할 내용도 굉장히 많다는 것을 느끼게 될 것이다. 절대로 한 번에 만족할만한 작성을 하는 사람은 없다는 것을 알아야 한다. 자기가 원하는 회사와 직무를 몇 개 정해 미리 작성해보고 꾸준히 수정 · 보완한다면, 다른 사람의 것보다 조금이라도 더 나은 이력서와 자기소개서가 될 수 있을 것이다.

① 기본적 인적 사항의 기재

성명과 생년월일(주민등록번호), 주소, 연락처, 가족관계, 취미, 특기 등은 이력서의 필수 항목으로, 간단하고 명확하게 사실대로 작성한다. 기업의 입사지원서가 따로 있어 기재 양식이 정해진 경우는 정확히 기록하면 되지만, 이력서를 작성해 제출할 것을 요구하는 회사는 개인 신상에 대한 내용을 자기가 결정해야 한다.

대체로 앞에 언급된 인적 사항은 이력서의 상단에 위치한다. 인터넷이나 문구점에서 구할 수 있는 이력서 양식을 출력해 제출하거나, 그 양식을 참고해 자신이 직접 개성적으로 만들어 제출할 수도 있다.

주소를 거주지와 주민등록상의 주소가 다른 경우 구분해 기재할 수 있으며, 하나만 적는 경우 지원하는 회사와 가까운 곳을 적는 것이 좋다. 연락처 항목에 집 전화와 휴대폰, 이메일 등을 묶어서 구성할 수 있다. 이는 기재 시 유사 항목이 이리저리 흩어지지 않고 일목요연하게 정리되어 보는 사람이 쉽게 파악할 수 있도록 한다. 개인의 신상 중 외모와 관련된 키나 몸무게 등은 기재하지 않는 추세이며, 가족관계 중 가족의 학력과 재산 규모 등도 대부분 기재하지 않는다.

② 지원 분야에 대한 정확한 기재

자신이 지원하는 분야를 정확히 기재하고, 이력서와 자기소개서의 내용도 그에 맞추어 작성하여야 한다. 지원하는 분야를 잘못 기재하거나 자기소개서의 내용이 그 직무와 부합하지 않는다면, 이것은 사실상 취업에 있어 치명적인 실수가 된다.

홍보 업무와 영업 업무를 구분하지 못하거나 신입/경력을 제대로 표시하지 못해 지원하는 경우, 책임은 지원자 본인이 져야 한다. 그것을 인사담당자가 알맞게 수정해 주기를 기대할 수는 없다. 또한 모집 회사에서 영업을 국내영업과 해외영업 파트로 구분하는 경우에도 자신이 지원하는 분야에 따라 지원해야 하며, 자기가 지원하는 분야에 따라 이력서와 자기소개서의 내용도 달라져야 한다.

③ 지원 분야와 관련된 경력·경험의 기술

자신이 지원하는 업무 분야와 관련된 경력이 있다면 비교적 상세히 기술한다. 이러한 경력은 해당 경력이 없는 사람에 비해 차별성을 가질 수 있는 부분으로, 특히 경력직을 선호하는 분야에서 절대적으로 유리한 조건이 될 수 있다. 또한, 관련된 아르바이트 경험이 있다면 기술하는 것이 좋다. 다만, 아르바이트 경험을 통해 배운 것을 기술할 때는, 지원 분야에 그것을 어떻게 연결할 수 있는지에 대해 설명하는 것이 필요하다. 이것은 다소 까다롭게 느껴질 수 있지만, 잘 설명할 수만 있다면 서류나 면접 전형에서 그만큼 이점이 될 수 있다.

자신의 경험이 지원하는 분야와 관련되는 경우만 기술하며, 관련성이 없다면 기술하지 않는 것이 오히려 좋을 수 있다. 여러 경험 중 지원하는 분야에 보다 가깝게 연결될 수 있는 경험을 기술하는 것이 좋다. 대형마트의 영업 관리 직군에 지원하는 사람은 풍부한 과외 경험보다는 편의점 아르바이트 경험이 도움이 될 수 있다.

④ 회사에서의 성장 목표나 포부의 기술

지원한 회사에 입사하게 된다면 회사와 성장을 위해 어느 정도 노력할 각오가 되어 있는지를 밝히고, 장래 자신의 성장 목표나 포부를 기술하는 것이 좋다. 회사는 그 사람의 현재 역량에도 관심이 있지만, 입사한 후 어느 정도의 열의와 세부적인 목표를 가지고, 얼마만큼 노력할 것인지에 대해서도 무척 궁금해한다.

일반적인 입사지원서의 구성 양식에는 장래의 목표나 포부, 비전 등이 대부분 포함되어 있으며, 자기소개서를 직접 작성하는 경우에는 이러한 부분을 반드시 포함해 기술하는 것이 좋다.

성장 목표나 포부를 기술함에 있어 주의할 점이 몇 가지가 있다. 우선, 자신을 과장하거나 판에 박힌 식상한 표현으로 자신을 포장하지 않아야 한다는 것이다. 자신의 표현함에 있어 '불굴의 도전정신을 지닌', '~ 긍정적인 마인드를 지닌', '창의적이고 진취적인', '성실한', '부지런한' 등의 표현은 가급적 자제하는 것이 좋다.

회사에 대해서도 현실성이 떨어진 내용을 기술하거나, 회사의 정책 방향과 다른 엉뚱한 내용을 기술해서는 안 된다. 회사의 매출 규모가 국내 5~6위권인 회사에 대해 몇 년 내에 그 분야에서 세계 최고 수준으로 성장시키겠다거나, R&D투자의 필요성으로 투자 규모를 늘리고 있는 회사에 대해 홍보나 마케팅 강화를 강조하는 것은 적절하지 않다는 것이다.

⑤ 작성 후의 재검토

이력서와 자기소개서 작성을 완료한 경우, 제출하기 전에 작성 내용에 이상이 없는지를 반드시 검토해야 한다. 우선은 오탈자가 있는지 꼼꼼히 살펴야 한다. 오탈자가 있는 경우 기본적인 성의 부족으로 비칠 수 있으며, 때로는 이력서와 자기소개서의 내용 자체의 완성도와 관계없이 나쁜 평가를 받을 수도 있다.

다음으로 회사 명칭과 지원 분야를 모두 제대로 기재·기술했는지를 확인해야 한다. 단순한 실수로 명칭이나 분야가 틀릴 수 있고, 혼동하여 다른 곳을 기재할 수 있다. 특히 지원자들은 비슷한 시기에 여러 회사에 지원하는 경우가 많아 이러한 실수가 발생할 가능성이 크다. 이러한 실수가 채용담당자에게 발견될 경우는 이력서와 지원서는 그대로 사장될 가능성이 크다.

작성 내용 중 비문이나 어색한 표현이 없는지도 꼼꼼히 체크해야 한다. 담당자가 자기소개서에서 어법이 틀렸거나 문맥상 어색한 문장을 발견하는 경우 어떤 생각을 하게 될 것 같은가! 그게 능력의 부족 때문이든 성의의 부족 때문이든 관계없이, 그 지원자에 대한 평가는 부정적으로 바뀌게 되는 것이다.

실제 자기소개서를 읽어보면, 아직도 이러한 표현들이 종종 발견되는 것이 현실이다. 주어와 서술어가 호응이 되지 않거나, 문장이 중의적으로 해석되는 경우도 있으며, 무슨 의미인지 명확히 알 수 없는 경우도 있다. 자기소개서를 시간을 충분히 갖고 쓰고, 이를 여러 번 검토해야 한다는 것에는 이러한 이유도 포함된다고 하겠다.

02 작성 시의 주요 체크포인트 및 스펙 관리

1 작성 시의 주요한 체크포인트는 무엇인가.

① 주소와 거주지

주소는 이력서 상단의 해당 부분에 기재하게 되는데, 주소(주민등록상의 주소지)와 거주지(현재 살고 있는 곳)를 구분하기도 하며, 하나의 란에 대표적인 주소(거주지)를 적기도 한다.

여기서 주의할 점은, 하나의 주소를 적는 경우는 가급적 회사(근무 예정지)와 가까운 주소를 적는 것이 좋다. 특히 수도권 외곽의 지방에 근무할 인원을 뽑는 채용의 경우, 다른 조건보다 그 지역에서 거주 가능한가의 여부가 가장 중요한 판단 기준이 되기도 한다. 따라서 이러한 기업에 지원하는 경우 자신의 주소(또는 거주지)와 최대한 가까운 곳을 선택하거나, 자신의 주소지를 그곳으로 미리 옮기는 것을 고려할 필요가 있다.

때로는 면접 당시에 이런 것들을 질문하기도 하는데, 주소지를 미리 옮기지 못했다면 취업 후 근무지로 전입할 예정이라는 각오를 밝히는 것이 좋다.

② 사진

이력서에서의 사진은 지원자의 얼굴을 밝히고 신분을 확인하기 위해 필요한 요소이며, 첫인상을 결정하는 요소가 되기도 한다. 실제로 사람들의 성격이나 대인관계 등을 중시하는 조직의 채용담당자들은 생각보다 사진을 꼼꼼히 살핀다고 알려져 있다. 사진을 통해 기본적인 표정이나 인상뿐만 아니라 복장, 자세를 파악하며, 그 사람의 성격까지 유추해보는 경우도 있다고 한다. 따라서 이력서에 들어갈 사진도 아무렇게나 골라서는 안 될 것이다.

일반적으로 보면, 가슴 윗부분이 나오는 밝은 표정의 사진이 좋은 것으로 알려져 있다. 가볍게 웃는 표정도 좋은 인상으로 평가하는 곳도 꽤 많다. 오히려 너무 진지하거나 딱딱한 표정, 다소 무거운 표정 등은 모두 좋지 않은 인상을 줄 수 있으므로, 피하는 것이 좋다.

③ 취미와 특기

자기소개서에서 취미와 특기는 큰 부담 없이 그냥 무난하게 적는 항목으로 알고 있는 사람이 많다. 하지만 취미와 특기는 간단하면서도 비교적 수월하게 자신을 어필할 수 있는 항목이 될 수 있다. 많은 시간과 비용을 들여 스펙을 쌓은 사람보다 참신한 취미와 특기를 통해 채용담당자의 주목을 더 받을 수 있다는 것이다.

취미를 '독서', '음악 감상' 등으로 적는 경우가 많은데, 이러한 방식보다는 분야의 구체적 내용을 적는 것이 좋다. 어떤 종류의 책을 읽는 것을 좋아하는지, 어떤 음악을 즐겨 듣는지를 그 장르를 구체적으로 적는 것이다. 이는 채용담당자의 관심도를 높이고 지원자의 전문성을 조금이라도 부각시킬 수 있는 방법이 된다.

취미를 단순히 '요리'하고 적기보다는, '얇은 굵기의 파스타 요리', '얼큰한 매운탕과 개운한 매운탕'이라고 적는 것이 보다 관심을 받을 수 있다는 말이다. 아니면 관련 분야를 조금 더 확대하여, '근력과 신체 밸런스를 유지하는 음식 요리', '몸을 가볍게 하는 음식 요리', '전국의 맛집 비교' 등을 적는 것도 좋은 방법이 될 수 있다.

특기도 마찬가지이다. '운동'이라고 하기보다는 '1,500미터 수영', '요가와 스트레칭'이라 하거나, '드로인 뱃살 운동', '크로스핏'이라 적는 것이 더 좋은 방법이 된다. '악기 연주'라 적기보다는 '플롯 연주', '단소와 대금 연주'라고 적는 것이 더욱 효과적이라는 것이다. 이를 통해 채용담당자의 관심과 호기심을 불러일으킬 수 있고, 이후 면접에서도 재미있는 대화 주제가 될 수도 있을 것이다.

2 스펙은 무엇이며, 어떻게 관리하는가.

① 스펙의 의의

통상 스펙은 출신학교와 전공, 학점, 어학점수, 자격증, 관련 활동(경력 · 경험) 등을 말한다. 지원자는 평소 자신의 스펙이 어떻게 되는지 점검표를 작성해 확인하는 과정이 필요하다. 점검 결과 부족한 부분이 있다면 보완 · 보충하면 된다. 이력서와 자기소개를 충분한 시간을 남겨 두고 작성하라는 말에는, 자신의 스펙을 보완 · 보충할 수 있는 시간을 확보하라는 측면도 있다. 스펙은 꾸준히 관리하고 보충 · 보완함으로써 경쟁력을 갖추는 것이 필요하다.

다만, 스펙이 입사에 영향을 미치는 하나의 요소는 되지만, 절대적인 요소가 되는 것은 결코 아니라는 점을 명심해야 한다. 특히 최근의 추세는 더욱 그렇다.

② 스펙의 관리

• 학교와 전공

우리나라의 기업들은 대부분 출신학교에 따라 등급을 설정해 차등을 두는 것이 현실이다. 여기서 따로 언급하지는 않겠지만, 세칭 명문대와 서울의 주요 사립대, 지방 국공립대, 기타 서울 사립대 등의 순서로 등급이 매겨져 있다. 학교나 전공은 그 자체로 어느 정도 고정된 요소가 된다는 것이다.

그러나 출신학교가 입사를 결정하는 결정적 요소는 아니며, 학교가 다른 스펙보다 우위에 있는 요소라 보기도 어렵다. 등급이 낮은 학교를 졸업한 지원자도, 이러한 고정적 요소를 극복할 다른 스펙을 높임으로써 충분한 경쟁력을 갖출 수 있다. 전공에서의 특정 성과를 내거나, 학점, 영어점수 등을 향상시키는 것, 관련 자격증을 취득하는 것 등을 통해 스펙에서의 평가점수도 높일 수 있다는 것이다.

기업의 실제 채용에서는 모집 분야에 따라 관련 전공 분야를 지정하는 경우가 있다. 이 경우는 관련이 전혀 없는 전공은 점수 배점이 없으며, 해당 전공자와 유사 전공자, 관련성이 낮은 전공자에 따라 기본 점수 배점에 차등을 둔다. 간혹 관련 전공이 아닌 경우도 있으니, 지원 시 기본적으로 확인할 필요가 있다. 전공 분야를 지정하지 않는 경우(열린 채용)는, 모든 전공자가 동일한 조건으로 지원할 수 있는 것이 원칙이다.

• 학점

학점도 취득 점수에 따라 평가 등급에 차등을 두고 있다. 학점의 경우는 최저 등급을 설정해, 그 점수 이하는 입사 대상이 되지 않는 경우가 많다. 따라서 대학 입학 후부터 곧바로 학점 관리에 들어가는 것이 유리하다. 통상 3.0(4.5만점) 이상은 되어야 평가 대상에 포함되는 것으로 알려져 있다. 다른 사정으로 학점이 좋지 않다면 다른 요소(공인 영어점수, 관련 자격증 등)에서 점수를 높여야 할 것이다.

• 어학점수

특히 공인 영어점수가 중요한데, 각 시험별 점수에 따른 등급을 대부분의 기업에서 정하고 있다(예를 들어, 토익 900점 이상 1등급, 800점 이상 900점 미만 2등급, 700점 이상 800점 미만 3등급 등). 제2외국어에 가산점을 부여하는 회사도 있으며, 모집 분야에 따라 제2외국어가 영어점수보다 강조되는 곳도 있으므로, 관심 있는 지원자는 미리 알아두어야 하겠다.

어학점수가 중요한 요소이긴 하지만, 점수가 충분하지 못하다고 해서 어학 공부만 계속하는 것은 옳지 않다. 이력서와 자기소개서의 작성과 채용에 필요한 정보의 수집, 면접, 인·적성검사 등 준비해야 할 것이 굉장히 많다. 어학점수를 높이기 위해 일찍부터 공부를 시작할 필요가 있으며, 본격적인 공채가 시작되는 시점에서는 어학공부를 멈추어야 한다.

• 관련 자격증

취업에 실제로 도움이 되는 자격증은 채용 기업의 직무군 또는 업무와 관련된 자격증이다. 업무 관련 자격증에 가산점을 준다는 기준을 밝히는 기업도 있으며, 따로 명시하지 않아도 가산점을 부여하는 경우가 있다. 따라서 관심 있는 지원자는 미리 관련 자격증을 취득할 필요가 있다.

전기회사에 지원하는 경우 전기기사나 전기안전 관리 자격증 보유자가 유리할 수밖에 없을 것이며, 은행이나 금융권에 지원하는 사람에게 금융 관련 자격증은 가점 대상이 될 수 있을 것이다. 관련 자격증의 필요성과 관련된 정보를 획득할 수 있는 경제신문이나 경제 동향지를 틈틈이 읽어보는 것도 필요할 것이다.

일부의 취업 사례를 보면, 자기 전공과 관련이 없는 분야의 자격증을 취득하여, 그 특이함 내지 희소성으로 인해 많은 관심을 유도함으로써 취업에 성공한 경우도 있다. 이러한 것은 다소 위험이 따르나, 회사에 따라 기발한 아이디어가 되어 높은 평가를 받을 수 있는 방법이 될 수도 있다.

• 관련 활동(경력 · 경험)

　자신이 지원할 분야와 관련된 경력이나 경험을 쌓는 것은 무척 중요한 무기가 될 수 있다. 경력이나 경험이 부족하더라도 업무 관련 세미나 또는 특강에 참여하거나, 유관 협회에 가입해 활동하는 것도 도움이 된다. 이 과정에서 관심분야에 대한 정보를 얻고, 다양한 인적 교류를 통해 발을 넓히는 것도 좋은 방법이 된다. 그리고 이러한 활동을 통해 배운 것을 지원 분야에 어떻게 적용할지 고민하는 과정이 반드시 필요하다.

Part **4**

주요 면접질문
및 답변

※ 본문 내용중에 '...'은 이하 내용을 생략한다는 표시입니다. 참고 바랍니다.

1 자기소개를 1분 이내로 해 보십시오.

자기소개는 일반적으로 면접에서 가장 먼저 요구하는 질문에 해당한다. 제출된 이력서(입사지원서)와 자기소개서를 통해 지원자에 대한 여러 내용을 알 수 있지만, 직접 자기소개를 해보게 함으로써 지원자의 전반적인 특성과 이미지, 취업 준비 정도, 발표 능력, 열의, 지원의 계기나 동기 등을 확인하기 위해 실시한다.

자기소개는 기본적인 시간의 준수가 중요한 질문이기도 하다. 통상 1분 이내로 해 볼 것을 요구하지만, 많은 인원을 대상으로 실시된다는 점에서 한 사람에게 실제로 할당되는 시간은 길지 않다. 따라서 아무리 길어도 50초 정도 내에서 소개를 끝내는 것이 좋다. 장황한 설명이나 개인 신상에 관한 이야기 등은 가급적 배제하고, 꼭 필요한 내용을 간략하고 임팩트 있게 전달하는 것이 중요하다고 할 수 있겠다. 기본적으로는 자신감을 갖고 긍정적으로 소개하는 것이 가장 중요하다.

질문 후 자기소개 내용에 대한 후속 질문이 있을 수 있다. 또한 다른 질문을 진행하는 과정에서도 자기소개의 내용을 토대로 한 질문이 있을 수 있으므로, 대비가 필요하다. 자기소개를 영어로 요구하는 경우도 있고 관련 질문을 영어로 할 수 있으므로, 영어에 대한 충분한 자신감이 있는 사람이 아니라면 영어면접에 대한 준비가 따로 필요하다.

GOOD

- 자신의 전공이나 경험, 관련 활동을 통해 지원한 회사나 분야를 연결할 수 있는 내용이 있다면 간략히 소개한다.
- 자신의 외모나 취미, 특기, 철학, 가치관 등과 관련된 얘기는 안 할 수도 있지만, 한다면 재미있고 인상 깊은 것으로 한 가지만 정리하는 것이 좋다.
- 개인적 경험과 성장 환경에서 지원하는 직무에 관심을 가지게된 계기가 있다면 제시한다.
- 해당 직무에 지원 또는 적응하기 위해 어떠한 노력과 준비과정을 겪었는지를 제시하되, 주로 직무와 관련된 경험을 중심으로 2~3가지를 제시한다.

- 경험을 통해 취득한 교훈을 하나 정도 덧붙이는 것도 좋다.
- 자신이 회사(직무)에 성공적으로 적응하기 위한 각오나 열의를 제시한다.

- 추상적인 표현은 가급적 자제한다(구체적 표현으로 대체한다).
- 지나치게 비유적인 표현도 자제한다.
- 자신을 과장하거나 허세를 부려서는 안 되지만, 위축되거나 소심한 모습을 보여서도 안 된다.
- '화목한 가정에서 성장하여 ～', '공사 구분이 엄격하신 아버지와 자상하신 어머니 ～', '장남/장녀로 성장하여 책임감이 뛰어나며 ～', '합격한다면 모든 것을 바쳐 일할 각오가 되어 있습니다', '채용된 다면 성실한 자세로 ～', '언제나 최선을 다하겠습니다', '모범적인 사원이 될 것을 약속드리겠습니다' 등등의 표현은 모두 피하는 것이 좋다.

　안녕하십니까? 지원자 ○○○입니다. 저는 대학에서 심리학을 전공했는데, 영업/홍보 분야에 지원한 데에는 몇 가지 이유가 있습니다.

　첫째는 부모님께서 오랫동안 편의점을 운영하셨는데, 어릴 때부터 일을 도와드리면서 영업과 판매라는 것에 기본적인 관심을 갖게 되었습니다. 둘째는 인간 심리의 작동 기제를 알고자 심리학을 전공하면서, 소비자의 심리분석이 영업/홍보 분야에 효과적으로 적용될 수 있다는 점에 큰 관심을 갖게 되었습니다. 이에 영업과 마케팅 과목을 다수 수강하고, 방학 동안 학교에서 가까운 중소형 마트에서 판매 직원으로 일하며 고객을 직접 상대해보는 경험도 하였습니다. 그리고 이러한 활동을 통해 파악한 것을 정리하기 위해 소비자의 구매심리분석을 졸업논문으로 작성한 바 있습니다.

　소비자 심리를 파악하기 위한 저의 이러한 노력들이, 소비자의 만족을 가장 우선하는 A사의 영업/홍보 분야에서 부합될 수 있을 것이라 생각합니다. 감사합니다.

❷ 우리 회사에 지원한 동기는 무엇입니까?

　　지원 동기도 대부분의 면접에서 공통적으로 제시되는 질문에 해당한다. 지원 동기는 지원서나 자기소개서에 대부분 포함되는 내용이며, 면접관들이 실질적인 답이나 이유를 잘 알고 있다. 그런데도 불구하고 이런 질문을 던지는 이유는, '당신은 정말 우리 회사에 열의와 애정이 있고, 지원한 일을 잘 해낼 수 있느냐?'를 알고 싶어 하는 것이다. 그만큼 면접관(회사)의 입장에서는 중요한 질문인 것이다.

　　수많은 지원자들 중 실제로 면접을 보는 사람의 비율은 그렇게 높지 않다. 서류 통과도 쉽지 않다는 것이다. 그러나 어렵게 서류를 통과해 면접을 보는 사람 중에는, 지원 동기와 같은 필수적이고도 중요한 질문에 대해 허술하게 답하는 사람이 의외로 많다. 또한 무엇을 중심으로 답해야 할지 몰라 엉뚱한 내용을 강조하는 사람도 꽤 있다.

　　좋은 답변을 위해서는 무엇보다 회사와 그 직무에 대해 충분히 알아야 한다. 더 솔직히 말하면, 면접관들보다 많이 알 정도로 회사와 직무에 대해 연구하는 자세가 반드시 필요하다. 해당 기업의 연혁과 목표, 비전을 중심으로, 그 직무를 수행하는 사람이 어떠한 자세로 임해야 하는지 철저히 분석해야 한다. 그리고 그것을 자신의 노력과 적성, 다양한 경험 등을 통해 배운 것과 연결할 수 있도록 해야 한다. 그럴듯한 형식적인 답변만으로는 절대로 면접관을 사로잡을 수 없다는 것을 반드시 명심하자!

GOOD
- 자신의 전공 공부와 직무와 관련된 경험, 그리고 이를 통해 배운 것을 통해 지원 동기를 설명하는 것이 가장 좋다.
- 개인적인 경험과 관련 활동을 통해 배운 것이 회사(직무)와 어떤 점에서 적합한지 설명한다.
- 자신의 장점을 회사의 성과 달성이나 성취에 어떻게 연결할 수 있을지 설명한다.

BAD
- 자신의 어떤 뛰어난 점이 회사에 맞을 것 같아 지원했다는 논리는 피해야 한다. 이보다는 어떠한 노력을 통해 무엇을 달성했고 그 과정에서 무엇을 배웠는지를 설명하고, 이를 회사의 어떤 측면과 연결할 수 있는지 접근하는 방식이 좋다.
- 회사가 추구하는 인재상이 자신과 부합한고 생각해 지원했다는 표현도 좋지 않다.
- 단순히 열심히 할 각오가 있어 지원했다는 논리도 적합하지 않다.
- 막연히 잘 맞을 것 같다거나, 마음에 들어 지원했다는 논리도 피하는 것이 좋다.

• 다른 사람의 지지나 권유로 인해 지원했다는 표현도 삼가야 한다.
• 추상적 표현이나 가치판단에 근거한 표현은 자제한다.

BEST

저는 행정학을 전공하며, 특히 조직의 인사관리와 사기관리기법에 흥미를 갖고 공부를 해왔습니다. 관련 지식을 넓히기 위해 타과의 조직운영관리 수업과 노동 관련 법률에 대해서도 수강한 경험도 있습니다. 그리고 작년 9월에는 B사의 후원으로 개최된 소통 세미나에 대학생 대표로 참가해 발표한 적이 있으며, 현재는 인사 업무에 관한 대학 연합동아리의 부회장으로 활동하고 있습니다. 이러한 경험을 통해 인사관리에 대한 기본적 지식을 쌓을 수 있었고, 특히 조직 내의 원활한 의사소통과 업무효율의 관계에 대해서도 이해하게 되었습니다. 저는 특히 B기업에서 추구하는 '소통을 통한 업무혁신'에 큰 관심이 있어 인사관리 분야에 지원하게 되었습니다. 저의 관심과 경험을 토대로 하여 회사의 중추적인 인사관리 전문가로 성장할 수 있도록 하겠습니다.

※ 나의 답변은?

....

....

....

....

....

02 개인 신상, 성향, 취미와 특기에 관한 질문

1 자신의 장단점에 대해 말해 보십시오. / 자신의 단점은 어떤 점입니까?

자신의 장단점은 면접에서 자주 제시하는 질문이다. 최근에는 특히 단점(단점의 극복 방안)에 대한 질문을 강조하는 경향이다.

장점과 단점을 질문받은 경우 솔직하게 말하되, 특히 단점에 대해서는 거짓말을 하지 않도록 해야 한다. 면접관들은 수많은 사람을 겪어 보았고 성격상의 단점에 대한 질문도 많이 해왔으므로, 거짓말을 하는 경우 대체로 곧 알게 된다. 자신의 단점을 말하는데 두려움이 있는 사람이 많을 것이다. 하지만 단점 자체보다는 그것에 대해 얼마나 제대로 알고 있고, 또 어떻게 극복해 나가려 노력하고 있는가 하는 것이 더 중요한 판단 기준이 되므로, 크게 걱정할 필요는 없다.

다만 한 가지! 단점을 지나치게 솔직하게 표현해 자신에게 피해를 주는 것은 피해야 한다. 이런 표현은 자기에게 치명타가 될 수 있다. 최소한의 장식 기술은 필요하다는 것이다.

GOOD
• 장점과 단점을 솔직하게 이야기한다.
• 단점은 극복하기 위해 어떻게 노력하고 있는지 언급한다.

BAD
• 장점을 자랑하거나 과장해서는 안 된다.
• 단점을 축소하거나 감추어서는 안 되며, 장점인지 단점인지 애매한 것을 단점으로 포장해서는 안 된다.
• 천편일률적인 표현이니 식상한 표현은 하지 않는 것이 좋다.
• 지나치게 솔직한 발언이나 신앙고백 같은 발언도 자제한다.

BEST

- 저의 장점은 낙관적인 성격이라 생각합니다. 이것이 물론 단점이 될 때도 있지만, 어떤 일을 접할 때 항상 긍정적인 측면을 먼저 보기 때문에 일을 상대적으로 수월하게 처리할 수 있고, 선입견 없이 인간관계를 맺게 되는 경우가 많아 장점이 되는 것 같습니다. 이러한 성격으로 인해, 어떤 일에 실패해도 곧 떨쳐버리고 새로 시작할 수 있는 것 같습니다.

- 저의 단점은 중요한 순간에 긴장하거나 위축될 때가 있다는 것입니다. 학창 시절에는 이러한 성격으로 인해 학교 연극 공연을 망친 적이 있습니다. 이를 고치기 위해 대학 1학년부터 2년간 과대표를 맡아 앞장서 활동하였고, 수업시간에 발표도 항상 제일 먼저 하려고 노력해 왔습니다. 또한, 어떤 일에 대한 충분한 준비를 통해 자신감을 높이는 것도 긴장감 해소에 필요한 요소라 생각해, 매사에 항상 준비를 충실히 하려고 노력하고 있습니다.

※나의 답변은?

---

2 자신을 한 마디로 표현해 보십시오.
자신을 몇 가지 단어로 표현해 보십시오.

최근에 가끔씩 제시되는 질문 방식이다. 이는 자신이 살아오면서 느낀 장점이나 매력을 묻는 표현이라 할 수 있다. 성격상의 장점도 좋겠지만, 회사의 입장에서 '당신을 채용해야 할 이유는 무엇인가?', '당신을 뽑아야 할 장점이나 매력은 무엇인가?'라는 질문과 유사한 맥락의 질문이라 볼 수 있다. 따라서 자신의 장점에 대한 내용을 조금 변형한 형태의 답변이 무난하다.

자신의 장점이나 매력이 될 만한 단어를 말하되, 지나치게 준비된 느낌이 나는 멘트나 식상한 비유적 표현은 자제하는 것이 좋다. 이러한 표현에 공감하거나 감동을 느끼는 면접관은 이제 없다.

이러한 표현보다는 자신의 경험이나 자신이 읽은 책, 광고, 영화 등을 통해 알게 된 감동적인 표현을 찾아 말하는 것이 좋다. 또한, 감동적인 표현이 아니더라도 자신에게 의미가 있는 단어나 표현도 좋다. 그리고 자신의 장점을 표현한 후 그 내용에 대한 부가적 설명을 반드시 덧붙인다. 부가적 설명은 자신이 직접 경험한 내용을 중심으로 해도 좋다.

G O O D

• 자신의 경험, 읽은 책, 광고, 영화 등을 통해 알게 된 좋은 표현을 제시하고, 자신의 어떤 점과 비슷한 지를 말하면 좋다.
• 감동적이진 않지만, 여러 공감할 수 있는 비유적 표현을 드는 것도 좋다.

B A D

• 미리 준비해 둔 표현을 복사하듯 그대로 말해서는 안 된다. 모범답안 같은 답변도 피하는 것이 좋다.
• 두문자어(한글, 영어 두문자어)를 통한 표현이나, 식상한 내용의 비유적 표현은 피한다.
• 자신에 대한 장난스러운 표현도 자제해야 한다.

BEST

- 저를 한 마디로 표현하자면 '한결같은 사람'으로 표현하고 싶습니다. 이는 언제나 변함없이 꾸준히 노력해 왔고, 또 그렇게 살고자 노력하는 개인적 다짐을 표현한 것입니다. 누군가에게는 이런 모습이 조금 미련해 보일 수도 있고, 때로는 답답해 보일 수도 있겠지만, 초심을 잃지 않고 목표를 향해 꾸준히 정진하는 것이 결국 목표에 이르는 최고의 지름길임을 되새기는 표현이기도 합니다.

- 저를 두 단어로 표현하자면 '열정'과 '도전'으로 표현할 수 있을 것 같습니다. …

※나의 답변은?

....

....

....

....

....

❸ 부모님에 대해 말해 보십시오. / 부모님은 어떤 분들이십니까?

　부모님에 대해 말해 보라는 질문은, '우리 부모님을 왜 알고 싶어 할까?'라는 생각을 갖게 함으로써 지원자를 다소 당황스럽게 하는 질문이 될 수 있다. 그러나 이는 부모님의 직업이나 고향, 연령, 취미 등에 대해 궁금해서 던지는 질문이 아니다. 그것은 부모님이 어떤 가치관으로 어떻게 살아왔으며, 그 것이 본인에게 어떤 인상으로 남아 있는지를 알고 싶어서 던지는 질문이다. 즉, 이를 통해 지원자가 부모로부터 어떠한 영향을 받았고, 부모님과의 관계가 어떠했는지를 알아보기 위한 목적이 담겨 있다.

　이 질문에 대해서는 다수 지원자의 답변이 대체로 비슷하다. 대부분 보편적인 부모상에서 크게 벗어 나지 못하고 있고, 답변 내용도 다소 진부한 것이 대부분이다. 따라서 이러한 진부한 내용에서 최대한 탈피해 부모님의 가치관이 잘 드러나도록 설명하되, 그로부터 자신이 받은 영향을 인상적으로 표현할 수 있느냐가 가장 중요하다고 할 수 있다.

GOOD
- 자신이 직접 겪은 내용을 중심으로 부모님의 모습을 묘사하는 것이 좋다.
- 부모님의 모습으로부터 자신은 어떤 것을 느꼈고, 어떤 점이 인상적이었는지 설명한다.
- 부모님의 좋은 모습을 본받기 위해 어떤 노력을 하는지에 대해 언급하는 것도 좋다.

BAD
- 부모님의 기본적 성품이나 성격, 가치관 등을 바로 묘사하듯 설명하는 것을 좋지 않다. 이보다는 구 체적 삶의 모습을 제시하여 그러한 것들이 드러나도록 하는 것이 좋다.
- '부모님의 본받아 열심히 하겠다'라든가 '부모님께 효도해야 하겠다'라는 지극히 당연한 표현은 하지 않는 것이 더 좋다.
- '두 분 모두 인자하신 성품으로 ～', '엄격한 교육관으로 회초리를 아끼지 않으셨고 ～', '자신을 희생 하며 자식을 돌보아 온 ～', '항상 사랑으로 대해주셨고 ～', '언제나 부지런하고 성실하신 모습으로 ～' 등등은 모두 진부한 표현에 해당한다.

저의 부모님은 같은 은행에서 만나 결혼을 하셨습니다. 어머니께서는 외환위기가 닥쳐 퇴직을 하셔야 했고, 아버지께서는 구조조정 여파와 몇 년간의 혹독한 어려움을 극복하며 근무하신 후, 3년 전에 퇴직을 하셨습니다.

그 동안의 아버지의 모습을 기억해 볼 때 떠오르는 것은, 지친 모습으로 거의 매일 늦게 들어오시는 모습, 주말에는 경제신문을 보시며 집중하시던 모습, 간혹 가족여행을 가면 운전을 도맡아 하시고, 그곳에 대한 해박한 지식으로 저희를 깜짝 놀라게 하시던 모습입니다. 대학생이 되고 나서야 그렇게 평범해 보이는 모습에 담긴 진정한 가르침에 대해 알게 되었습니다. 아마도 가족에 대한 책임감과 직장인으로서의 전문성 배양을 위한 노력이 그 바탕이 되었으리라 생각합니다. 저도 앞으로 직장생활을 하며 결혼도 하게 될 것인데, 아버지께서 보여주셨던 평범하지만 결코 평범하지 않은 그러한 모습으로 살 수 있도록 하겠습니다.

※나의 답변은?

....

....

....

....

....

4 부모님을 떠올릴 때는 언제입니까?
부모님은 주로 언제 생각하게 됩니까?

이 질문은 어떤 일을 계기로 부모님에 대한 사랑과 고마움을 떠올리게 되는가에 대한 질문으로 볼 수 있다. 부모님을 생각하는 마음이야 언제나 같겠지만, 특히 부모님을 떠올리게 되는 계기는 아마도 부모님이 몸이 편찮으실 때에 많이 생각을 하게 될 것이다. 이러한 내용을 자신의 경험을 중심으로 말하되, 부모님에 대한 사랑과 고마운 마음, 그에 비해 부족한 부모님에 대한 죄송한 마음이 자연스럽게 전달될 수 있다면 좋은 답변이 될 것이다.

부모님을 지칭할 때는 '부모님' 또는 '아버지', '어머니'로 지칭하는 것이 가장 적절하며, '아빠', '엄마'라고 하거나 혹은 '아버님', '어머님'으로 지칭하는 것은 모두 적절하지 않다.

GOOD
- 부모님이 건강이 안 좋으시거나 혹은 질병으로 수술을 하시게 된 경험이 있다면 관련 사실을 말하고, 그것을 계기로 부모님에 대한 생각을 많이 하게 되었다고 말하는 것이 대체로 가장 무난하다.
- 자신에게 특별히 좋은 일 또는 안 좋은 일이 생겨서 부모님을 많이 떠올리게 되었다고 이야기하는 것도 자연스럽다.
- 이러한 경험들이 이야기한 후에 부모님에 대한 걱정하는 마음을 전하고, 부모님에게 부끄럽지 않도록, 혹은 그동안 받은 깊은 사랑에 보답하기 위해 더욱 열심히 살겠다는 다짐을 보여주는 것이 좋다.

BAD
- 자신이 아파서 혹은 외로워서 부모님 생각이 많이 났다는 표현은 피하는 것이 좋다. 자신의 필요에 따라 부모님을 많이 생각하게 되었다는 것보다는, 부모님에 대한 사랑을 더욱 떠올릴 수 있는 계기(경험)를 말하는 것이 적절하다.
- 부모님과 함께 생활해서 특별히 없다고 하거나, 혹은 막연히 종종 떠오른다고 말하는 것은 모두 좋지 않다.

5 자신의 가장 큰 경쟁력은 무엇이라 생각합니까?
자신이 남보다 나은 점은 무엇이라 생각합니까?

자신의 경쟁력이나 장점을 말할 수 있는 질문이다. 다만, 자신의 장점을 스스로 주장하는 식으로 말해서는 곤란하다. 즉, 경쟁력(장점)에 대해 말하고, 그렇게 생각하게 된 근거를 드는 것이 좋다. 그러한 것이 실제 경험에서 어떻게 드러났는지, 혹은 남들은 그러한 점에 대해 어떻게 이야기하는지를 덧붙이는 것이 좋다는 것이다.

이와 유사한 질문으로 '자신만의 비장의 무기', '자신만이 가진 노하우' 등이 있다. 다만, 이 경우는 추상적이고 막연한 장점보다는, 개성 있는 실제 구체적인 내용을 말하는 것이 좋다.

GOOD

• 경쟁력(장점)을 제시하고, 그렇게 생각하게 된 배경(주위의 평가, 실제의 사례 등)을 덧붙인다. '성실함', '창의성', '강한 책임감', '솔직함'이라고 말하고, 그렇게 판단하게 된 실제 사례들이나 근거를 제시하는 것이 좋다.

• 상대적으로 남보다 나은 점을 한 가지만 제시한다. 많은 것을 잘한다는 말하는 것은 과장이 되기 쉽고, 결국은 아무것도 제대로 못한다는 것으로 비칠 수 있다.

BAD

• 대부분의 사람들이 많이 이야기하는 것을 경쟁력으로 내세우지 않아야 한다. 대부분이 잘하는 것은 나만의 장점이 되기 어렵다.

• 단순히 노력하고 있다는 것은 현재의 경쟁력이 되기는 어렵다.

BEST

저의 경쟁력은 책임감이라고 생각합니다. 과대표로 활동하던 2학년 때의 동기 MT를 가게 되었는데, 출발일 아침에 참석 인원수보다 적은 열차표를 끊게 되어 일부 동기들이 참여하지 못하게 되었다는 것을 알게 되었습니다. 저는 남은 열차표를 구하기 위해 직접 가서 예매를 하고, 열차 자리가 모자라는 것을 선배님들에게 일일이 연락해 차량 지원을 받을 수 있도록 해, 모두 참석할 수 있었던 기억이 있습니다. 이 일로 선배와 동기들로부터 책임감 있다는 과분한 칭찬을 받기도 했지만, 제가 얻은 가장 소중한 경험은, 어떤 조직에서건 맡은 바 자기의 일을 꼼꼼히 수행하고, 만일 문제가 생기면 책임감을 토대로 하여 문제 해결을 위해 적극 나서야 한다는 것을 배우게 되었다는 것입니다.

⑥ 존경하는 인물이 있습니까?
존경하는 인물은 누구이고, 그 이유는 무엇입니까?

존경하는 인물을 통해 지원자의 성향과 가치관을 파악하고자 하는 질문이다. 존경할 만한 사람이 많지만, 개인적으로 아는 인물이나 모두가 존경하는 유명한 인물은 피하는 것이 좋다. 다만, 개인적인 인물이나 유명 인사에 대해 명확한 이유가 있거나 남들보다 개성 있는 이유가 있다면, 그 이유를 중심으로 언급하는 것은 괜찮다. 일반적으로는 기업의 경영과 관련된 인물이 좋지만, 다른 분야의 훌륭한 인물도 가능하다.

존경하는 인물에 대한 질문이지만, 그 사람의 업적이나 성과만을 말하는 것은 적절하지 않다. 그것이 자신에게 어떠한 영향을 미쳤고, 나도 그러한 점을 본받아 어떻게 살아가야 할지에 대한 각오를 보여주는 것이 좋다. 특히 기업의 신입사원으로 일하게 될 사람이 지녀야 할 각오를 개성 있게 표현하는 것이라면, 면접관들에게 강한 인상을 남길 수 있을 것이다.

GOOD
- 자기 분야에 있어 업적을 남긴 인물이나, 세계적으로 긍정적 영향을 미친 훌륭한 인물을 제시하는 것이 좋다.
- 개인적으로 깊은 인상을 받은 인물이 있다면, 어떤 점이 존경할 만한 점이었는지 설명하는 것이 좋다.
- 존경할 만한 인물을 통해 무엇을 얻었고, 자신의 삶에 어떠한 영향을 미쳤는지를 덧붙인다.

BAD
- 역사적으로 만인이 존경하는 사람은 가급적 제외한다.
- 부모님을 존경하는 것은 너무나 당연한 일이므로, 여기서의 존경의 대상으로 언급하는 것은 좋지 않다.
- 어떤 사람이 자신에게 도움을 줘서 고맙고 존경스러웠다고 표현하는 것은 바람직하지 않다. 모두가 공감할 수 있는 존경스러운 인물을 선정하는 것이 무난하다.
- 그 사람이 단순히 훌륭하게 살아서 존경한다고 말하는 방식은 곤란하다. 그 사람의 어떤 모습이 자신에게 영향을 미쳤는지를 덧붙이는 것이 좋다.

- 제가 존경하는 인물은 게임 이론을 수학적으로 접근하여 노벨 경제학상을 수상한 존 내시입니다. 그를 존경하는 이유는 그의 천재적인 능력과 업적에도 있지만, 그보다는 오랫동안 정신분열증과 끊임없이 싸우며 자신의 연구를 지속해 나갔다는 불굴의 의지에 있습니다. 학자에게 있어 치명적인 난관을 굳은 의지와 노력으로 극복하며 그러한 성과를 냈다는 점에서, 포기할 줄 모르는 열정과 끊임없는 노력이 결국 가장 중요한 경쟁력이라는 점을 배웠습니다.

- 제가 존경하는 분은 □□동 지역봉사활동을 하며 알게 된 김○○ 할머니입니다. 할머니께서는 젊은 시절 남편과 사별한 후, 동네 시장에서 50년 이상을 홀로 장사하시며 어려운 이웃들을 도와오신 분입니다. 최근에는 자신이 저축한 거액을 △△대학교에 기부하셨고, 사후 자신의 소유인 상가건물을 포함한 재산 전액을 기부하는 약정을 맺으셨다고 들었습니다. 고령으로 거동이 편하지 않은 상태임에도 아직도 가게를 직접 운영하시고, 노인급식단체에 주기적으로 정기 기부도 하시고 어려운 학생들의 장학금 지원도 계속하시고 계십니다. 자신의 삶을 치열하게 살고, 자신이 얻은 수익을 어려운 사람을 위해 다시 환원하는 할머니의 모습은 저에게 큰 감동으로 다가왔고, 많은 것을 느낀 계기가 되었습니다.

※나의 답변은?

7 남들에게 자신에 대한 믿음을 주는 방법이 있습니까?
남들이 어떤 점을 보고 자신을 신뢰한다고 생각하세요?

이는 '회사가 지원자 자신의 어떤 부분을 보고 신뢰할 수 있는가'라는 물음이라 볼 수 있다. 이에 대해서는 자신에 대한 믿음을 주는 방법(장점 등)을 간략하게 말하되, 이에 대한 명확한 부가 설명이 함께 제시되어야 한다.

이러한 질문에 대해 거창하고 뭔가 대단한 방법을 찾는 사람이 있는데, 그것보다는 자신이 스스로 판단해 남에게 믿음을 줄 수 있을 정도로 잘하고 있는 것을 찾으면 된다. 사소한 것이든 일반적인 것이든 크게 관계없다. 타인의 신뢰도 어쩌면 기본적인 것을 제대로 할 때 형성·강화되는 것이라 볼 수 있다.

GOOD
- 자신의 성향이나 행동의 어떤 측면이 스스로 믿음직하다고 생각하는 점이 있으며, 이를 찾아 다듬어 정리해 말한다.
- 성격상의 장점도 믿음을 줄 수 있고 행동상의 습관도 믿음을 줄 수 있으므로, 크고 거창한 것을 찾는 데 집중하지 않는다.
- 믿음을 주는 언행을 통해 실제로 얻게 된 신뢰를 예시로 드는 것도 좋다.

BAD
- 자신의 장점을 거창하게 설명하거나 과장해서는 안 되며, 자기 자랑을 늘어놓는 것도 피한다.
- 사실과 다른 얘기를 해서는 안 된다. 다른 사람의 신뢰를 받는다는 것은 진실성을 전제로 하므로, 그 내용에도 진정성이 담겨 있어야 한다.
- '성실하다', '정직하다', '약속을 꼭 지킨다'라고 말하는 것으로 그치기보다는, 그것을 뒷받침하는 관련 설명을 덧붙이는 것이 좋다.

BEST
- 다른 사람과의 약속을 철저히 지키려 노력하고 있습니다. …
- 진행하는 일의 중간과정을 수시로 확인해 개선할 사항은 고치고, 진행할 사항은 열정적으로 추진하는 성격입니다. …
- 맡은 일에 책임감을 가지고 반드시 끝까지 마무리하려 노력합니다. …

8 자신만의 스트레스 해소법은 무엇입니까?

사회생활을 하다 보면 누구나 다 스트레스를 받게 된다. 물론 스트레스를 여간해서는 받지 않는 성격이면 좋겠지만, 오늘날 그런 성격의 사람은 극히 드물다. 따라서 중요한 것은 스트레스에 어떻게 지혜롭게 해소할 수 있느냐 하는 것이다.

스트레스를 합리적으로 다룰 수 있는 사람은 기본적으로 건강한 정신을 유지할 수 있고, 오늘날 기업의 업무 환경에서 효과적인 경쟁력을 갖춘 사람이라 판단할 수 있다. 스트레스를 잘 관리하지 못하면 결국 조직 내에서 버텨내기가 어렵다는 것을 알기에, 이는 면접관들이 관심을 가질만한 질문이 된다.

스트레스 해소는 기본적으로 성격상의 조직 적응력과도 연결될 수 있다. 조직 생활에서 받게 되는 스트레스가 업무 수행에 지장을 초래하는 경우는 결국 업무 능력의 저하로 연결될 수밖에 없다는 것이다. 지원자도 이러한 측면을 유념해, 스트레스를 어떻게 합리적으로 해소할 수 있을지를 고민해 보는 과정이 필요하다.

GOOD

- 스트레스를 받게 되는 상황을 설명하고, 그것을 어떻게 극복하고 있는지 구체적으로 설명하는 것이 좋다.
- 재미있는 상황을 통해 스트레스 상황과 해소법을 설명하는 것도 좋다. 기본적으로 유머는 스트레스에 대한 내성을 키울 수 있는 방법이 된다.
- 특이한 자기만의 노하우가 담긴 해소법이 남들이 공감을 불러일으킬 수 있다면, 아주 좋은 답변이 될 수 있다.
- 기본적으로 성격상 스트레스를 잘 안 받는 편이라는 가정하에 해소법을 소개하는 것도 좋다. 스트레스를 잘 안 받는 성격은 실제 조직 생활에서 큰 장점이 되므로, 그러한 성격을 굳이 숨기고 해소법만 고민할 필요는 없다.
- 스트레스를 해소하는 구체적 방법과 함께 그러한 상황을 극복하는 거시적인 방향을 제시해 보는 것도 좋다.

- 스트레스를 잘 받는 성격이라 하거나, 스트레스가 지나쳐 고민이 많다는 식으로 접근하는 것은 좋지 않다.
- 스트레스를 받지 않기 위해 그러한 상황을 처음부터 회피한다고 답하는 것도 좋지 않다. 어쩔 수 없이 받게 되는 스트레스를 어떻게 해소하는가를 묻는 것이므로, 자신의 해소법을 적절히 소개해야 한다.
- 단순하게 잘 먹고, 잘 자면 된다는 식으로 답하는 것은 좋은 점수를 얻기 어렵다.
- 술을 마시거나 지나치게 자극적인 방법으로 해소한다는 답변은 바람직하지 않다.

- 스트레스는 잘 받지 않는 털털한 성격이지만, 어떤 일을 추진할 때 자기만의 주장을 내세우고 다른 사람의 입장을 전혀 고려하지 않는 사람을 만나는 경우 스트레스를 받기도 합니다. 이러한 경우의 독특한 저만의 해소법이라면, 우선 그런 사람에게 저도 똑같이 행동하며 받은 스트레스를 푸는 것입니다. 그 과정에서 그 사람은 자신의 행동방식이 얼마나 일방적이고 배려심이 부족했는지를 어느 정도 인지할 수 있게 됩니다. 그 사람이 당황하는 모습을 보일 때, 사실을 고백하는 것입니다. 당신의 이러한 점이 안 좋아 보여 똑같이 해봤다고 말하고, 의견이 다를 때는 서로 조금씩 양보하고 상대의 입장을 헤아려 보는 것이 최선의 방식인 것 같다고 말하는 것입니다. 친구나 동년배 사이라면, 나름 효과적인 해소책이자 해결책이 되는 것 같습니다. 회사에서는 이런 방식의 해소법을 그대로 적용하기는 어렵겠지만, 서로의 입장 차이를 솔직한 대화를 통해 이해하는 과정에서 스트레스는 어느 정도 해소될 수 있다고 생각합니다.

- 스트레스가 쌓인 경우는, 평소에 좋아했지만 자극적이어서 잘 먹지 않았던 매운 음식과 탄산 음료수를 한 가지씩 정해 먹습니다. 특히 매운 것을 잘 못 먹기에, 그 음식을 먹게 될 때 입은 괴롭지만 머리는 즐거운 복잡한 상황이 되면 스트레스를 어느 정도 잊게 됩니다. 음식을 계속 먹다 어느 정도 한계에 달할 때, 냉장고에서 음료수를 꺼내 한잔 쭉 들이킵니다. 그러면 그 순간 톡 쏘는 청량감과 시원함, 약간의 새콤달콤함이 짜릿한 자극으로 다가와 스트레스 해소에 도움이 됩니다.

9 자신을 스포츠의 포지션에 비유한다면?

이는 스포츠를 좋아하는가를 묻는 질문이 아니라, 지원자의 성향을 묻는 질문이라 할 수 있다. 지원자의 순발력과 대처 능력을 파악하는 돌발적 질문이라고도 볼 수 있다. 면접관들은 결국, 이 질문을 통해 회사에서의 자신의 역할이라든가 그에 대한 각오, 다른 구성원들과 협동과 소통 능력 등을 파악하기 위한 질문이라고 할 수 있다.

지원자가 즐기는 스포츠는 무엇이며, 어떤 스포츠 선수를 어떠한 이유로 좋아하는지 묻는 연계 질문도 있을 수 있으므로, 함께 준비해 두는 것이 좋다.

GOOD

- 야구의 투수나 축구의 공격수와 같은 화려한 포지션도 좋지만, 문제는 자신이 그 포지션에 어울리는 역할을 얼마나 잘 수행할 수 있느냐를 묻는 것이라는 점에 초점을 두어야 한다.
- 개인 스포츠는 적절하지 않다. 포지션이라는 개념을 통해, 팀 스포츠에서 어떤 역할을 할 수 있는지를 설명해야 한다.
- 팀 동료들과 어떻게 단합하고 팀의 사기를 고양함으로써, 경기력 향상에 어떻게 기여할 것이라는 비유적 답변이 대체로 적합하다.
- 이런 포지션에서의 역할을 통해, 실제 조직의 팀에서 어떤 역할을 수행할 것인지를 덧붙이는 것도 좋다.

BAD

- 전력 질주하는 육상 단거리 선수나 힘든 레이스를 혼자 지속하는 마라토너에 비유하는 것은 적절하지 않다. 팀을 구성하여 어떤 포지션이 어울릴지를 설명하는 것이 좋다.
- 막연히 '무조건 열심히 뛰는 모습이 어울린다고 생각합니다', '팀의 승리를 위해서는 최선을 다하는 모습이 ~', '터프한 모습이 닮았다고 생각합니다'라고 답하는 것은 모두 적절하지 않다. 구체적으로 어떤 역할을 수행하는 포지션이고, 그것이 왜 자신과 어울리는지를 설명하는 것이 좋다.

- 저는 축구의 중앙 수비수 역할이 어울릴 것이라 생각합니다. 골을 넣는 화려한 포지션은 아니지만, 결정적 위기를 막아낼 수 있는 보이지 않는 역할을 수행하는 자리이므로, 제가 추구하는 방향과 어울릴 것이라 생각합니다.

- 저는 야구의 포수가 적합하다고 생각합니다. 포수는 투수나 홈런 타자보다 돋보이는 자리는 아니지만, 야구라는 팀 스포츠에서 가장 중요한 역할을 하는 포지션의 하나라 생각합니다. 투수 리드와 볼배합, 경기의 조절, 선수들의 투지의 고취 등 포수가 수행하는 역할 하나하나는, 그렇게 드러나지는 않지만 야구 경기에서 그 팀이 승리하기 위해 반드시 필요한 가장 핵심적인 역할이라 생각합니다. 저도 회사에 입사하게 되면, 회사 내의 소속 팀에서 포수와 같은 역할을 하도록 노력하겠습니다.

※나의 답변은?

🔟 어릴 때의 꿈은 무엇이었습니까?

어린 시절의 꿈은 그 사람의 이상과 바람을 반영하기도 하며, 그것을 실현하기 위해 노력하는 과정에서 삶의 기본적 자세나 태도가 형성되기도 한다는 점에서 의미가 있다. 보통은 성장하면서 그 꿈은 여러 가지 이유로 바뀌며, 현실에 맞도록 수정되기도 한다. 하지만 어린 시절의 꿈을 통해 실현하고자 한 자신의 소망은, 오랫동안 자신의 기억 깊은 곳에 남아 그 사람의 숨겨진 열정이나 노력의 원동력으로 작용하는 경우가 많다.

자신이 어릴 때 가졌던 꿈을 사실대로 말하고, 그러한 꿈을 가지게 된 계기나 동기를 설명하면 된다. 그리고 그것을 이루기 위해 어떠한 노력을 했으며, 그것이 어떠한 영향을 미쳤는지 덧붙여 설명하면 좋다. 꼭 꿈을 실현하지 않았어도 되고, 꿈이 다소 엉뚱해도 괜찮다.

GOOD

- 지나치게 현실성이나 실현 가능성을 부여하는 것보다는, 어릴 때 가졌던 꿈을 솔직하게 답변하는 것이 좋다.
- 꿈을 이루기 위해 어떤 노력을 했는지 설명하고, 그것이 자신에게 어떠한 긍정적 영향을 미쳤는지 설명한다.
- 어린이다운 개성 있는 답변도 좋고, 큰 꿈을 제시하는 것도 좋다. 다만, 그러한 꿈을 가지게 된 계기를 함께 설명해 주면 된다.
- 현재의 원하는 일이 어렸을 때의 꿈과 관련이 있다면, 그 부분을 연결해 설명하는 것도 좋다.

BAD

- 꿈이 없었다고 하는 것은 좋지 않다. 어렸을 때를 돌이켜보면 누구나 크고 작은 소망을 가지고 있기 마련이므로, 잘 기억을 떠올려 답변하는 것이 좋다.
- 막연하게 훌륭한 사람이 되겠다거나 '착한 사람' 또는 '좋은 아빠(엄마)'가 되겠다는 식의 답변보다는, 구체적인 꿈을 제시하는 것이 좋다.
- 성인이 된 지금의 가치관을 기준으로 꿈에 대한 평가(긍정적/부정적 평가)를 내리는 것은 바람직하지 못하다. 어렸을 때 어떤 생각으로 그러한 꿈을 가지게 되었는지 말하면 된다.

11 친구가 많은 편입니까? / 주위에 가까운 친구는 많은 편입니까?

지원자의 인간관계에 대한 질문으로 종종 제시되고 있다. 이는 친구와의 관계를 통해 얼마나 원만한 성격으로, 어떻게 인간관계를 형성해 나가는지 알기 위해 제시되는 질문이다. 회사에서도 원만하고 폭넓은 인간관계는 성공적 커리어를 위한 중요한 요소로 간주되므로, 면접관들이 관심을 가질만한 질문에 해당한다.

친구가 많은 편이라고 답변하는 것이 좋다. 원만한 성격으로 사람들과 쉽게 친해지는 편이고, 특히 자주 만나는 사람들은 대부분 가깝게 지낸다고 말하는 것이 이상적인 답변에 가깝다. 여기에 친구나 동료 간의 관계를 유지하기 위해 어떠한 노력을 하고 있고, 앞으로의 직장생활에서도 어떻게 노력할 것인지를 간단히 언급한다면 좋은 답변이 될 것이다.

GOOD
- 기본적으로, 원만한 성격으로 인해 친구가 많은 편이고, 새로운 사람들과 금방 친해지는 편이라 답하는 것이 가장 자연스럽다.
- 좋은 인간관계를 유지하기 위해 약속을 잘 지키고 상대방을 배려하는 등 구체적으로 어떠한 노력을 하고 있는지 덧붙이는 것이 좋다. 이를 간략한 사례를 들어 말하는 것도 좋다.
- 입사 후에도 이러한 성격을 잘 유지해 회사 분위기를 밝게 만들도록 노력하겠다는 각오를 덧붙인다면, 이상적인 답변이 될 수 있을 것이다.

BAD
- 친구가 적다거나, 내성적인 성격으로 잘 사귀지 못하는 편이라 답하는 것은 좋지 않다.
- 친구가 많다고 자랑하듯이 떠벌리지 않도록 주의한다.
- 친한 친구들에 대해 설명하는 것은 답변의 범위를 벗어난다.
- '친구가 많다'라고만 말하지 않는다. 이보다는 어떤 성격으로, 또는 어떤 노력으로 친구가 많은지 설명하는 것이 좋다.
- 친구에 관한 이야기만으로 끝내기 것보다는, 앞으로 이러한 관계나 성격상의 장점을 회사에서도 이어가겠다는 의지와 각오를 덧붙이는 것이 좋다.

12 취미는 무엇입니까?

취미는 입사지원서나 자기소개서에 대부분 기록하는 항목이다. 따라서 우선은, 지원서나 자기소개서의 내용과 상반되는 것을 이야기해서는 안 될 것이다. 지원서를 쓸 때부터 유념해야 할 부분이다.

보통 취미에 대해 물어보는 이유는 순수한 의미에서 여가 시간의 활용을 묻는 것일 수 있고, 다른 하나는 구체적으로 어떤 특정한 것을 배우고 연마하고 있는지를 묻는 것일 수 있다. 전자의 경우라면, 흔히 하는 음악 감상, 악기 연주, 스포츠 관람, 영화나 연극 등 공연 관람 등과 관련된 것을 말하면 된다. 후자의 경우라면, 자신이 어떤 분야의 전문성을 갖추기 위해 배우는 활동을 말하는 것이 적합할 것이다. 그러나 면접에서 일반적으로 취미를 묻는 경우는, 어떤 것이든 그 활동을 통해 뭔가를 배우고 있고, 그것을 통해 얻게 되는 장점이 있다는 것을 설명하는 것이 좋다.

비슷한 질문으로 주말이나 휴일에는 어떻게 지내는지 물을 수도 있는데, 이 경우는 단순한 취미 활동을 말하기보다는, 자기 발전을 위해 도움이 될 어떤 것을 배우고 연마하고 있다는 답이 더 적절하다. 질문을 어떻게 하느냐에 따라 그에 따른 유연한 대처가 필요하다고 볼 수 있겠다.

G O O D

• 가급적 정적인 활동보다 활동적인 취미가 면접관에게 어필하기 쉽다.
• 정적인 활동을 취미로 말하는 경우는, 그것을 통해 다음의 업무에 더욱 집중할 수 있는 장점이 있다는 논리를 덧붙이는 것이 좋다.
• 자신만의 특이한 취미가 있고 그것이 어떠한 장점을 지니고 있다면, 좋은 소재가 될 수 있다.
• 활동적인 취미의 경우, 혼자보다 팀을 이루어 하는 취미가 좋은 평가를 받기 쉽다.
• 취미 활동을 통해 얻게 되는 장점은 무엇인지 덧붙이는 것이 필수적이다.
• 취미 활동을 통해 이루고자 하는 것이 자신의 계발을 위해 필요한 것이라면, 함께 언급하는 것이 좋다.

B A D

• 지나치게 소극적이고 정적인 취미는 피하는 것이 좋다. 예를 들어, 그냥 TV를 보며 아무 생각도 하지 않고 푹 쉰다는 것은 좋은 취미로 보기는 어렵다.
• 지나치게 과격한 취미도 좋지 않다. 격투기 등 과격한 운동을 직접 즐긴다고 하면 좋은 반응을 얻기 어렵다.
• 승마나 골프, 스킨스쿠버 등 현실성이 떨어지는 취미도 언급하지 않는 것이 좋다.

- 특별한 취미가 없다고 말하는 것도 좋지 않다. 자신이 즐겨 하는 것이라면 사소한 것도 취미가 될 수 있다.
- 단순한 기호를 취미로 포장하지 않아야 한다. 커피를 좋아한다는 것은 기호의 영역이지, 취미 활동으로 보기는 어렵다.
- 남들이 대부분 하는 활동을 취미로 제시하는 것도 좋지 않다.

B E S T

저는 틈날 때마다 대학 때 동아리에서 배운 단소를 불기도 하고, 또 농구를 좋아해 주말마다 친구들과 함께 농구 시합을 하고 있습니다. 단소는 소리가 맑고 청아해, 부는 동안 마음의 안정과 집중력 향상에 좋은 것 같습니다. 농구는 고교시절부터 친구들과 자주 하던 운동으로, 지금은 주말에 모여 주로 3 : 3 시합을 자주 하고 있습니다. 시합을 집중하며 흠뻑 땀을 흘리게 되면, 스트레스도 해소되는 것 같고 건강관리에도 꽤 도움이 되는 것 같아 좋은 것 같습니다.

※나의 답변은?

🔞 즐겨 보는 TV 프로그램은 무엇입니까?

TV는 오늘날 대중적인 오락거리의 하나이면서, 주요한 정보의 원천으로 기능하기도 한다. 따라서 너무 즐겨보는 것도 좋지 않지만, 아예 보지 않는 것도 좋지 않다.

즐겨 보는 프로그램을 묻는 것은, 이를 통해 지원자의 기호나 가치관, 성향을 파악하고, 어떤 프로그램으로 여유 시간을 즐기는지 알아보기 위한 것이다. 큰 의미가 부여된 것이 아니므로, 너무 유익한 시사교양 프로그램이나 뉴스, 다큐멘터리에 집착하는 태도는 좋지 않다. 그냥 편하게 즐기는 프로그램을 말하는 것이 자연스러울 수 있다는 것이다. 그리고 답변의 마지막 부분에서, 그 프로그램에서 어떠한 점이 인상적이었고, 무엇을 배울 수 있었는지 가볍게 덧붙이는 게 좋다.

TV 프로그램에서 꼭 무언가를 배워야 하는 것은 아니지만, 자신이 즐겨 보는 프로그램은 그만한 이유가 있는 것이 좋다. 따라서 그것을 통해 자신이 배운 것이나 특히 인상 깊었던 점, 혹은 그로 인해 어떤 영향을 받게 되었는지에 대한 내용을 언급하는 것이 좋다는 것이다.

GOOD

- 스트레스를 해소할 수 있는 코미디 프로그램이나 오락 프로그램도 좋다. 다만 그것을 통해 얻은 점을 덧붙이는 것이 필요하다.
- 드라마는 소재가 다양하므로 아무 드라마나 즐긴다고 말하는 것은 좋지 않다. 수준이 높거나 좋은 소재를 다룬 드라마라면 괜찮은데, 드라마의 어떤 점이 좋은지 설명이 뒤따라야 한다.
- 정규 편성된 다큐멘터리도 무난하다. 특히 그 프로그램이 인간의 삶의 모습을 반영하거나 자연의 모습을 잘 담아내는 것이라면 더 좋을 것이다.

BAD

- 뉴스나 시사 프로그램을 즐긴다고 하는 것은 식상하게 느껴질 수 있다. 또한, 그런 프로그램은 상식과 정보적 측면의 필요성이 있지만, 즐겨 보는 프로그램으로는 어울리지 않는 경우가 많다. 다만, 특정 시사 프로그램을 즐기는 특별한 이유가 있다면 즐겨 보는 프로그램이 될 수도 있을 것이다.
- 많은 프로그램을 즐긴다거나, 혹은 딱히 즐겨 보는 프로그램은 없다는 식의 답변은 좋지 않다.
- 시청률이 높은 프로그램을 즐겨 본다고 하는 것도 좋지 않다. 남이 많이 보니까 나도 본다는 논리보다는, 그 프로그램을 자주 보는 자신만의 기준이나 이유를 명확히 제시하는 것이 좋다.

14 감동 깊게 본 영화는 무엇입니까?
　　최근에 인상 깊게 본 영화는 무엇입니까?

　　지원자의 성향이나 가치관, 개인적 소양이나 감각 등을 파악하기 위해 던지는 대표적인 질문이다. 감명 깊게 읽은 책도 비슷한 유형의 질문에 해당한다. 두 질문 모두 자주 하는 질문에 해당하므로, 좋은 영화나 책을 읽고 내용을 따로 정리해두는 것도 좋다.

　　영화는 대체로 잘 알려져 있고 많은 사람이 알만한 것을 고르는 것이 면접관들과의 공감대 형성에 수월하나, 너무나 유명하여 많은 사람이 이야기할 만한 영화는 피하는 것이 좋다. 다른 사람들이 이미 말한 영화는 독창적이지도 않고, 식상하게 느껴질 가능성이 많기 때문이다.

　　면접관들은 영화를 통해 지원자들이 가진 자기만의 색깔과 취향을 파악하고자 한다. 따라서 지원자는 영화에 대한 자기의 생각과 인상적으로 느꼈던 점을 말하는 것이 좋다. 다만, 영화를 통해 느낀 점을 지원한 회사나 직무에 연결하고자 하는 시도는 하지 않는 것이 좋다. 앞에서 언급한 TV 프로그램도 마찬가지지만, 그것을 통해 어떤 점이 좋았고 인상적이었는지 말하는 것으로 충분하며, 거기서 군이 자신의 직무나 업무와의 관련성을 찾고자 하는 것은 자연스럽지 않다는 것이다. 면접에서는 항상 기본적인 기술이나 기법이 필요하나, 그것은 자연스러운 모습이 되어야지 연출된 각본 같은 것이 되어서는 안 될 것이다.

G O O D
- 가능하다면 면접관들도 알만한 영화나 봤을 만한 영화를 골라 공감대를 형성할 수 있는 것이 좋다.
- 개성 있는 영화나 잘 알려지지 않은 영화를 고른 경우는, 영화의 좋은 점이나 인상적이었던 점을 설명하고, 그것을 통해 자신의 고유한 색깔이 잘 드러나도록 한다.
- 영화가 자신의 삶이나 가치관에 어떠한 긍정적인 영향을 미쳤는지 덧붙여 설명한다.

B A D
- 무조건 최고 흥행 영화를 고르는 것은 피한다. 많은 사람이 이미 이야기해 면접관들이 식상하게 느낄 가능성이 있다.
- 지나치게 자극적이거나 독특한 취향이 강조되는 영화는 피한다. 공포영화나 폭력영화, 컬트영화 등은 가급적 선정하지 않는 것이 좋다.
- 정치적 편향이나 종교적 편향이 강조된 영화는 피하는 것이 좋다. 지원자의 발언에서도 이런 측면이

드러나지 않도록 주의한다.
- 전문적인 영화 관련 용어를 남발하지 않도록 한다. 영화적 전문성을 갖추는 것은 좋지만, 다른 사람에게 그런 용어로 설명하는 것은 적절하지 않다.
- 영화를 통해 얻은 교훈이나 배운 점을 회사생활이나 업무와 연결하려는 시도는 하지 않는 것이 좋다.
- 영화의 내용을 장황하게 설명하지 않는다.
- 특별히 감명 깊게 본 영화가 없다고 답하지 않는다.

B E S T

　　몇 년 전에 보았던 머니볼이라는 영화가 무척 감동적이었습니다. 머니볼은 미국 메이저리그의 실제 단장의 이야기를 다룬 것으로, 야구를 좋아하는 입장에서 무척 재미있게 봤지만, 야구에 관심 없는 사람도 재미있게 볼 만한 영화였다고 생각합니다.

　　메이저리그의 한 가난한 구단의 단장인 주인공은, 항상 적은 연봉 총액으로 좋은 성적을 내야 하는 압박을 받고 있었는데, 자신의 독특한 운영방식, 즉 선수의 명성보다는 철저한 데이터 분석을 통해 저평가된 선수들을 적은 연봉으로 모은 뒤, 효율성을 극대화하는 방식으로 성공을 거두게 됩니다. 하지만 결국 월드시리즈 우승 도전은 막대한 돈을 투자한 팀에 패해 좌절되고 맙니다. 이 과정에서 주인공은 자금 사정이 넉넉한 팀으로부터 단장 최고 연봉의 스카우트 제의를 받게 되는데, 자신의 야구 철학과 돈과 우승 사이에서 고민하다 가난한 구단의 단장으로 계속 남기로 결정하게 됩니다. 결국 자신의 꿈을 실현하기 위해 계속 도전하겠다고 결정한 것입니다. 이 영화에서 가장 좋았던 점은, 주인공이 뚜렷한 한계가 있는 자신의 환경을 받아들이고, 목표를 이루기 위해 끊임없이 연구하고 도전하는 모습이 무척 인상적이었다는 것입니다. 이것은 저의 삶의 자세를 되돌아보는 좋은 계기가 되었다고 생각합니다.

⑮ 체력은 좋은 편입니까?
건강에는 자신이 있습니까? / 건강 관리는 어떻게 하십니까?

체력이나 건강에 관한 질문은 특별히 몸을 써야 할 직무가 아니라면, 대부분 다양한 업무 방식에 적응하고 가혹한 업무 환경에서 버텨낼 준비가 되어 있느냐는 질문이라 볼 수 있다. 어려운 일도 도전정신을 갖고 기꺼이 매진할 수 있느냐 하는 것은, 회사 입장에서 항상 관심을 가질 수밖에 없는 질문에 해당한다.

기본적으로 평소 체력을 키우기 위해 운동을 틈틈이 하는 것이 중요하다. 특히 지원자의 안색이 좋지 않거나 기운이 없어 보이는 경우, 체격이 왜소한 경우에는 체력이나 건강에 대한 질문을 받을 가능성이 높다. 따라서 적절한 체력 관리와 함께, 이러한 질문에 어떻게 대답해야 할지 미리 대비할 필요가 있다.

우선은 밝고 씩씩한 목소리로 신체적 · 정신적으로 건강해 보인다는 인상을 주는 것이 좋다. 그리고 체력에 관한 질문이 제시된 경우, 체력을 유지하기 위해 어떠한 노력을 하고 있는지 구체적으로 설명하는 것이 좋다. 매일 같이 운동하는 경우가 아니라면, 주말에 하는 유산소 운동이나 등산 같은 것을 예로 들어 설명하면 좋을 것이다.

GOOD
- 기본적으로는 체력이 좋고, 이를 유지하기 위해 꾸준히 운동을 하고 있다는 방식으로 말하는 것이 가장 무난하다.
- 체력을 유지하기 위해 조깅이나 줄넘기, 헬스, 요가 등을 꾸준히 한다는 것도 좋다.
- 축구나 농구, 테니스, 배드민턴 등 운동량이 많은 종목을 자주 즐긴다는 것도 괜찮은 방법이 된다.
- 여가를 즐기면서 좋은 운동이 되는 것이 있다면 면접관들의 관심을 끌 수 있을 것이다.
- 운동을 통해 얻게 되는 좋은 점을 간단히 덧붙인다.
- 체력에 대한 남들의 긍정적 평가 멘트나 수량화된 성과 등을 제시하는 것도 좋다.

- 체력이 너무 좋아 걱정 없다든가, 힘이 넘친다거나, 한 번도 아픈 적이 없을 만큼 건강하다고 말하지 않도록 주의한다. 철인이나 운동선수를 뽑는 것이 아니다.
- 몸이 좋지 않아 약을 먹었다거나 병원을 자주 이용한다고 하는 것은, 면접관들의 우려를 살 수 있으므로 피하는 것이 좋다.
- 체력 관리에 대해 크게 걱정하지 않는다거나, 그렇게 신경 쓰지 않는다고 말하는 것도 좋은 답변의 태도는 아니다.
- '무척 건강하다', '체력이 좋다', '건강 관리를 위해 운동을 꾸준히 한다'라고만 하는 것은 구체성이 떨어져 좋지 않다. 어떻게 관리하느냐 하는 것이 더 중요할 수 있으므로, 체력을 유지하기 위해 어떤 구체적 노력을 하는지 답변하는 것이 좋다.

※나의 답변은?

16 별명은 무엇입니까?
별명은 있습니까? 그 별명을 갖게 된 이유는 무엇입니까?

별명은 대부분의 사람이 유년기나 학창 시절 때 한두 가지씩은 가지고 있다. 어릴 때에는 주로 이름이나 외모에서 생기는 것이 많고, 조금 커서는 그 사람의 성향이나 특징적인 모습을 비유한 것이 주로 붙여진다.

그런데 면접관이 지원자의 별명을 물어보는 이유는 무엇일까? 그저 딱딱하고 어색한 분위기를 풀어주기 위해서일까? 아마 그렇지는 않을 것이다. 짧은 시간에 많은 지원자 중 좋은 인재를 가려야 하는 면접관에게 그럴만한 여유는 없다. 그것은 아마도 학창시절의 별명을 통해 그 사람의 성향이나 대인관계를 유추해 보기 위한 목적일 것이다. 따라서 이 질문을 '학창시절 친구들과의 관계는 좋았나요?', '어떠한 성향의 학생이었나요?'로 파악해도 무리가 없을 것이다.

따라서 이 질문에 대한 답변도 그러한 면접관에 의도를 반영하는 것이 좋다. 별명 그 자체보다, 그런 별명에 담긴 의미나 그것이 의미하는 자신의 모습을 설명하는 답변이 좋다는 것이다. 다소 우스꽝스러운 별명일지라도, 왜 친구들이 그러한 별명으로 불렀으며 그 별명에 담긴 자신의 모습은 어떠했는지를 설명하라는 것이다. 물론 긍정적인 방향으로 말이다.

GOOD

• 재미있는 별명은 면접관들의 관심을 끌 수 있다. 이런 별명이 붙은 이유를 자신의 장점과 연결해 설명할 수 있다면 더 좋을 것이다.

• 자신에게는 기억하기 싫은 별명일지라도 남들 듣기에 재미있고 나름대로 의미가 있다면, 그것을 별명으로 설명하는 것도 괜찮다.

• 어릴 때부터 대학 때까지 별명이 유사하고 그것이 자신의 긍정적 모습을 반영한다면, 답변으로 좋은 별명이 될 수 있다.

• 별명이 꼭 하나만 있는 것은 아니므로, 성장과정에 따라 어떠한 별명이 있었고 어떤 의미를 담은 것인지 간략히 설명하는 것도 괜찮다.

BAD

- 특별한 별명이 없었다고 답변하지 않도록 한다. 자주 불리진 않았어도 별명이 될 만한 것을 찾아 설명하는 것이 좋다.
- 단순히 별명만 말하고, 어떻게 해서 생기게 되었다거나 자신의 어떤 특징을 반영한다는 설명을 덧붙이지 않는 것은 좋지 않다. 면접관들은 그 이유에 관심이 있다는 것을 명심하자.
- 별명을 너무 많이 말하지는 말고, 그중 자신을 장점을 가장 잘 드러낼 수 있는 것을 몇 가지(3가지 이내) 선정하는 것이 좋다.
- 자신이 좋아하는 별명이라 해도 남들이 쉽게 공감하기 어려운 별명이라면, 답변으로 적절하지 않다.

BEST

- 저의 대학 시절 별명은 이(李) 통장이었습니다. 동네 통장처럼 학과의 이 일 저 일을 일일이 챙기길 좋아한다고 동기들이 불러준 별명이었습니다. …

- 저는 어릴 때 큰 바위 얼굴로 불렸고, 고등학교 때는 하회탈이라 불리기도 했습니다. 하회탈이라 불린 이유는, 1학년 담임선생님께서 제가 언제나 웃는 모습으로 지내는 것이 보기 좋다고 하며 붙여주신 별명인데, 다른 친구들도 재미있어하며 그렇게 불러주면서 별명이 되었습니다. …

17 주량은 얼마나 됩니까?
　　술은 어느 정도까지 마실 수 있습니까?

　오늘날 기업에서도 술을 강요하는 문화는 많이 사라졌지만, 기업의 단합대회나 환영·환송회, 승진 기념 모임, 팀 회식 등을 통해 술자리를 자주 할 수밖에 없는 것이 현실이기도 하다. 특히 회사의 화합을 도모하고, 성과 달성을 축하하는 자리에서는 건배사와 함께 첫 잔은 비워주는 센스는 필요할 것이다.

　주량이 어느 정도인가라는 질문은, 술을 적당히 마시고 충분히 절제할 수 있는가를 묻는 것이 아니다. 그런 모범 답안은 모두가 기본적 상식처럼 알고 있으니 굳이 언급하지 않아도 된다. 이보다는 먼저 자신의 주량을 제시하고, 회사의 조직 문화나 인간관계에서 술이 어떤 의미를 가지는지 자신의 생각을 간략하게 전달하면 된다. 여기에다 분위기나 필요에 따라 조금 더 마실 수 있다는 것을 덧붙이면 충분하다.

　술을 잘 마시지 못하는 사람은 고민을 할 수 있는데, 실제 그 자리에서 주량을 측정하지는 않으므로, 어느 정도는 마신다고 말하는 것이 좋다. 통상 소주 반 병에서 한 병 정도가 적절한 주량으로 알려져 있다. 다만, 자신이 지원하는 직무 분야에 따라 다소간의 편차는 있으니, 미리 파악해 두고 대비하는 것이 필요하다. 적정한 주량을 말한 다음, 분위기나 술자리의 의미에 따라 조금 더 마실 때도 가끔 있다고 해두는 것이 무난할 것이다.

G
O
O
D

- 술은 자주 마시진 않지만 가끔씩 친구들과 소주 한 병 정도는 마신다고 말하는 것이 일반적으로 가장 무난한 답변이 된다.
- 좋은 일이 있거나 기억할 만한 의미 있는 일이 있는 경우 평소보다 더 마시는 경우도 가끔 있다고 덧붙이는 것도 괜찮다. 회사생활에서는 실제로 이러한 자리가 종종 있을 수밖에 없다.
- 술은 많이 마시지는 못하지만, 술자리를 통해 사람들과 이야기하고 교류하며, 친분을 쌓을 수 있는 기회가 되는 것 같다는 의견을 제시하는 것도 좋다.

B A D

- 주량이 아주 세다고 자랑하거나 술을 아예 못 마신다고 하는 것은 모두 적절하지 않다.
- 주량을 단순히 '세다', '잘 마신다'라고 표현하는 것보다는, 이를 좀 더 구체적으로 표현하는 것이 좋다. 예를 들어, "소주 한 병 정도까지는 별다른 문제없이 마실 수 있습니다."라는 방식으로 답변하는 것이 좋다.
- 체질적으로 맞지 않아 안 마신다거나 종교적 이유로 마시지 않는다고 하는 것도 좋지 않을 수 있다. 그런 표현보다는 "소주 한 병까지는 마셔봤지만 체질적으로 맞지 않아 그 이상은 잘 안 마시는 편입니다."라고 완곡하게 표현하는 것이 좋다.
- '술을 마시면 기분이 좋아져 계속 마시게 된다', '2차는 기본이다', '한 번 마시면 끝장을 보는 성격이다' 등등은 모두 피해야 할 표현이다.

※나의 답변은?

....

....

....

....

....

18 자신의 특기를 이 자리에서 보여줄 수 있습니까?

　입사지원서나 자기소개서에서 언급된 특기에 대해 다시 물어볼 수 있으며, 특기 중 노래나 춤, 특정 동작 등을 직접 시연해보라고 요구할 수도 있다. 따라서 특기를 적을 때 자신이 정말 잘할 수 있는 것을 적고, 직접 해볼 수 있는 것은 따로 준비하는 것도 필요하다.

　특기를 구체적으로 적지 않고 폭넓게 적은 경우는, 그 특기에 해당되는 것을 미리 준비해 두는 것이 좋다. 특기는 면접관에게 어필할 수 있는 요소이므로, 잘하는 것이 거의 없는 사람은 한두 가지 특기를 정해 미리 연습하는 것도 좋다. 비단 면접 준비뿐만 아니라, 살면서 잘하는 것이 있다면 그만큼 삶이 즐겁고 윤택해질 수 있을 것이다.

GOOD
- 잘하는 특기 중 면접 중에 시연할 수 있는 것은 미리 준비해 둔다.
- 노래나 춤, 기본적 자세를 요구받은 경우 주춤거리지 말고 자신감 있게 하는 것이 좋다.
- 사소한 특기라도 그것이 남들이 재미있게 느끼는 것이면 특기가 될 수 있다. 자신감을 갖고 해보는 자세가 중요하다. 면접관들도 그 점을 높이 평가할 것이다.
- 동작이나 움직임이 큰 특기는 시작 전에 이 점에 대해 미리 양해를 구한다.
- 자신의 특기가 입사지원서나 자기소개서에 적은 내용과 유사해야 한다. 보통은 그 내용을 토대로 요구하는 경우가 많다.

BAD
- 직접 해 보기를 주저하거나 쭈뼛거리는 태도는 것은 좋지 않다. 면접관은 실제로 얼마나 잘하는지 보다는 자신감 있게 시도하는 자세나 태도를 더 중시한다.
- 자신의 특기에 취해 그만하라고 할 때까지 계속하는 것은 좋지 않다. 적당한 시간(10~20초 전후) 동안 보여주고, 간단히 끝인사를 하면 된다.
- 시연 후에 자세가 흐트러지거나 풀어져서는 안 된다. 다시 자리에 착석한 후 자세를 바로잡는다. 항상 면접관들의 시선을 의식하고 있어야 한다.

TiP 기타 출제 예상 질문

• 자신의 매력은 무엇이라 생각합니까?

• 리더로서의 자질이 있습니까? / 자질이 있다면 어떤 것입니까?

• 자신을 한 가지 색깔로 표현하면 무슨 색깔이겠습니까?

• 곤란한 일을 다른 사람에게 이해시키거나 설득할 자신만의 방법이 있습니까?

• 자신의 가장 큰 콤플렉스는 무엇입니까? / 콤플렉스를 공개할 수 있습니까?

• 자신의 가치를 돈으로 환산한다면 얼마나 될 것 같습니까?

• 자신에게 큰 영향을 미친 말 한마디나 글귀가 있습니까?

• 부모님 중 어느 분과 더 많이 교감이 됩니까?

• 가족 중에서 가장 마음이 맞는 사람은 누구이며, 그 이유는 무엇입니까?

• 면접 후 가장 만나고 싶은 사람은 누구이며, 그 이유는 무엇입니까?

1 대학의 전공을 선택한 동기나 이유는 무엇입니까?

    대학에서 무엇을 전공했는가에 따라 자신의 진로가 결정되는 경우가 많고, 또한 전공에 따라 자신의 업무 분야를 구체화하는 경우가 많다는 점에서 무척 중요한 질문으로 간주된다. 자신이 정한 전공에 관한 지식을 토대로 답변하되, 전공과 직무 또는 업무와의 연관성에 대한 기본적 이해가 필요하다.

    하지만 꼭 전공에 따라 직무 분야나 회사가 결정되는 것은 아니므로, 전공에 지나치게 연연할 필요는 없다. 어떤 조직이든 동일 전공자만으로 구성되어 있다면, 역동성이 떨어지고 비효율적인 문제가 발생할 수 있으며, 면접관들도 이 점을 잘 알고 있다. 다만, 중요한 것은 자신의 전공을 택한 이유나 동기가 비교적 명쾌하고 납득할 수 있어야 한다. 막연하게 전망이 있어 택하게 되었다거나 점수에 맞춰 지원했다는 식의 답변은 곤란하다. 그리고 전공을 통해 배운 어떠한 지식이 지원 분야에 어떻게 적용될 수 있을지에 대한 고민도 필요하다.

GOOD

- 어린 시절의 가정환경이나 부모님으로부터 받은 영향으로 인해 전공을 택하게 되었다고 말하는 것은 대체로 무난한 이유나 동기가 될 수 있다. 다만, 이 경우 어린 시절의 배경 중 자신에게 영향을 미친 구체적 내용을 언급해야 한다.
- 자신의 경험 중 특히 인상 깊었던 일과 관련된 전공을 택했다는 답변도 괜찮다. 이 경우도 구체적인 자신의 사례를 중심으로 설명하는 것이 좋다.
- 자신의 적성에 맞아서 택했다면, 어떤 점이 전공과 맞는지를 구체적으로 언급해야 한다.
- 선택의 이유나 동기를 통해 전공 분야 중 어떤 것을 특히 열심히 공부했는지 덧붙이는 것이 자연스럽다.

BAD

- 특별한 이유나 동기 없이, 단순히 취업이 잘 될 것 같아 지원했다는 답변을 피해야 한다.
- 몇 가지 선택지 중 자신의 점수에 맞춰 지원했다는 것은, 지나치게 솔직한 답변으로 적절하지 않다.
- 다른 전공이 나을 것 같아 후회한 적이 있다는 표현은 하지 않는 것이 좋다.
- 이유는 있었지만 그것을 현실적으로 실현할 수 없어 아쉬웠다는 표현도 적절하지 않다.

2 편입을 하였는데, 그 이유는 무엇입니까?
전과를 한 특별한 이유가 있습니까?

최근에는 소위 '학교 서열화' 현상이 조금씩 완화되고 있고, 예전보다 학력이나 전공이 덜 강조되는 경향이 있으나, 이런 추세가 아직 일반적이지는 않다. 따라서 '어떤 학교를 졸업했는가', '무엇을 전공했는가'는 아직 우리 사회에서 중요하게 다루어질 수밖에 없는 문제이며, 앞으로 극복되어야 할 사회적 과제이기도 하다.

이러한 현실에서, 자신의 전공을 바꾸기 위해 편입이나 전과를 활용하는 학생이 꾸준히 존재한다. 자신이 편입 또는 전과를 한 경우, 반드시 그 사실을 적고 이유를 명확히 제시하는 것이 좋다. 일반적으로는 적성에 맞는 전공을 새로이 발견했다거나 꼭 공부하고 싶은 분야가 생겼을 때, 자신의 목표와 관련하여 깊이 공부할 필요가 있는 분야가 생겼을 때 등에서 편입이나 전과를 활용하는 경우가 많다. 따라서 질문을 받은 경우 이러한 사실을 분명하고 솔직하게 말하면 된다. 그리고 새로운 전공에서 자기의 목표를 실현하기 위해 어떻게 준비하였는지를 덧붙이면 된다.

GOOD

- 우선, 편입이나 전과를 한 경우 지원서의 해당란에 반드시 사실대로 기록해야 한다.
- 편입이나 전과의 이유를 묻는 경우 자신의 생각을 분명하게 말하고, 편입 또는 전과 후 어떠한 노력을 했는지를 구체적으로 설명한다. 다만, 너무 장황하게 설명하는 것은 좋지 않다.
- 편입이나 전과 전의 전공은 어떠한 점에서 맞지 않았는지는 굳이 강조할 필요가 없다. 이보다는 새로운 전공이 왜 필요했는지를 중심으로 설명하면 된다.
- 새로운 전공 공부를 위해 어떤 계획을 세워, 어떻게 수행했는지 간략하게 덧붙이는 것도 좋다.

BAD

- 더 전망이 있어 보여 편입(전과)을 했다는 것은 부정적으로 비칠 가능성이 많다.
- 전문대학을 졸업하거나 지방대학을 다니다가 취업이 어려워 편입했다는 식의 답변도 좋지 않다.
- 두 전공을 모두 공부하고 싶어 편입(전과)했다는 것도, 오해를 불리일으킬 수 있는 표현이므로 적절하지 않다.
- 이전의 전공이 맞지 않아 편입(전과)했다고 하는 것도 좋지 않다. 면접관들은 이런 사람은 입사하는 경우, 자신과 맞지 않는다고 다른 팀(업무)으로 보내달라고 하지 않을지 걱정하게 될 것이다.

❸ 학점이 좋지 않은 이유가 있습니까?
학점이 낮은 이유는 무엇입니까?

학점이 낮은 지원자가 받을 수 있는 질문이다. 일반적으로 이러한 질문이 받은 대상자는, 먼저 당황하게 되고, 다음으로 어떻게 적절하게 이유를 둘러댈 것인가를 고민하게 된다. 그러나 실상은 그렇게 걱정하지 않아도 된다. 물론 답변을 잘해야 하겠지만, 질문을 받은 것 자체는 오히려 나쁜 상황이 아닐 수 있다. 즉, 이 질문은 그 지원자의 다른 조건은 괜찮은데 학점이 낮아, 그 이유를 알고 싶어서 물어볼 가능성이 크다는 것이다. 정말 여러 가지가 마음에 안 들어 면접관이 관심을 두지 않는 지원자의 경우라면 굳이 학점까지 지적할 필요는 없을 테니 말이다.

따라서 중요한 것은 그 질문에 대해 어떻게 답변하느냐 하는 것이다. 답변 시 가장 명심해야 할 것은 이런저런 변명을 늘어놓지 않는 것이다. 사실대로 인정하고 그 이유를 말하되, 다만 그것을 약간 포장하는 기술이 필요하다. 학점이 절대적인 요소는 아니기에, 그것을 상쇄할 만한 적절한 이유가 있다면 좋은 답변이 될 수 있을 것이다.

유사한 질문으로, 특정 과목의 점수가 낮은 이유를 물어볼 수 있다. 이는 성적이 대체로 무난한데, 한두 과목의 점수가 유독 낮은 경우에 물어볼 수 있는 질문이다. 또한 학점이 너무 높은 경우, 학업에만 치중한 것이 아닌지 물어볼 수도 있다. 이에 해당하는 지원자는 적절한 답변을 찾아 미리 대비할 필요가 있다.

GOOD
- 학점이 낮은 것을 먼저 인정하고 그 이유를 설명하되, 그 이유가 매진할 만한 가치 있는 일이면 좋다.
- 꼭 필요한 것을 배웠다거나 봉사활동, 아르바이트, 다른 경험을 쌓기 위한 활동 등이 이유로 무난하다. 다만, 그것으로부터 무엇을 얻었는지는 꼭 언급하는 것이 좋다.

- '학점이 특별히 낮다고 생각하지는 않는다'라고 답변하지 않도록 주의한다. 면접관은 지원자가 좋은 점수를 얻을 수 있는 자질이 보이는데도, 상대적으로 점수가 부족한 경우 이 질문을 하는 경우가 많다.
- 학점에 대해 이런저런 변명을 한다는 느낌을 주지 않도록 주의한다. 또한 학점에 대해 크게 신경 쓰지 않았다고 말하는 것도 좋지 않다.
- 낮은 학점에 대해 후회한다거나 안타깝게 생각한다고 말하는 것은 피한다. 이보다는 다른 어떤 활동을 하면서 학점에 소홀할 수밖에 없었는지 구체적으로 설명하는 것이 좋다.

대학 1학년과 2학년 때의 학점이 낮아 전체적으로 학점이 좋지 않은 것이 사실입니다. 당시는 학과 공부도 중요하지만 다양한 경험을 쌓는 것도 꼭 필요하다고 생각해, 자원봉사 동아리에 가입해 활동을 하였습니다. 주로 인근 지역의 독거노인을 돌보는 자원봉사자를 옆에서 돕는 역할을 하였는데, 처음에 한 학기 정도 계획하였던 것이, 봉사활동을 하면서 도움을 필요로 하는 많은 분들이 계시다는 것을 알게 되면서 예정보다 더 길어지게 되었습니다. 그래서 이후 자원봉사자로 등록해, 직접 도움을 제공하는 활동을 1년 반 정도 더하게 되었습니다. 2년 정도의 기간 동안 봉사활동 전반에 대해 많은 것을 배웠고, 과분한 칭찬도 받았습니다. 그때의 경험이, 지금까지도 제가 살면서 부딪치는 여러 난관에 쉽게 포기하거나 좌절하지 않도록 하는 원동력으로 작용하는 것 같습니다.

4 동아리 활동 경험이 있습니까? / 동아리에서 무슨 활동을 했습니까?

동아리 활동은 학교생활에서 학업 이외에 쌓을 수 있는 경험의 하나로서, 직장생활과 사회생활을 위한 준비 과정의 하나에 해당되는 측면도 있다. 따라서 면접관들은 동아리 활동을 통해, 지원자가 어떤 분야에 관심이 있었고 성향은 어떠하며, 어떤 활동과 역할을 수행했는지에 대해 파악해보려고 할 것이다.

가장 적극적으로 참여했던 한 가지를 골라, 주로 어떤 활동을 하였고 자신의 역할은 무엇이었는지를 설명하고, 그때 쌓은 경험이나 배운 것을 지원한 분야에서 어떻게 활용할 수 있을지 설명할 수 있다면, 충분히 좋은 답변이 될 것이다.

GOOD

- 여러 동아리에 가입해 활동한 경우, 가장 적극적으로 활동했던 동아리 하나를 선정해 답변한다.
- 동아리에서는 어떤 활동을 주로 했는지 설명하고, 그 과정에서 무엇을 배웠는지(얻었는지) 설명한다.
- 동아리의 활동에서 자신의 역할이 무엇이었고, 역할 수행 과정에서 느낀 점을 실제 사례를 중심으로 말한다. 자신의 역할이 특징적이었거나 차별화된 것이었다면 관심을 집중시킬 수 있을 것이다.
- 관련 설명은 실제 활동을 중심으로 구체적으로 한다.
- 그때의 활동 경험이 지원 분야에 도움이 되었다면 그 부분을 적극 어필하는 것이 좋다.

BAD

- 동아리 활동을 하지 않았다거나 동아리에 적극적으로 참여하지는 않았다고 말하지 않도록 주의한다. 여러 활동 중 가장 적극적으로 참여한 한 가지를 중심으로 설명하면 된다.
- 동아리 활동을 열심히 했다거나 많은 것을 배웠다고만 답변하는 것도 좋지 않다. 구체적으로 열심히 수행한 활동이나 배운 내용을 구체적으로 예시하는 것이 좋다.
- 동아리의 전반적인 활동만을 소개하고, 자신이 구체적으로 어떤 활동에 참여했고, 어떤 역할을 수행했는지를 언급하지 않는 것은 좋지 않다.

• 가톨릭 학생회에 참여해 열심히 활동한 것이 기억에 남습니다. 종교적 색채가 있는 곳이지만, 기본적 교리연구 외에 봉사활동이나 기부 모금 활동, 농활 참여 등 다양한 활동을 수행한 동아리였습니다. 특히 기억에 남는 것은 주변의 어려운 이웃을 돕기 위한 기부 모금 활동입니다. 저는 팥빙수 판매를 직접 기획해 진행하였는데, 장비를 대여하고 작동 방법을 배운 후, 직접 도매시장을 방문해 재료를 구입해와 판매하였던 기억이 있습니다. 그때가 여름철이었고 교내 체육행사가 있을 때라, 팥빙수는 불티나게 팔렸던 것으로 기억합니다. 판매 완료 후 대금을 모두 기부하였고, 그로 인해 단체로부터 감사패를 받기도 했습니다. …

• 저는 1학년 때부터 영어토론 동아리에 가입해 활동했습니다. 당시에는 영어를 딱히 잘하진 못했지만, 토론 모임에 한 번도 빠지지 않고 준비도 충실히 하였습니다. 2학년 때는 조장을 맡아 대학연합 동아리에서 주관한 발표회 때 직접 토론을 주재해보는 기회를 갖기도 했습니다. 지금의 영어 능력 향상에는 3년간의 영어토론 동아리 활동이 바탕이 된 것 같습니다. … 앞으로 제가 지원한 해외영업 분야에서도 도움이 될 수 있을 것이라 생각합니다.

※나의 답변은?

....

....

....

....

....

5 아르바이트 경험은 있습니까?

동아리 활동과 마찬가지로 학교생활 중 학업 이외에 어떤 경험을 쌓았는지를 물어보는 질문이다. 봉사활동에의 참여 경험도 비슷한 질문의 유형이 될 수 있다. 지원자가 어떤 경험을 했으며, 이를 통해 본격적인 사회생활을 위한 준비가 어느 정도 되어 있는가를 파악하고자 하는 의도가 반영되어 있다고 볼 수 있다.

아르바이트를 통해 배운 특정 기술이나 지식도 중요하지만, 면접관들은 그것보다 아르바이트 과정에서 어떤 점을 느꼈고 어떤 생각을 했었는지에 대해 더 관심을 가질 수 있다. 특히 그러한 경험 중 지원한 업무 분야와 관련성이 있거나 도움이 될 만한 요소는 무엇인지에 집중할 수밖에 없다. 따라서 지원자도 이러한 측면을 중심으로 답변할 수 있다면, 좋은 평가를 받을 수 있을 것이다.

GOOD
- 실제로 자신이 경험했던 아르바이트 중 특히 직무나 업무와 관련성이 있는 것이 있다면, 그 경험을 중심으로 이야기하는 것이 가장 좋다.
- 아르바이트 경험 중 자신이 새롭게 깨달은 점이나 인상 깊었던 부분이 있다면 정리해 말할 수 있도록 한다. 면접관은 흔한 일반적인 경험보다는, 개인의 차별화된 경험에 더 집중할 수밖에 없다.
- 아르바이트 경험을 통해 배우고 알게 된 것을 지원 분야나 업무에 어떻게 적용될 수 있을지 구체화할 수 있다면, 이상적인 답변이 될 것이다.

BAD
- 아르바이트를 거의 하지 않았다거나, 특별히 기억에 남는 경험은 없다고 말하지 않도록 한다.
- 아르바이트에서의 경험이나 특정 성과를 과장하거나 자랑하듯 말하는 것은 좋지 않다.
- 다양한 아르바이트 경험을 했다 하더라도, 그것을 전부 나열하며 설명해서는 안 된다. 한 가지 인상적인 경험을 중심으로 하여, 구체적으로 어떤 것을 배웠고 깨달을 수 있었는지를 말하는 것이 좋다.
- 단순히 어떤 아르바이트를 열심히 했고 많은 것을 배웠다는 식으로 말하지 않도록 한다. 아르바이트 경험에 대한 설명이 차별성이 없는 경우는 주목받기 어렵다.

BEST

　　활동적인 성격이라 주로 몸으로 하는 아르바이트를 많이 했습니다. 특히 기억에 남는 것은 2학년 방학 때 총 4개월 정도 한 택배 소화물 상하차 작업입니다. 처음 갔을 때는 어떤 방식으로 분류되고 일이 진행되는지 모른 채 지시하는 대로 정신없이 작업에 임했습니다. 소화물뿐만 아니라 큰 물품도 많았고, 취급상 주의를 요하는 물품도 있었지만, 기일 내의 신속한 배송이 중요하므로 제대로 분류 · 관리되기 어려운 측면이 있다는 것을 알게 되었습니다. 며칠 지나지 않아 힘들어 그만둔 친구들도 꽤 있었고, 작업 중 다친 친구도 있었습니다. 저는 어떤 일이든 처음이 가장 힘들 뿐이라는 나름의 소신으로 힘들어도 버티려 노력했는데, 한 3주 정도 지나니 일이 어느 정도 익숙해지고, 배송물품의 처리 구조와 물류의 개략적인 흐름이 보이기 시작했습니다. … 제가 경험한 것은 택배나 물류업무의 작은 부분에 불과하지만, 그러한 경험이 업무를 보다 빨리 이해하고 보다 잘 적응하는데 보탬이 될 수 있을 것이라 생각합니다.

※나의 답변은?

---

❻ 데모에 참여하거나 시위를 해본 경험이 있습니까?

이 질문에 대한 답변은 몇 가지 점에서 신중할 필요가 있다. 우리 사회에서는 데모나 시위를 사회에 참여하는 하나의 방식으로 자연스럽게 이해하는 견해가 있는 반면, 기업체에서 노조를 결성해 참여하거나 불만을 드러내는 사람이 될 가능성이 많다고 보는 부정적인 견해가 모두 존재하는 것이 현실이다. 또한 그것이 정치 집회의 성격을 띨 경우, 이념이나 자신의 입장에 따라 호불호가 극명하게 갈리기도 하고, 치열한 논쟁이 수반되기도 한다.

면접에서 이런 질문을 하는 이유는 지원자의 성향과 가치관, 기본권에 대한 이해 및 표출 방식을 알기 위한 것이다. 지원자도 이러한 점을 유념할 필요가 있다. 따라서 답변 시 어느 한 입장을 지나치게 옹호하거나 또는 지나치게 부정적으로 보는 것은 모두 지양해야 한다. 그리고 참여한 경우에도 정치 집회보다는 논란의 소지가 적은 집회나 시위를 택하는 것이 좋다.

자신과 관련이 있고 해결이 필요한 문제나, 사회적 공감대가 형성된 문제에 대한 집회가 바람직하다. 그리고 그 수단과 방법도, 합법적이고 평화적인 수단을 통한 사회참여의 방향이 바람직하다는 것이다. 답변도 이러한 방식을 따르는 것이 가장 적절하다. 다만 한 가지 언급해 둘 것은, 기업에 따라 면접관에 따라 이러한 기준이 다를 수 있다는 것이다. 원천적으로 노조를 기피하거나 부정하는 기업은 더욱 그렇다.

GOOD

- 최근 사회적 관심이 많은 미투 운동과 관련된 캠페인에 참여한 적이 있다는 것은 좋은 답변이 될 수 있다. 다만, 평화적인 방식으로 합법적으로 진행하였음을 언급하는 것이 필요하다.
- 학내 재단의 부정이나 성폭력 피해가 발생하여 학내에서의 집회나 시위에 참여했다는 것도 괜찮은 답변이 될 수 있다.
- 데모나 시위에 참여한 적은 없으나, 특정 사건의 경우에 대해 그 필요성에 공감하기도 한다고 답변할 수 있다.
- 평화적으로 진행된 촛불시위에 참여한 적이 있다는 답변도 무난하다. 다만, 기업체나 면접관의 성향에 따라 달라질 수 있으므로 주의할 필요가 있다.

B
A
D

- 데모나 시위에 대해 부정적으로 말하는 것은 좋지 않다. 사회 정의 실현이나 문제의 해결을 위해 필요한 측면이 있으므로, 부정적으로만 보는 것은 적절하지 않다.
- 과격한 시위나 데모에 참여한 적이 있다는 답변은 피하는 것이 좋다.
- 의도가 옳다면 시위나 데모도 긍정한다고 말하는 것도 좋지 않다. 법과 사회질서의 테두리 내에서, 평화적으로 진행하는 것이 전제되어야 한다.

※나의 답변은?

....

....

....

....

....

7 학창시절에 한 일 중 가장 자랑스러웠던 일은 무엇입니까?

누구나 학창시절을 돌아보면 자랑스러운 일과 후회되는 일이 모두 한 가지씩은 있을 것이다. 이는 지원자가 생각하는 자신의 자랑스러운 일을 통해, 지원자의 가치관이나 목표는 무엇이며, 일에 대한 열정이나 도전의식은 얼마나 되는지를 알아보고자 하는 것이다.

학창시절은 여러 면에서 아주 소중한 시간이다. 그 시간을 얼마나 열심히 살았는가에 따라 인생의 방향이 결정되기도 한다. 좋은 직업을 얻기 위해 노력했을 수도 있고, 장래의 진로를 위한 발판을 다지고자 준비를 했을 수도 있다.

이러한 것 중 자신이 가장 뿌듯하게 생각하는 것 한 가지를 골라 이야기하면 된다. 그것이 자신을 위해서도 필요한 것이었고, 동시에 사회에 기여할 수 있는 일이었다면 더 의미가 있을 것이다. 봉사활동, 동아리 활동이나 학과의 활동, 필요한 자격증을 따기 위해 노력했던 일 등이 모두 대상이 될 수 있다. 그것이 어떤 의미를 지녔기에 자랑스러웠는지 면접관들이 이해하도록 설명할 수 있으면 된다.

학창시절의 일 중 가장 후회되는 일, 또는 창피했던 경험 등을 물어볼 수도 있으므로, 함께 준비해 두는 것이 필요하다.

GOOD
- 자원봉사활동, 어려운 이웃이나 장애인을 도운 일, 학과의 임원으로 활동한 일, 전공 공부를 열심히 했거나 관련 자격증을 취득한 일 등이 좋은 소재가 될 수 있다. 구체적인 사례로 설명할 수 있으면 된다.
- 자신이 자랑스럽게 생각한 이유를 덧붙이는 것이 필요하다.
- 반드시 거창한 일이어야 할 필요는 없으며, 그것을 통해 뿌듯함을 느낄 수 있는 일이라면 충분하다.

BAD
- 단순히 공부를 열심히 했다거나, 여러 활동을 하였다는 식으로 말하는 것은 좋은 답변이 되기 어렵다. 모두가 열심히 하는 것을 이야기하면 관심을 끌기 어렵다. 그보다는 내가 특별히 경험한 것을 구체적인 사례를 통해 설명하는 것이 좋다.
- 특별히 자랑스러운 경험이 없다고 하는 것은 좋지 않다. 바로 생각이 나지 않더라도, 개인적으로 의미가 있는 일을 찾아 전달하는 것이 좋다.
- 무난하게 학창시절을 보냈다라든가, 큰 문제없이 학교생활에 충실했다는 식으로 소극적으로 접근하는 것도 좋지 않다.

8 친하게 지내는 친구는 몇 명입니까?

친구는 많을 수도 있고 적을 수도 있지만, 이 질문에 말하는 '친하게 지내는 친구'를 기준으로 생각해 보면 대부분 그렇게 많지는 않을 것이다. 단순히 핸드폰에 저장해 두고 가끔씩 연락을 주고받는 사이라고 해서 친하다고는 볼 수 없다. 정말로 마음을 맞고, 가끔씩 고민을 나눌 수 있는 사이가 친한 친구에 해당될 수 있다. 일반적인 기준은 없지만, 통상 5~6명 정도가 적당한 것으로 알려져 있지만, 편차는 있으므로 숫자에 크게 집착할 필요는 없다.

면접관은 친하게 지내는 친구를 통해 그 사람의 전반적인 성향과 함께, 원만한 대인관계를 유지할 수 있는 성격인지를 알아보려고 할 것이다. 실제 회사생활을 하다 보면 이런저런 이유로 다양한 사람을 만나게 될 것이고, 그런 사람들과 성격이 맞든 아니든 원만한 관계를 유지하는 것이 필요하다. 따라서 친구관계를 통해 이를 파악해 부적격한 사람이 있다면 가려내려고 할 것이므로, 답변도 이에 맞춰 적절히 말하면 될 것이다.

일반적인 답변으로는 친한 친구가 몇 명이고, 그들과 어떤 관계를 유지하고 있으며, 어떤 점에서 친한 친구라 생각하는지 간략하게 설명하는 것이 좋다. 하지만 나에게 관심이 많은 친구보다는, 내가 배려하고 고민을 함께 나눠줄 수 있는 친구가 친한 친구로 더 적합할 수 있다. 이런 측면까지 고려해 답변하면 더 좋을 것이다. 그리고 유사한 질문으로, 제일 친한 친구는 누구이며 어떻게 친하게 되었는지를 물어볼 수도 있으므로, 함께 정리해두는 것이 좋겠다.

> **G O O D**
> - 실제 자신의 경험, 즉 자신이 실제 겪은 힘든 일을 통해 친하게 된 친구의 예를 드는 방식이 좋다.
> - 친한 친구란 어떤 사람이라 생각하는지 간략하게 덧붙이는 것도 괜찮다.
> - 친한 친구가 많지 않은 경우는, 성격상의 문제나 친구관계에 어려움이 있어 그런 것으로 비치지 않도록 주의한다.

> **B A D**
> - 특별히 친한 친구는 없다든가, 친한 친구가 아주 많다고 답하는 것은 모두 좋지 않다.
> - 친한 이유로 같이 재미있게 놀고, 술도 자주 마시고, 쇼핑도 같이 해서라고 답하지 않아야 한다. 이는 진정한 친구의 의미를 제대로 반영하지 않은 유아적 접근에 해당하다.
> - 친한 친구를 금방 사귄다고 말하는 것도 적절하지 않지만, 성격상 친구 사귀기가 어렵다고 하는 것도 모두 피해야 한다.

9 친구들은 당신을 어떻게 평가합니까?
친구들은 당신을 어떤 사람으로 생각합니까?

이 질문은 친구를 통해 지원자의 성격이나 인간성 등을 평가하기 위해 제시하는 질문이다. 이러한 질문도 딱히 정해진 답이 있는 것이 아니므로, 면접관의 관심을 끌만한 재미있는 답변을 하는 것이 도움이 될 수 있다. 그리고 답변 시 자신의 표정이나 태도에 대해서도 주의할 필요가 있다. 친구가 자신을 재미있는 친구라고 말하면서, 본인의 표정이 계속 딱딱하게 굳어 있다면, 과연 면접관이 공감할 수 있을까? 따라서 면접 시간 내내 진지한 표정을 유지한다 하더라도, 재미있는 장면에서는 조금 표정을 풀고 가볍게 웃는 것도 필요하다.

친구의 이야기 중 자신에게 유익한 내용을 말하는 것이 좋지만, 지나치게 자신을 포장하거나 띄우는 것은 자제해야 한다. 그리고 친구의 평가가 자신의 어떤 면을 두고 하는 것인지 실례를 드는 것이 좋다. 전반적으로는 재미있고 다소 편하게 접근해도 좋은 질문이라 할 수 있다.

GOOD
- 친구가 자신에 대해 좋은 쪽으로 평가하는 내용이 좋다. 재미있는 내용도 좋고, 자신의 성실함을 반영할 수 있는 내용도 좋다.
- 친구의 평가를 뒷받침하는 설명 또는 실제 사례를 들어야 한다.
- 나의 장점을 직접적으로 드러내는 평가보다는, 친구들의 평가 중 은연중에 드러내거나, 간접적으로 유추할 수 있는 내용이면 더 자연스러울 것이다.

BAD
- 자신의 좋은 점을 직접 드러내는 표현은 자제한다.
- 과장하거나 포장하지 않도록 한다.
- 자신의 장점에 대한 평가가 오히려 일방적이거나 독선적인 사람으로 비칠 수 있다는 점에도 유의한다.

BEST
학과 친구들은 저를 마당쇠 같은 친구라고 합니다. 친구들은 제가 이것저것 도와주기고 하고 귀찮은 일도 잘 해주는 편이라서 그렇다고 하는데, 제 생각엔 아마도 친구관계를 중시해 함께 어울리기 좋아하는 활동적인 성격 때문이라 생각합니다.

⑩ 친구 또는 대인관계에서 가장 중요하게 생각하는 것은 무엇입니까?

　이는 단순히 친구관계나 대인관계를 묻는 질문이라기보다는, 얼마나 관계가 원만하며, 그로 인해 사회생활이나 조직생활에 얼마나 잘 적응할 수 있느냐를 묻는 것이라 할 수 있다. 실제로 직장생활에서의 대인관계는 아주 중요한 요소로서, 직장생활의 성패와도 상당히 밀접한 관련이 있다.

　친구관계에서 가장 중요한 요소는 여러 가지가 있을 수 있는데, 주로 언급되는 것으로는 '신뢰', '상대에 대한 이해', '양보', '배려', '공감', '솔직함', '진실성' 등이 있다. 자신이 생각하는 중요한 것을 한 가지 들고, 그것이 왜 중요한지를 설명하면 될 것이다.

GOOD
- 가장 중요하다고 생각하는 요소를 한 가지 들고, 자신도 그러한 생활 태도를 갖기 위해 노력하고 있다는 설명을 덧붙이면 좋다.
- 가장 중요하다고 생각하는 이유가 적절해야 한다.

BAD
- 일반적 시각으로 이해하기 어려운 요소는 적절하지 않다. 그 이유를 면접관들이 납득하기 어렵기 때문이다.
- 상대에 대한 무조건적인 이해나 양보, 맹목적인 믿음이나 신뢰 등은 모두 적절한 요소로 보기 어렵다. 대인관계라는 것은 결국 상호작용을 전제로 하는 것이다.
- 물질적인 혜택이나 보상, 자신에 대한 어떤 도움이나 기여 등도 적합한 요소는 아니다. 물질적인 측면보다 사람의 마음을 사로잡을 수 있는 요소를 찾는 것이 좋다.

BEST
- 저는 신뢰라고 생각합니다. 내가 그 친구를 믿을 수 있고, 그 친구로 하여금 나를 믿을 수 있도록 해주는 것은 결국 서로에게 해 줄 수 있는 가장 큰 친분의 표시라 생각합니다. …
- 저는 상대에 대한 배려를 가장 중요하게 생각합니다. 인간관계에서의 갈등은 대부분 서로에게 양보하지 않고, 자기가 더 잘되려고 하는 욕심에서 생긴다고 생각합니다. 따라서 이러한 갈등을 예방하기 위해서는 상대를 먼저 배려하는 자세가 꼭 필요하다고 생각합니다. …

마음이 안 맞는 친구와 조별 발표를 같이 한 적 있습니까?
갈등이 있는 동료와 같은 팀이 되어 활동한 적이 있습니까?

학교에서건 사회생활에서건 항상 마음이 맞지 않는 동료들은 있기 마련이다. 그러한 동료 간에는 갈등이 발생하기 쉽고, 이러한 갈등은 서로에게 긍정적으로 작용하기보다는 그 반대인 경우가 더 많다. 이러한 갈등이 사회적으로 만연한 경우, 사회적 갈등을 치유하는 데는 그만큼 많은 시간과 큰 비용이 든다. 이러한 갈등이 국가적인 경쟁력 저하 요인으로 작용할 수 있다는 것이다.

조직에서도 마찬가지이다. 마음이 맞지 않아 갈등을 일으키는 동료 간의 갈등을 예방하고, 어떻게 대처하느냐가 주요한 과제의 하나가 되고 있다. 따라서 면접관들도 이러한 질문에 관심을 기울일 수밖에 없다.

이 질문에 대한 답변도 이러한 과제의 해결과 관련이 있어야 한다. 갈등이 없도록 하는 것이 가장 좋겠지만, 갈등이 있는 동료와 함께 일을 진행하게 되었다면 과제나 업무의 진행에 있어서는 사적인 관계를 최대한 억누르고 진행해야 한다. 공과 사를 구분하라는 것이다. 만일 갈등이 일을 두고 발생한 것이라면, 상호 협의를 통해 절충해 나가는 것이 좋다. 그리고 이러한 자세로 일을 함께 진행하다 보면 갈등 해결의 단초가 발생할 수도 있으므로, 그 동료와의 관계도 개선될 수 있다. 답변도 이런 방식으로 하면 좋을 것이다.

GOOD
- 실제 갈등이 있었던 사례를 중심으로 하여, 어떻게 발표를 진행했는지를 설명해야 한다.
- 갈등이 있는 친구와 함께 조별 발표를 진행함에 있어, 사적인 감정보다 공적인 발표에 집중하여 좋은 결과를 이루었다고 하는 접근방식이 가장 적절하다.
- 어떤 일을 추진함에 있어 일과 관련하여 갈등이 촉발되었다면, 서로의 의견을 인정하고 조금씩 양보함으로써 합의점을 찾을 수 있었다고 하는 것이 좋다.

BAD
- 마음이 안 맞은 친구와는 되도록이면 접촉을 피한다고 하는 것을 적절하지 않다.
- 발표 과제를 해결하기 위해 전적으로 양보하거나, 상대의 의견을 무시하는 방법을 사용했다는 것도 좋지 않다.
- 일을 분담하여 맡은 부분을 각자 처리한 후, 이를 합쳐 발표한다는 식으로 말하는 것도 좋지 않다. 갈등 있는 사람과 공통 과제를 어떻게 같이 처리하는지를 알기 위한 질문이라는 점에 유의한다.

12 졸업 이후 공백 기간 동안 무엇을 했습니까?

기졸업자를 대상으로 한 질문이다. 이와 관련하여 졸업자는 취업에 불리하고 재학생이 상대적으로 유리하다는 편견이 있는데, 이는 그야말로 잘못된 편견이다. 실제 재학생보다 졸업생이 불리하다는 객관적 자료는 없다. 문제는 졸업 후 무엇을 했느냐 하는 것이다.

이 질문을 받은 경우, 졸업 후 공백 기간 동안 어떤 일을 했으며, 그것을 통해 무엇을 배웠는지를 설명해야 한다. 물론 취업 준비를 위한 어학공부나 자격증 취득을 위해 공부했다는 내용도 괜찮다. 하지만 그런 경우 기간이 길지 않아야 하며, 일정 수준의 성과가 수반되는 것이 좋다. 큰 부담은 갖거나 위축되지 말고, 관련 사실을 자신감 있게 말하면 된다.

GOOD

- 졸업 후 공백 기간 동안 쌓은 경험이나 공부한 것을 중심으로 솔직하고 자신 있게 말한다. 그 기간을 그냥 허비하지 않았다면 위축될 필요가 없다.
- 그러한 경험을 통해 무엇을 배웠는지를 구체적으로 덧붙이는 것이 좋다.
- 경험이나 학업, 취득한 자격증 등이 지원 분야에 활용되거나 도움이 될 수 있다면, 그 부분은 꼭 설명해야 한다.

BAD

- 특별히 경험한 것이 없다고 말하는 것은 가장 좋지 않다.
- 몸이 아파서 그냥 쉬었다고 하거나, 해외 어학연수를 다녀왔다고 하는 것도 좋지 않다. 건강상의 문제가 있는 경우 면접관들이 부정적으로 보기 쉬우며, 어학연수의 경우도 졸업 후 시간을 따로 투자할 만큼 특별한 경험에 해당되지 않는다.
- 돈 벌기 위해 아무 직장이나 다녔다고 해서는 안 된다. 생계를 위해 직장을 다닌 경우, 무슨 일을 했고 무엇을 배웠는지를 설명하는 것이 좋다. 그것이 지원 분야에 도움이 될 수 있다면 더욱 유리할 것이다.

BEST

졸업 후 4개월 정도 화장품 회사에서 재고 관리 및 온라인 쇼핑몰 운영·관리 업무를 경험했습니다. 계약직이었으며, 구체적 업무는 온라인 쇼핑몰의 행사를 기획·진행하기 위한 업무를 전반적으로 보조하고, 재고 물품을 관리하는 업무와 쇼핑몰의 운영·관리 업무도 수행하였습니다. 온라인 쇼핑몰에 대한 전반적인 운영과 관리업무를 경험할 수 있었고, 재고 물품에 대한 관리 및 처리 절차에 대해서도 배울 수 있었습니다. …

13 살면서 가장 화가 났던 순간은 언제입니까?

이는 화가 났던 순간을 어떻게 대처하고 극복했으며, 스트레스 순간을 어떻게 관리하는지를 알아보기 위한 질문이라 볼 수 있다. 누구나 다 화가 날 때가 있다. 다만 화가 날만한 상황인가를 곰곰이 따져 봐야 한다. 나는 화가 폭발했었는데, 면접관이 수긍하기 어렵다면 좋은 답변이 될 수 없다.

따라서 이 질문에 대한 답변에서 우선해야 할 것은, 면접관도 공감할 만한 순간을 찾아 답하는 것이다. 어떤 것이 적절할까? 개인마다 답은 다를 것이다. 이 질문은 다른 때가 아닌 면접 상황에서 받은 것이므로, 무엇보다 면접관이 가장 공감할 만한 순간을 찾아야 한다.

여기서 제시할 수 있는 순간은 크게 두 가지이다. 하나는, 자신이 어떤 일이나 목표를 달성하기 위해 노력하는데 다른 사람 또는 다른 일로 인해 그것을 달성하지 못한 경우이다. 다른 하나는, 자신의 잘못이나 노력의 부족으로 계획한 일이나 목표를 달성하지 못한 경우이다.

둘 중 어떤 것이 더 적합한지는 사실 알 수 없다. 그리고 각각의 상황에서도 개인에 따라 무수히 많은 사례가 있을 수 있다. 따라서 지원자는 자신이 경험한 일 중에서 가장 화가 났던 순간을 하나 들고, 그것을 어떻게 극복했으며, 그 경험을 통해 무엇을 배웠는지를 덧붙여 설명하면 좋은 답변이 될 것이다.

G O O D

- 위에 제시된 두 가지 순간 중에 자신이 직접 경험한 것을 하나 들어 말하고, 그 순간을 어떻게 대처하고 극복했는지를 설명한다.
- 그러한 경험을 통해 무엇을 배웠는지 덧붙이는 것이 좋다. 그리고 그것은 화가 났던 그 경험을 통해 배운 것이어야 한다.
- 자신에게 화가 났던 경험을 말한 경우는, 그것을 반성하고 앞으로 어떻게 하는 것이 좋을 것인지 설명하는 것이 좋다.

B A D

- 면접관이 공감하지 못할 순간을 예로 드는 것은 피해야 한다.
- 남이 자기에게 잘하지 못해서 화가 났다고 하거나, 그 상황이 운이 좋지 않아서 화가 났다고 말하는 것도 모두 적절하지 않다.
- 화가 났던 순간을 극복하기 위해 노력하기보다, 그런 상황을 회피하려는 방식으로 해결하는 것은 좋지 않다.

14 창의력을 발휘해 본 경험이 있습니까?

　창의력은 기업의 혁신과 문제점 개선에 기여하는 효율성 높은 수단의 하나가 된다는 점에서, 많은 기업에서 관심을 가질 수 있는 요소이다. 일반적으로 창의력이라 하면, 지금까지 없던 새롭고 기발한 것을 만들어내는 능력, 또는 기존의 것이나 방식을 변형하거나 개선하는 좋은 아이디어를 제시하는 것을 말한다.

　그러면 이런 질문을 받게 되는 경우 어떻게 접근해야 할까? 우선 너무 거창한 것에 치중해서는 안 될 것이다. 그것은 창의력보다는 노력이나 역량의 결과물이 될 가능성이 높다. 사소하지만 기발한 아이디어로 문제의 개선이나 해결, 효율성의 향상 등을 가져올 수 있는 사례가 있다면, 좋은 답변의 소재가 될 수 있다. 그런 사례를 찾아 제시하고, 어떤 효과가 있었는지 설명하면 된다. 이 질문의 답도 아주 다양할 수 있으므로, 제시된 내용을 토대로 자신 있게 답할 수 있도록 하자.

GOOD
- 창의적인 새로운 것을 만들어 도움이 되었던 사례도 좋지만, 기존의 수단이나 방식, 문제점 등을 개선하는 기발한 아이디어의 제시도 좋은 사례가 될 수 있다.
- 창의력을 발휘한 사례를 통해 어떠한 효과나 개선이 있었는지를 덧붙여 설명하는 것이 좋다.
- 창의력을 발휘한 사례를 설명하는 방식보다는 하나의 이야기로 구성해 재미있게 말하는 방식이 더 좋다. 면접관은 이러한 방식을 보다 자연스럽고 흥미롭게 받아들인다.

BAD
- 창의력을 자기 생각을 기준으로 판단해서는 안 된다. 실제 사례에서 창의적인 것으로 인정되었거나, 일반적 시각에서 창의적이라고 인정되는 것이어야 한다.
- 남들이 칭찬한 것을 중심으로 말하는 것은 좋지 않다. 칭찬받는 것과 창의적인 것은 구분된다.
- 창의력을 거창한 일에서만 찾으려고 하는 것은 좋지 않다. 면접관은 이러한 것을 알고자 질문한 것이 아니다.
- 창의력을 발휘한 사례만 들고, 구체적인 효과를 설명하지 않는 것은 좋지 않다.

- 저는 일상적 생활 속에서 기발한 아이디어를 발휘한 경험이 종종 있습니다. 욕실에서 사용하는 비누가 자꾸 눌어붙어 사용하기 불편해 비누곽에 고무줄을 감아 사용하였는데, 가족들이 모두 편하고 좋은 아이디어라 칭찬한 적이 있습니다. 다른 한 가지는, 자주 주문하는 피자에 있는 고정핀('피자와 박스의 공간을 확보하여 피자가 눌리지 않도록 하는 핀')을 그냥 버리지 않고, 스마트폰 거치대로 활용해 친구들로부터 재미있고 기발하다는 얘기를 들은 적이 있습니다.

- 고등학교 졸업 전 겨울 방학에 집 근처에 있는 한 유명 메이커 대리점에서 아르바이트를 한 적이 있습니다. 진열대에 상품을 진열하는 방식이 운동화는 운동화 코너에 모두 진열하고, 운동복은 운동복끼리 모아서 진열하는 식으로 운영하고 있습니다. 물론 각 코너마다 인기 상품과 신규 상품, 저가 상품 순으로 잘 진열되어 있었지만, 저는 뭔가 부족하다는 느낌이 들었습니다. 그래서 저는 인기 상품의 한 코너에 신규 운동화와 운동복 등을 모두 착용한 마네킹을 두면, 개별 상품을 하나씩 착용해 보는 불편도 줄일 수 있고, 일괄적 구매도 늘어날 것이라는 건의를 했습니다. 제 아이디어가 받아들여져 시행되었는데, 실제 구성된 모자와 운동복, 운동화의 개별 상품 판매가 증가하였고, 전체 상품을 일괄 구매하는 고객도 꽤 있었습니다. 그 덕분에 사장님과 직원들로부터 좋은 아이디어라는 칭찬도 들었습니다.

❋나의 답변은?

....

....

....

....

....

15 가장 하기 싫은 일을 했던 경험은 무엇입니까?
모두가 싫어하는 일을 했던 경험은 무엇입니까?

이는 앞으로 회사생활에서 처하게 될 어려운 일, 힘든 일을 가정해 묻는 질문이다. 그러한 일을 어떠한 자세로, 어떻게 잘 수행할 수 있을지에 대해서는 회사나 면접관이나 관심을 가질 수밖에 없다.

이 질문에 대한 답변도 개인마다 아주 다양할 수밖에 없다. 특정 사례를 짚어 설명하기도 어렵다. 아래서 설명하는 몇 가지 원칙을 중심으로 자신의 실제 경험(사례)을 토대로 말하고, 그러한 경험에서 배웠던 점이나 느낀 점, 깨달은 점 등이 있으면 덧붙여 말하면 좋은 답변이 될 수 있을 것이다.

일반적으로는 학창시절의 수업이나 학업의 과정, 봉사활동, 동아리나 학과의 활동, 아르바이트 등에서 하기 싫었던 경험을 말하고, 어떤 점이 특히 싫었고 그것을 어떻게 극복했으며, 그 경험을 통해 얻든 긍정적인 점은 무엇인지를 설명하는 것이 가장 무난하다.

GOOD

- 듣기 싫은 전공과목이나 공부하기 싫었던 과목을 예로 들고, 그 경험을 통해 무엇을 배웠는지를 설명한다.
- 봉사활동이나 아르바이트 경험 중 모두가 곤란해했던 일이나, 동아리 활동 중 하기 싫었던 경험을 이야기하는 것도 좋다.
- 그러한 경험을 어떠한 과정이나 노력을 통해 극복했고, 그것을 통해 얻은 긍정적인 측면은 무엇이었는지 설명한다. 또한, 그러한 극복의 경험이 회사의 업무에 활용되거나 기여할 수 있다는 설명으로 연결된다면, 더 좋은 답변이 될 것이다.

BAD

- '하기 싫은 일은 하지 않는 것이 효율적이라 생각한다' 또는 '되도록이면 피하는 편이다'라는 식으로 말하지 않아야 한다. 회사생활에서는 하기 싫어도 할 수밖에 없는 것이 비일비재하다. 또한, 면접관들도 그것을 어떻게 해 나갈 것인지에 대한 지원자의 기본적 자세나 각오를 물어본 것이다.
- '하기 싫은 일'에 대해 면접관들이 공감할 수 있어야 한다. 지원자가 당연히 해야 할 일을 하기 싫다고 하거나, 의미 있는 일 또는 중요한 일을 하기 싫다고 하는 것은 모두 공감을 얻을 수 없다.
- '하기 싫었던 일이지만 해야 하기 때문에 했다'라고 말하지 않아야 한다. 해야 하는 이유가 무엇이며, 어떻게 수행했는지에 대한 간략한 설명이 있어야 한다는 말이다.

- 재수를 한 이유는 무엇입니까?

- 재학 중 휴학을 했는데, 이유가 무엇입니까?

- 봉사활동의 경험은 무엇이고, 가장 인상적이었던 점은 무엇입니까?

- 학창시절 가장 몰입했던 것은 무엇입니까?

- 지금의 자신에게, 공부 외에 가장 큰 영향을 미친 것은 무엇입니까?

- 대학생활에서 가장 중요하게 생각했던 것은 무엇입니까?

- 대학시절 밤을 새워본 적이 있습니까? 무슨 일 때문이었습니까?

- 고민이 있을 때 상담하는 친구는 있습니까?

- 친구들과 있을 때 자신의 역할은 주로 무엇입니까?

- 좋아하는 친구 유형을 말해보십시오. / 싫어하는 친구 유형을 말해보십시오.

- 남들이 어렵다고 했던 목표를 달성한 적이 있습니까?

- 열정적으로 도전했던 경험을 말해보십시오.

- 살면서 가장 슬펐던 순간은 언제입니까? / 가장 기뻤던 순간은 언제입니까?

- 다른 사람으로부터 모욕을 당한 적이 있습니까? 그때 어떻게 했습니까?

- 자신이 한 일 중 가장 잘한 일은 무엇입니까? / 가장 못한 일은 무엇입니까?

- 취업을 제외하고, 지금 가장 해보고 싶은 일은 무엇입니까?

- 조직을 위해 희생해 본 경험이 있습니까?

- 조직의 리더로서 활동해 본 경험이 있습니까?

04 생활신조 및 좌우명, 가치관, 장래 포부에 관한 질문

1 자신의 생활신조나 좌우명이 있습니까?

생활신조나 좌우명에 대한 질문은 과거의 면접에서 종종 제시되었던 질문 유형이다. 최근에는 자주 물어보는 질문은 아니나, 이를 통해 그 사람의 가치관이나 마음가짐, 생활태도 등을 파악해 보기 위해 가끔씩 제시되고 있다.

생활신조나 좌우명을 물어보는 경우, 지원자들 중에는 간혹 뭔가 그럴듯한 문구 또는 잘 알려진 거창한 말을 떠올리는 사람이 있다. 하지만 사실 그럴 필요가 전혀 없다. 오히려 그럴듯한 문구나 흔히 알려진 것을 말하면 식상해하는 경우가 많다.

그럼 어떠한 문구나 표현이 좋을까? 많은 인생 선배들은, 힘들고 어려운 일이 닥쳐도 자신을 다잡을 수 있고 힘과 용기를 줄 수 있는 표현이 좋다고 한다. 아마 면접관도 크게 다르지 않을 것이다. 다만 앞에서 언급했다시피, 뭔가 거창한 표현이나 잘 알려진 문구보다 그냥 자신이 좋다고 느끼는 것을 솔직하게 말하는 것이 좋다. 그리고 그 생활신조나 좌우명이 어떤 때에 가장 힘이 되었는지 덧붙일 수 있다면, 좋은 답변이 될 것이다.

GOOD

- 거창한 표현이나 유명한 문구보다, 자신에게 힘이 되었거나 용기를 주었던 문구를 생각해 말하면 된다.
- 자신의 생활신조나 좌우명이 자신에게 어떻게 도움이 되고 있는가를 덧붙이면 더 좋다.
- 그냥 좋은 말보다는 자신에게 실제로 유용한 것이 좋다. 진정성이 있어야 상대에게 더 잘 전달된다는 것을 명심하자.

- 너무 유명한 문구나 너무 흔한 문구는 모두 적절하지 않다.
- 문구가 너무 길거나, 내용이 많으면 좋지 않다. 간명할수록 임팩트가 있다.
- 지나치게 어려운 용어가 포함된 문구도 좋지 않다. 의미를 알기 어려워 설명을 요하는 경우가 많다.
- 생활신조나 좌우명에 대해 너무 길게 설명하지 않는다. 보통은 그것을 듣고 바로 의미를 파악할 수 있는 경우가 대부분이다.
- 자신의 현실과 거리가 먼 것은 선택하지 않는 것이 좋다. 그야말로 현실성이 떨어지는 표현이 되기 쉽다.

- 저의 생활신조는 "남들처럼 해서는 남 이상이 될 수 없다."입니다. …
- 저의 좌우명은 "긍정적 생각, 적극적 행동"입니다. …
- 저는 "언제나 처음처럼"을 신조로 삼고 있습니다. …
- 저는 '한 번 웃으면 한 번 젊어진다'는 의미를 담고 있는 "일소일소(一笑一少)"를 좌우명으로 하고 있습니다. …

※나의 답변은?

....

....

....

....

....

❷ 인생에서 가장 가치 있다고 생각하는 것은 무엇입니까?

사람의 인생에서 가치 있는 것은 아주 많다. 그만큼 이 질문에 대한 답도 다양할 수밖에 없다. 행복, 사랑, 꿈, 자아실현, 성공, 양심, 배려 등등이 될 수 있다. 그러나 이러한 모범적 답은 면접관의 관심을 끌고 그들을 집중시키기가 어려운 것이 사실이다. 그럼 이 질문에 대한 답변 중, 면접관들의 관심을 끌 만한 것에는 어떤 것이 있을까?

면접관들을 관심을 끌고 집중시킬 수 있는 것은, 아마도 면접관들의 일반적 예상과는 다른 독특한 것, 면접관들의 편견을 깨는 의외의 것에 있을 가능성이 크다. 따라서 이 질문에 대한 답변도, 이러한 것들 중 자신이 가치 있게 느끼는 것을 말하는 것이 가장 좋다. 그리고 다음으로는, 그것(가치 있는 것)을 실현하기 위해 어떻게 했으며, 그것으로부터 무엇을 배웠는지를 덧붙여 설명하면 이상적 답변이 될 수 있을 것이다.

GOOD
- 자신이 가치 있다고 생각하는 것 중, 면접관들의 관심을 끌만한 독특한 것을 찾아 말한다.
- 면접관들이 편견을 깨는 의외의 것을 골라 그것의 가치를 설명하는 것도 좋다.
- 잘 알려진 일반적인 가치라도 그것이 자신에게 특별한 의미가 있다면 괜찮다. 이 경우 그 의미를 잘 설명해야 한다.
- 어떤 의미에서 자신에게 가치가 있으며, 그것으로부터 무엇을 얻고 배웠는지를 설명한다.

BAD
- 누구나 예상할 수 있는 것은 가치 있는 예로 좋지 않다.
- 가치 있는 것으로 생각하는 이유가 너무 뻔한 것이어서는 안 된다. 그런 답변은 면접관들의 관심을 끌지 못할 것이다.
- 자신의 삶과 관련이 없거나, 별다른 영향을 미치지 않는 것을 예로 들어서는 안 된다. 그런 것은 면접관도 공감하기 어렵다.
- 가치 있는 이유나 그것이 미친 영향 등을 빠뜨려서는 안 된다.

❸ 좋아하는 일과 잘하는 일 중 어떤 일을 하고 싶습니까?

    이는 어떤 일이 답변으로 더 적절하다는 것을 포함하는 질문은 아니다. 면접관의 경우도 이를 통해 지원자의 가치관이나 성향과 관련하여, 어떤 우열을 판단하려는 목적으로 질문한 것이 아니다. 따라서 지원자는 자신의 판단에 따라 어떤 일을 선택하여 말하고, 그 이유를 자신의 논리에 따라 명확하게 설명할 수 있으면 된다.

    좋아하는 일을 선택한 경우는, 지원한 분야를 좋아한다거나 좋아할 만한 요소가 많다는 방향으로 설명하는 것이 좋을 것이고, 잘하는 일을 선택한 경우는, 어떤 이유에서 잘할 수 있는지를 설명하는 것이 좋을 것이다. 어떤 경우이든 긍정적인 방향으로 연결해 설명할 수 있어야 좋은 답변이 될 수 있다.

G O O D

- 자신의 가치관에 따라 한 가지 일을 선택해, 그 이유를 논리적으로 설명하는 된다.
- 하고 싶은 일이 어떤 것이든, 지원한 직무 분야와 긍정적으로 연결될 수 있다는 것을 보여주는 것이 중요하다. 결국 면접관이 궁극적으로 알고 싶은 것은 이 부분이다.

B A D

- 일에 따라 다르다고 답하거나, 둘 다 하고 싶다고 답하지 않도록 한다.
- 좋아하는 일을 선택하면서, 그 이유로 그것이 즐겁고 스트레스를 덜 받기 때문이라고 답하는 것은 좋지 않다. 잘하는 일을 선택하는 경우도, 그 이유를 성과나 보상과 직접 연결하는 것은 좋지 않다.
- 하고 싶은 일을 선택한 이유만 설명하고, 직무와의 관련성으로 연결하지 않으면 좋은 답변이 되기 어렵다.

B E S T

    저는 잘하는 일을 하고 싶습니다. 사실 지금까지는 좋아하는 일을 하며 살았다고 할 수 있습니다. 전공도 제가 좋아하는 분야를 택했고, 대학생활 동안의 활동도 제가 좋아하는 일을 주로 했습니다. 그런데 이 과정을 통해 제가 잘할 수 있는 일을 발견했습니다. 저는 사람들의 취향과 트렌드 흐름을 빨리 파악하는 장점이 있습니다. 따라서 잘할 수 있는 분야로 광고홍보 분야를 찾게 되었고, 소비자 심리나 광고 전략과 기법 등에 필요한 공부를 열심히 했으며, 작년 겨울부터는 관련 회사에서 인턴으로 경험을 쌓기도 했습니다. …

4 자신의 가치관이 현실 문제와 상충된다면 어떻게 하겠습니까?

이는 살아가는 동안 자주 겪게 되는 문제이다. 하지만 정답이 따로 정해져 있는 것은 아니므로, 답변하기도 쉽지 않다. 면접관도 이러한 점을 잘 알고 있다. 그럼에도 이런 질문을 던지는 이유는 무엇일까? 그것은 결국 지원자도 조직의 구성원으로 근무하면서 종종 이러한 상황에 처할 수밖에 없는 것이 현실이므로, 그러한 상황에서 지원자는 어떻게 해결해 나갈지를 평가할 필요가 있기 때문이다.

기업의 입장에서 보자면, 현실의 문제는 결코 무시할 수 없는 요소이다. 지원자가 어떠한 자리에 있어도 마찬가지이다. 따라서 답변도 결국 현실의 문제를 고려하는 방향으로 말하는 것이 좋다.

다만, 이것이 자신의 가치관을 완전히 배제하라는 말은 아니다. 현실의 문제가 개선의 여지가 있는 경우는, 가치관이 하나의 기준이 될 수 있다. 그리고 자신의 가치관이 회사를 위해서도 올바른 방향이 된다면, 눈앞에 닥친 상황은 현실적 문제를 고려해 처리하고, 장기적 측면에서는 가치관에 따른 방향을 추구해야 한다. 답변도 이런 방식으로 하는 것이 좋을 것이다.

GOOD
- 현실의 문제를 중심으로 문제를 해결해 나가되, 자신의 가치관이 올바른 방향이라면 장기적으로는 그런 방향으로 개선해 나간다고 말한다.
- 현실의 문제를 고려하더라도 그것이 개선할 점이 있다면, 개선하기 위해 노력할 것이라는 자세가 필요하다. 그리고 개선 시 가치관에 따른 판단이 하나의 기준이 될 수 있다.
- 가치관과 현실 문제의 상충을, 회사에서의 상황에서 설명할 수 있다면 좋은 답안이 될 수 있다.

BAD
- 가치관을 우선 고려한다는 자세는 바람직하지 않다.
- 현실의 문제를 고려해 문제를 해결하는 것이 중요하므로, 가치관은 고려하지 않는다는 자세도 좋지 않다. 현실의 문제가 개선점의 여지가 있는 경우 또는 가치관에 따른 방향이 올바른 경우는, 장기적 측면에서 가치관을 고려하는 것이 필요하다.
- 상충되는 상황에 접근함에 있어, 기업의 입장을 고려하지 않는 자세는 옳지 않다. 면접관들은 기업의 구성원으로서 어떻게 할 것인지를 궁금해하는 것이다.

저는 현실의 문제를 중심으로 주어진 문제를 해결하는 것이 우선이라 생각합니다. 다만 그 현실의 문제에 개선할 점이 있고 그것을 저의 가치관에 따라 판단할 수 있다면, 장기적으로 그런 방향으로 개선해 나가도록 노력하겠습니다. 예를 들어 제가 구매팀의 담당자로서 A와 B의 물품 중 하나를 구매해야 하는 상황이라고 가정해 보겠습니다. A물품은 품질은 좋으나 예산 범위를 초과하고, B물품은 품질은 떨어지나 예산 범위 내에서 구매할 수 있는 경우, 저의 가치관에 따른다면 우수한 품질의 제품을 구매하는 것이 옳다고 생각하지만, 현실적으로는 가능한 예산 범위 내에서 B물품을 구매하는 것이 보다 적절하다고 생각합니다. 다만, 장기적으로는 품질이 좋지 않은 제품은 회사에 부정적 영향을 미칠 가능성이 크므로, 예산을 확대하여 품질이 우수한 A물품을 구매하는 방향으로 추진하도록 노력하겠습니다.

※나의 답변은?

**5 자신의 인생에 큰 영향을 미친 사람이나 일이 있었습니까?
자신의 인생에서 큰 변화의 계기가 된 사람이나 일이 있었습니까?**

인생을 살면서 누구나 한 번쯤은 어떤 위대한 사람의 업적이나 노력 등에 감동하여, 그것을 계기로 자신의 인생행로를 결정하거나 인생의 방향을 바꾸기도 한다. 스티븐 호킹을 보며 물리학자를 꿈꾸기도 하고, 김연아 선수의 공연을 보고 스케이트 선수가 되겠다고 결심하기도 하며, 자신을 삶을 바쳐 불치병 환자를 돌보는 봉사자의 삶에서 큰 감동을 받기도 한다.

따라서 이러한 질문을 받은 경우, 자신이 큰 영향을 받은 실제 인물이나 그 사람의 업적을 들고, 그것이 어떤 측면에서 자신에게 큰 영향을 미칠 수 있었는지를 설명하면 된다. 여기에, 자신도 그러한 노력과 업적, 헌신하고 희생하는 삶의 자세 등을 본받기 위해 노력하고 있다는 것을 덧붙인다면 좋은 답변이 될 것이다.

비슷한 질문 유형으로 인생의 멘토를 물어볼 수 있다. 멘토는 자신의 인생 방향과 가치관 결정에 영향을 준 인물을 말한다. 유명한 인물만이 멘토가 될 수 있는 것은 아니다. 살면서 알게 된 사람이나 가까운 이웃, 가족이 될 수도 있다. 그 사람의 어떤 삶의 모습에서 감동을 받았고, 자신도 그렇게 살기 위해 노력하고 있다는 것을 말하면 된다.

GOOD

- 자신의 인생에 큰 영향을 준 어떠한 분야의 인물 또는 그 업적과 노력 등을 찾아 말하면 된다.
- 훌륭한 성과를 낸 과학자나 운동선수, 멋진 공연을 한 음악가나 가수, 좋은 작품을 남긴 화가나 예술가, 세계 평화에 기여한 정치인이나 사회운동가 등이 모두 대상이 될 수 있다.
- 그것(또는 그 사람)이 어떠한 면에서 자신의 인생에 큰 영향을 미칠 정도로 감동적이었는지 설명하고, 그러한 모습을 본받기 위해 어떻게 노력하고 있는지 덧붙인다면 좋은 답변이 될 것이다.

BAD

- 공감하기 어려운 사람이나 성과를 제시하여서는 곤란하다. 모두의 인생에 영향을 미칠 수 있을 만큼 공감할 수 있는 것이어야 한다.
- 자신의 노력이나 자신이 달성한 어떤 성과를 사례로 들어서는 안 된다.
- 평가가 엇갈리는 사람 또는 업적을 예로 드는 것도 적절하지 않다.
- 영향을 미친 사람이나 일만 제시해서는 안 된다. 영향을 미친 이유나 그로부터 받은 영향의 긍정적 내용을 덧붙이는 것이 좋다.

❻ 면접을 본 지원자와 본인 중 누가 채용되어야 한다고 생각합니까?

자신의 바람과 실제 답변이 다를 수 있는 다소 재미있는 질문이다. 물론 지원자 본인이 채용되는 것이 좋겠다고 생각하겠지만, 그렇게 답변하는 것이 솔직해서 좋다고 평가될지 생각해 볼 필요가 있다.

면접은 엄연한 경쟁의 상황이다. 따라서 자신의 장점을 부각하고, 다른 사람보다 답변도 잘해야 한다. 하지만, 기본적으로 상대방을 존중하고 그들은 배려하는 자세도 꼭 필요하다. 그것은 다른 사람의 장점도 인정해줘야 한다는 것을 포함한다. 내가 뽑히고 싶다고 해서 다른 사람의 장점을 부정하는 태도는 옳지 않은 것이다.

따라서 답변도 이러한 태도에서 출발하는 것이 좋다. 모두가 각자의 장점을 지니고 있기에 누가 채용이 되어야 한다고 단정적으로 말하기 어렵다고 밝히는 것이 필요하다. 그리고 자신의 장점을 자연스럽게 표현하는 과정이 있어야 한다. 이 부분을 자연스럽게 하는 것이 좋은 답변 여부를 결정할 것이다.

GOOD
- 지원자가 모두 각자의 장점을 지니므로 단정적으로 말하기 어렵다고 전제한 후, 자신은 어떤 장점이 있는지 자연스럽게 밝히는 것이 좋다.
- 자신이 채용되면 좋겠지만, 다른 사람도 장점이 있어 어떤 한 사람을 들기는 어렵다고 말하는 것도 괜찮다. 좀 더 솔직한 답변을 좋아하는 면접관이라면 좋게 평가할 가능성이 있다.
- 채용되는 경우 지원자가 모두가 잘할 것으로 기대된다는 표현을, 결론을 대신해 덧붙이면 좋을 것이다.

BAD
- 자신보다 다른 어떤 사람이 더 나은 것 같다고 말하는 것은 좋지 않다. 자신감이 없어 보이고, 별로 솔직해 보이지도 않는다.
- 자신이 뽑히는 것이 좋다고 단정적으로 말하는 것도 피한다.
- 다른 지원자를 배려하지 않거나, 각자가 고유의 장점을 있다고 말하지 않는 것도 바람직한 답변 태도라 볼 수 없다.
- 잘 모르겠다고 말하거나 회피하는 인상을 주지 않도록 한다.
- 답변의 내용이 일관성이 없거나 비논리적인 것은 좋지 않다. 자신이 채용되어야 한다고 말하고, 다른 지원자의 장점만 설명하거나, 누구라고 단정하기 어렵다고 하고는 자신의 장점만을 강조하는 경우는 모두 피해야 한다.

7 가장 만나보고 싶은 인물은 누구입니까?

이런 질문을 받는 경우 주로 떠올리는 인물은 훌륭한 업적을 남긴 사람이나 어떤 분야에서 큰 성공을 거둔 사람, 유명한 운동선수나 연예인 등인 경우가 많다. 하지만 꼭 이렇게 잘 알려진 사람을 대상 인물로 찾을 필요는 없다. 자신에게 의미가 있고 소중한 인물이라면 유명하지 않아도 보고 싶은 인물이 될 수 있다.

만나고 싶은 인물이 현실적으로는 만날 수 없는 사람인 경우도 괜찮다. 과거의 역사적 인물이나 미래의 인물도 될 수 있다는 것이다. 중요한 것은 그 인물이 자신에게 어떠한 영향을 미쳤는지, 혹은 어떠한 의미가 있는 사람인지 알 수 있어야 한다는 것이다. 답변도 이러한 기준에 따를 수 있다면 충분히 좋은 답변이 될 수 있다.

GOOD
- 훌륭한 성과나 업적을 남긴 위대한 인물보다는, 자기에게 긍정적인 영향을 미쳤거나 소중한 의미로 기억될 수 있는 인물을 드는 것이 좋다.
- 그 인물이 자신에게 왜 소중한지, 또는 어떤 의미가 있으며 어떤 것을 얻을 수 있었는지 알 수 있어야 한다. 면접관이 그것을 이해할 수 있거나, 이해할 수 있도록 설명하는 것이 필요하다.
- 지금은 만날 수 없는 과거의 인물이나, 미래의 인물을 만나고 싶은 인물로 들 수도 있다.

BAD
- 위대한 인물이나 유명인사만을 예로 드는 것은 오히려 좋지 않을 수 있다.
- 너무 뻔한 인물을 말하는 것은 면접관의 관심을 끌기 어렵다.
- 만나고 싶은 이유를 이해하기 어려운 인물은 피하는 것이 좋다. 만나고 싶은 인물과 그 이유에 대해 면접관이 이해할 수 있도록 해야 한다.

BEST
저는 앞으로 결혼하게 될 배우자를 만나고 싶습니다. 지금은 교제하는 사람이 없지만, 언젠가 마음이 맞고 생각이 비슷한 사람을 만나 결혼을 하게 될 것이라 생각합니다. 그 사람에 대한 호기심도 물론 있지만, 그 사람을 통해 제가 실제로 어떤 생각과 마음으로 살고 있는지 더 잘 알게 되는 기회가 될 수도 있을 것 같습니다.

8 채용이 결정된 후 입사 전까지 5~6개월의 시간이 있다면, 그 기간 동안 가장 하고 싶은 일은 무엇입니까?

이는 자신에게 주어진 여유시간 동안 어떤 것을 하고 싶은지를 물음으로써, 그 사람이 어떻게 시간을 계획성 있게 활용할 수 있는지를 알아보고자 하는 질문이다. 그리고 면접관들은 지원자들의 답변을 통해, 현재 무엇이 부족하고 어떤 것을 배우고 싶어 하며, 장래의 목표는 어떠한지를 추측해 볼 수 있는 질문이 된다.

따라서 지원자들도 면접관의 이러한 관점을 고려하여 답변하는 것이 좋다. 단지 주어진 시간을, 채용이 확정된 상태에서 누리게 되는 황금 같은 여유시간으로 보아서는 안 된다는 것이다. 그 시간 동안 자신이 부족한 것을 찾아 채우는 것이 좋다. 업무와 관련하여 필요한 무언가를 배운다거나 자격증을 취득하는 것, 외국어가 필요한 경우 어학원을 다니거나 어학연수를 다녀오는 것, 사람을 만나는 일이 중요하다면 사람을 상대하는 일을 경험하는 것 등등이 모두 그 예가 될 수 있다. 그 일이 궁극적으로는 장래의 목표 달성과 연결되거나 목표 달성에 기여할 수 있는 방향이 되는 것이 가장 좋으며, 답변도 그렇게 하는 것이 가장 적절하다.

GOOD
- 자신이 입사 후 수행할 업무 분야에 필요한 것을 배우거나 지식을 쌓는 시간으로 활용한다고 답변한다.
- 업무에서 외국어가 요구되는 경우는, 어학 실력을 키우는 시간으로 활용하는 것도 괜찮다.
- 도움이 되는 자격증을 취득하거나, 필요한 경험을 쌓는 것도 좋다.
- 그 일을 통해 해당 업무에 어떻게 기여할 수 있는지에 대해 자신의 생각이나 각오를 간략하게 밝히는 것도, 좋은 답변이 될 수 있다.

BAD
- 직무나 업무와 전혀 관련이 없는 일을 하는 것은 공감을 받기 어렵다.
- 단순히 취미생활을 즐기거나 해외여행을 한다는 것은 좋지 않은 답변이 될 수 있다. 이보다는 뭔가를 도움이 될 만한 것을 배우거나, 어학연수를 간다고 하는 것이 낫다.
- 업무에 도움이 될 만한 일을 할 수 있도록 찾아보겠다고 답변하는 것도 좋지 않다. 면접에 대한 준비가 부족하거나 성의가 없다고 생각할 수 있다.
- 하고 싶은 일만 말하는 것은 좋은 답변이 되기 어렵다. 그로부터 앞으로 기대할 수 있는 목표를 제시하거나, 자신의 각오를 밝히는 것이 좋다.

Q 회사에서 어느 정도까지 승진할 수 있을 것이라 생각합니까?

이는 지원 동기나 장래 포부 등을 통해 지원자가 이미 밝힌 내용과 관련이 있는 질문이다. 따라서 발언 내용이 자기소개서에서 쓴 내용과 크게 달라서는 안 될 것이다. 그런 경우 기본적인 진정성이 의심될 수 있다.

외국의 통계 결과를 참고해 보면, 입사할 때 구체적인 승진 목표가 있는 사람의 성공 확률이 그렇지 않은 사람들의 성공 확률보다 크게 높았음을 알 수 있다. 이는 목표가 자신을 격려하고, 때로는 채찍질함으로써 목표 달성에 매진할 수 있도록 긍정적으로 작용한 결과로 볼 수 있다. 이 질문도 이러한 자신의 목표와 관련된다. 따라서 답변에서도 자신의 승진 목표를 제시하고 그것을 달성하기 위해 지금까지 어떤 준비를 해왔으며, 앞으로도 어떻게 노력할 것인지를 밝히는 것이 좋다. 다만, 그 승진 목표는 현실적으로 어느 정도 달성될 수 있는 수준이어야 한다.

GOOD

• 달성 가능한 자신의 승진 목표를 제시하고, 그것을 위해 어떤 준비를 해왔으며, 앞으로 어떻게 노력할지 각오를 밝힌다.
• 목표는 가급적 구체적 수준으로 말하는 것이 좋다. 그냥 '임원'이라 하는 것보다는 '인사부서의 총괄임원', '기계설비 및 엔지니어 부서의 이사'라고 하는 것이 좋다.

BAD

• 승진 목표가 없다거나, 그런 생각을 해보지 않았다고 하는 것은 모두 좋지 않다.
• 현실성이 떨어지는 승진 목표를 제시하는 것도 좋지 않다. 자신의 업무 분야와 관련이 있어야 하고, 달성 가능한 수준의 목표이어야 한다.
• 승진 목표만 제시하고, 그것을 이루기 위한 준비 과정이나 노력, 각오 등을 밝히지 않는 것은 좋은 답변이 아니다.
• 승진 목표를 제시할 때 자신감 없는 목소리고 답변하는 것도 좋지 않다. 신입사원으로서의 자신감 있는 모습이 기본적으로 필요하다.

10 경영자가 된다면 회사를 어떻게 만들고 싶습니까?
회사의 리더가 된다면 경영 방침은 무엇입니까?

이는 지원자의 조직 운영 및 관리 능력을 알아보기 위한 질문이다. 면접관들은 이를 통해, 지원자의 역량이나 성장 가능성, 창의성, 리더십 등을 전반적으로 알아보고자 한다.

아직 입사도 하지 않은 지원자가 이 질문을 받은 경우 당황하기 쉽고, 답변 내용을 뭔가 거창한 내용이나 획기적인 발상에서 찾고자 하는 경우가 많다. 하지만, 이는 모두 좋지 않다. 그냥 평소 자기가 가졌던 바람직한 기업의 방향이나 경영자의 모습과 부합하는 답변을 하면 된다.

경영자도 큰 권한과 책임이 따르는 자리이긴 하지만, 결국 평범한 사원과 같은 회사의 한 구성원일 뿐이다. 크게 부담을 가질 필요가 없다. 너무 거창하거나 파격적이지 않은 선에서, 소신껏 자기 생각을 전하면 된다. 다만, 어느 정도 구체성 있는 방향 제시는 필요하다.

G O O D
- 평소 생각한 바람직한 기업 방향이나 경영자 상을 중심으로, 회사를 어떻게 바꾸고 싶은지 말하면 된다.
- 경영자로서 추구하는 방향이나 모습이 어느 정도 구체적으로 드러나도록 해야 한다.
- 어떤 것이든 그것을 통해 의사소통이 개선되고 효율성이 제고됨으로써, 궁극적으로는 회사 발전에 기여하는 방향이 적절하다.

B A D
- 너무 거창한 운영 방침을 제시하는 것은 현실성이 떨어질 수 있다.
- 누구나 추구하는 흔한 방향이나 방침을 제시하는 것은 관심이 떨어질 수 있어 좋지 않다.
- 지나치게 파격적인 경영 방식도 피하는 것이 좋다.
- 아직 경영자로서의 입장을 생각해본 적이 없다고 답변하지 않도록 한다.
- 그냥 좋은 회사, 일하기 편한 회사, 모범적인 회사를 만들겠다는 식으로 말해서도 안 된다. 구체성이 없는 답변은 좋지 않다.

　　회사의 중요 결정을 일부가 결정하지 않는 투명한 회사, 개인의 의사가 곧바로 조직 전체에 전달되며 아이디어가 자유롭게 교류됨으로써 공유되는 소통의 회사를 만들고 싶습니다. 그것은 구체적으로, 의사소통의 창구를 평면적으로 구성하여 누구나 접근할 수 있도록 확대하고, 복잡한 보고체계를 단일체계로 간소화하며, 일부에 의한 결정체계를 다수가 참여하도록 의무화하도록 시스템으로 변경함으로써 가능하다고 생각합니다. 이를 통해 회사는 문제점은 빠른 시간에 효율적으로 개선될 수 있을 것이고, 회사의 장점은 더욱 빨리 필요한 각 분야에 적용될 수 있을 것이라 생각합니다.

※나의 답변은?

....

....

....

....

....

🔢 어떤 사람과 결혼하고 싶습니까?

이는 최근의 사회 흐름에 부합하지 않는 측면이 있는 질문이지만, 원만한 배우자와 가정생활을 강조하는 면접관들의 입장에서는 중요한 질문이 될 수 있다. 사실 배우자와의 원만한 결혼생활은 결국 회사생활에도 영향을 미칠 수밖에 없다는 점에서, 의미가 있는 질문이라 할 수 있다.

이 질문에 대한 답변은 지원자 자신의 기준에 전적으로 따르기보다는, 기성세대를 구성하고 있는 면접관들의 관점을 고려할 필요가 있는 질문이다. 그들은 대부분 배우자의 기본적 자질, 가치관, 효, 예의범절 등을 중시하는 세대이다. 따라서 지원자도 결혼할 배우자를 선택함에 있어, 이러한 점을 고려한다는 것이 무난한 답변이 될 수 있다. 결혼에 대해 크게 집착하지 않는 요즘의 흐름이나, 배우자와의 평등한 교환관계를 강조하는 답변은 모두 바람직하지 않다.

- 마음이 맞은 배우자가 되어야 하겠지만, 배우자로서의 바른 가치관을 갖추고 있는 사람과 결혼을 생각하고 있다고 답변한다.
- 필요한 기본적 예의범절과 부모님에 대한 존경의 태도가 갖춰진 사람과 결혼하겠고 하는 것도, 무난한 답변이 될 수 있다.
- 그러한 배우자를 고르는 것이 어떤 장점이 있는지를, 가정생활과 자녀와 관련하여 설명하는 것이 좋다.

- 자신이 좋아하는 사람과 결혼하겠다거나, 조건이 좋은 배우자를 고르겠다는 답변은 모두 좋지 않다.
- 요즘의 트렌드에 맞출 수 있는 감각 있는 배우자를 고르겠다는 답변도, 면접관의 공감을 이끌어내기 어렵다.
- 결혼에 대해 생각해보지 않았다거나, 결혼 생각이 없다는 답변도 좋지 않다. 결혼을 생각하지 않아도, 좋은 배우자상을 정리해 말하는 것은 필요하다.

Tip 기타 출제 예상 질문

- 자신의 비전은 무엇입니까?

- 살면서 가장 중요하다고 생각한 가치는 무엇입니까?

- 가족 중 자신에게 가장 큰 영향을 끼친 사람은 누구입니까?

- 부모님이 대학 등록금을 지원해주는 문화에 대해 어떻게 생각합니까?

- 자신이 행복하다고 생각하십니까? / 당신은 얼마나 행복하십니까?

- 살면서 가장 힘들었던 때는 언제이고, 그 이유는 무엇입니까?

- 살면서 한 가장 큰 실수는 무엇입니까? / 살면서 후회되는 가장 큰 잘못은 무엇입니까?

- 다른 사람에게 큰 도움을 준 적이 있습니까? / 다른 사람으로부터 큰 도움을 받은 적이 있습니까?

- 지금 자신의 모습 중 바꾸고 싶은 부분은 무엇입니까?

- 기업의 윤리경영에 대해 어떻게 생각하십니까?

- 직무에서 전문성을 쌓기까지 어느 정도 걸릴 것 같습니까? / 직무에서 전문성을 쌓기 위해 어떤 노력을 할 생각입니까?

- 리더십을 발휘해 본 경험은 언제이며, 그때 무엇을 느꼈습니까?

- 장래 이루고 싶은 목표를 구체적으로 말해 보십시오.

1 지원한 분야가 어떤 일을 하는지 아십니까?

이는 지원한 업무에 대해 지원자가 얼마나 잘 알고 있는지를 확인하고, 그 업무에서 얼마나 잘 해낼 수 있을 것인가를 판단하기 위해 제시하는 질문이다. 따라서 기업체와 면접관의 입장에서는 중요한 질문의 하나가 될 수밖에 없다. 또한 지원자의 입장에서도, 지원 분야에 대한 충분한 지식을 통해 업무를 잘 이해하는 것은 업무 능력 및 적응력 향상에 큰 도움이 될 수 있는 중요한 요소이다.

이 질문에 대한 답변에서는, 무엇보다 지원자 자신이 적은 지원 동기의 내용과 연결될 수 있도록 답변해야 한다. 이제 막 입사를 준비하는 지원자의 입장에서, 구체적이고 세세한 업무 내용까지는 알 수 없겠지만, 충분한 사전 준비를 통해 업무 분야의 내용과 그 성격 등을 어느 정도 이해하고, 답변에 그것이 반영되도록 할 필요가 있다. 그리고 이 분야가 기업 전체에서 어떤 필요성 또는 장점을 가지는지를 설명하고, 어떠한 자세로 임할지 그 각오를 밝힐 수 있다면 충분히 좋은 답변이 될 것이다.

GOOD

- 자신이 지원한 분야가 어떤 업무(직무) 분야인지 말하고, 그것이 회사에서 왜 필요하며 중요성은 어디에 있는지 자신의 생각을 밝힌다.
- 지원한 분야에서 자신은 어떻게 활동하고, 어떤 기여할 수 있을지 각오를 밝히는 것이 좋다. 면접관은 이를 통해, 지원자가 해당 분야에 어울리는 사람으로 평가할 것이다.
- 답변 시 특히 자신감을 갖고 당당히 말할 수 있도록 한다. 면접관들은 대부분, 많이 아는 사람보다 이런 패기 있는 사람을 선호한다.

BAD

- 지원 분야와 부합되지 않는 말을 하지 않도록 충분히 준비해야 한다. 지원 분야를 잘 몰라 제대로 된 답변을 못하는 사람을 채용하고 싶은 사람은 없다.
- 지원 분야에 임하는 자신의 각오를 밝히지 않는 경우, 일에 대한 각오가 부족한 사람으로 느껴질 수 있다.
- 너무 소심하게 말하거나, 반대로 너무 거창하게 말하지 않도록 한다. 당당하게 자신의 생각을 밝히되, 신입사원답게 개략적인 설명과 그에 대한 각오를 밝히는 것으로 충분하다.

2 우리 회사 외에 지원한 곳이 있습니까?

이 질문은 지원자가 입사를 위해 아무 곳이나 지원하는, 소위 '묻지마 지원'을 하지는 않았는지 알아보기 위해 제시하는 질문이다. 요즘 같이 취업난이 극심한 시기에는 이러한 묻지마 지원 행태가 늘어날 수밖에 없는 것이 현실이다. 그러나 기업의 입장에서는, 지원자가 자신의 회사와 업무에 대해서 기본적인 소신과 열의를 가지고 있기를 바라게 된다. 따라서 이 질문은 이러한 지원자를 찾기 위해 제시할 수밖에 없는 질문에 해당하며, 면접관들도 답변에 관심을 가질 수밖에 없다.

그럼, 이 질문에 대한 답변은 어떻게 하는 것이 가장 좋을까? 한마디로 말하기는 어렵다. 솔직하게 말하는 것이 좋겠지만, 그것이 면접관이 만족할 만한 것이라 단정하기가 어렵기 때문이다. 일반적으로 알려진 바람직한 소신 지원은, 면접을 보는 곳을 포함하여 2~3곳에 지원하는 것으로 알려져 있다. 따라서 구체적 답변에 있어서도, '이곳을 제외하고 1~2곳에 지원했다'고 말하는 것이 좋겠다.

답변 시 먼저 주의할 것은, 지원 분야(업종 또는 직무)의 일관성을 갖추는 것이다. 지원한 곳이 이동통신사라면 나머지 지원한 곳도 모두 이동통신사인 것이 좋으며, 광고홍보 분야에 지원했다면 나머지도 광고홍보 분야가 좋다는 것이다. 그리고 그 분야의 일을 위해 자신이 준비한 것(학업, 경력 및 경험 등)과 지원한 회사의 장점을 연결시켜, 지원한 회사를 가장 선호한다고 말하는 것이 좋다. 마지막으로, 입사 후의 각오가 있다면 덧붙이는 것도 괜찮다.

이 질문과 유사한 질문 또는 이 질문에 대한 후속 질문으로, '우리 회사와 다른 회사에 동시에 합격하면 어디를 갈 건가요?', '우리 회사에 떨어지고 다른 회사에 합격하면 그곳으로 갈 건가요?', '그 회사에 떨어지고 우리 회사에 지원한 이유는 무엇인가요?' 등이 제시될 수 있다. 이 질문에 대한 답변과 함께 준비해 두는 것이 좋겠다.

G
O
O
D

- 면접을 보는 회사 외에 동종업체 1~2곳을 더 지원했다고 솔직히 말하고, 이 분야에 취업하고자 어떤 준비를 했는지를 밝힌다.
- 자신이 준비한 것들이 어떤 점에서 '귀사(지원한 회사, 면접을 보는 회사)'에 가장 부합하는지 설명한다. 처음부터 어떤 이유로 귀사를 선호해 귀사를 목표로 준비했다고 말하는 것도 좋다.
- 앞으로 입사하게 된다면 어떠한 각오로 일할 것이고, 어떤 목표가 있는지 간략히 밝히는 것도 괜찮다.

- 귀사만 지원하고 다른 곳은 지원하지 않았다고 말하지 않는다. 솔직해 보이지 않고, 면접관들도 쉽게 수긍하기 어렵다.
- 많은 곳에 지원했다고 솔직히 고백하는 것도 좋지 않다. 이런 답변이 솔직하지 않아 마음에 안들 수도 있겠지만, 사실 많은 곳을 지원한 경우라도 크게 주목할 만한 곳은 1~2곳인 경우가 많다. 그리고 면접을 보게 된 회사라면, 당연히 주목할 만한 회사에 포함될 수 있다.
- 귀사를 가장 선호한다는 말을 하지 않는다면, 좋지 않은 평가를 받을 수 있다. 면접관마다 차이는 있지만, 이를 회사에 대한 열의나 관심이 부족한 것으로 해석하는 사람도 있을 것이다.

　　저는 귀사 A백화점 외에도 2군데의 백화점에 지원했습니다. 백화점에 오래전부터 관심을 갖고, 매입부터의 판매까지의 과정과 상품의 재고관리, 고객 서비스, 홍보 등의 전공 공부를 충실히 했으며, 방학마다 집에서 가까운 귀사의 ○○ 지점에서 총 5개월 정도의 아르바이트를 하며 실제 업무 환경을 폭넓게 접해보고자 노력해 왔습니다. 이런 다양한 경험이 오랫동안의 신뢰를 토대로 한 다양한 판촉 방식으로 업계를 선도해 온 귀사에 가장 어울릴 것으로 생각해, 귀사에 입사하는 것을 최우선으로 생각하고 있습니다. …

※나의 답변은?

----

❸ 우리 회사에 대해 아는 대로 말해 보십시오.

회사에 대해 얼마나 아는지 묻는 질문은, 회사에 대한 지원자의 기본적 태도나 관심도, 열의를 알고 자 하는 것이다. 면접관들은 답변을 통해, 지원자가 회사에 얼마나 관심을 가지고 많은 것을 알아보고 지원했는지, 아니면 취업을 위해 지원한 여러 곳 중의 하나에 불과한지를 판별하고자 한다.

일반적으로 이 질문에 대한 답변 내용으로는, 지원한 분야를 포함한 회사의 업종과 계열사, 매출 규 모, 주요 제품, 회사의 목표나 비전, 인재상 등이 적절하다. 하지만, 그냥 이러한 내용을 단순히 열거 하는 식으로 답변하는 것은 좋지 않다. 이보다는, 이러한 점 중에서 자신이 회사에 대해 관심과 열의를 갖게 된 계기나 요소를 강조하는 방식이 더 좋다.

구체적인 답변 방향을 정리해 본다면, 먼저 회사가 어떤 분야를 중심으로 어떠한 과정을 거쳐 성장 해 왔는지 간략히 언급하고, 다음으로는 회사의 경쟁력과 장점(필요시 약점이나 단점까지)에 대한 자 신의 생각을 정리해 말하는 것이 좋다. 그리고 마지막으로, 회사가 더 성장 · 발전하기 위해 나아가야 할 방향을 제시한다. 전체적으로 이런 방식으로 답변을 구성한다면 좋은 답변이 될 것이다.

GOOD

- 회사의 성장과정을 간략히 말하고, 자신이 생각하는 회사의 경쟁력과 장점 등을 말한다. 가급적 지 원한 분야를 중심으로 하면 좋지만, 반드시 그럴 필요는 없으며 회사에 따라 적절히 결정하는 것이 좋다.
- 회사의 문제점이나 단점에 대한 자신의 생각을 말할 수 있는데, 이 경우는 개선 방향 또는 회사의 성 장 방향과 연결할 수 있는 경우에 제시하는 것이 좋다.
- 마지막 부분에서는 회사의 발전과 성장 방향을 제시하고, 이와 관련된 자신의 각오를 밝히는 것이 좋다.
- 면접 중 지원 동기와 관련된 질문이 따로 없는 경우는, 자신이 이 회사에 대해 관심이나 열의를 갖게 된 계기를 가장 먼저 언급하는 것이 좋다.

- 지원 분야를 제외하고는 잘 모른다고 답변하지 않도록 한다. 면접관은 지원자가 회사에 대해 많이 아는 만큼 관심과 열의가 큰 것으로 생각하기 쉽다.
- 회사의 전반적인 상황을 나열식으로 제시하는 것은 좋지 않다. 자신이 강조할 내용을 중심으로 압축해 제시하는 것이 더 인상적인 답변이 된다.
- 회사의 단점이나 문제점을 말하고 그 대안이나 해결 방향에 대해서는 언급하지 않는 것은 좋지 않다. 이 경우 그에 대한 해결책이나 개선 방향과 관련된 자신의 생각을 함께 제시하는 것이 좋다.
- 구체적인 수치 제시에 치중하는 답변은 피하는 것이 좋다.
- 이 질문에 대해서는 너무 간략하게 답변하는 것은 좋지 않다. 앞에서 제시된 답변 구성 방식을 고려해 충분한 길이로 답변하는 것이 좋다.

※나의 답변은?

....

....

....

....

....

4 우리 회사의 광고를 본 적이 있습니까? 있다면 그 느낌을 말해 주십시오.

최근의 면접에서는 몇 가지 이유로 이 질문이 종종 제시되는 편이다. 우선은, 회사에 대해 지원자가 얼마나 많은 관심을 갖고 있는지 알아보고자 하는 목적에서이다. 자신이 진정 입사를 원하는 회사의 경우, 지원자는 광고를 포함한 많은 것이 궁금할 수밖에 없다. 다른 하나는 광고와 면접이 지닌 유사점에 면접관들이 흥미를 느낄 수 있다는 것이다. 제한된 시간 내에 상품에 대한 인상적인 메시지를 전달하여 소비자의 선택을 받는 것이 광고의 목적이라면, 면접은 짧고 임팩트 있는 답변을 통해 면접관의 선택을 받는 것이 목적이라는 점에서, 둘은 비슷하다고 볼 수 있다.

그럼, 이 질문에 대한 답변을 어떻게 하는 것이 좋을까? 일단은 광고를 본 적이 있다는 답변이 좋을 것이다. 따라서 지원하는 회사의 광고 중 인상 깊었던 것을 정해 그 느낌을 정리해 보는 것이 필요하다. 다음으로는 광고에서 인상적이었던 점, 또는 임팩트 있었던 점을 중심으로 하여 말하는 것이 좋다. 그냥 좋았다거나 재미있었다고 하기보다는, 그것을 조금 더 구체적으로 표현할 수 있으면 좋은 답변이 될 것이다.

GOOD
- 광고를 통해 어떤 느낌을 받았는지 구체적으로 말한다.
- 광고를 통해 회사의 가치나 목표, 비전 등을 알 수 있었다면, 그 부분을 강조하는 것이 좋다.
- 광고에서 좋았던 점(광고의 의미, 좋은 모델의 선정, 멋진 배경 등)을 중심으로 말하고, 그것이 기업의 이미지 또는 제품, 서비스 등과 어떻게 연결되었는지 설명하는 것도 괜찮다.
- 광고의 특징을 위트 있게 표현하거나 유머러스하게 말할 수 있다면, 좋은 인상을 줄 수 있을 것이다.
- 전반적으로 느낌을 세 문장 내외로 간략히 표현하는 것이 좋다.

BAD
- 취업을 준비하느라 광고를 안 본다고 하거나, 특별히 인상 깊었던 광고가 없다고 말하는 것은 좋지 않다.
- 단순히 '감명 깊게 보았다', '감동적이었다', '재미있었다'라고 하기보다는, 어떤 점이 좋았는지 구체적으로 설명해야 한다.
- 자신이 좋아하는 모델이나 배경 음악, 광고 배경 때문에 좋았다고 말하는 것은 좋지 않다. 광고의 이미지를 회사와 연결하여 어떤 점이 긍정적이었는지를 말하는 것이 좋다.
- 광고에 대해 구구절절 설명하지 않아야 한다. 이 답변은 전반적으로 길지 않은 것이 좋다.

5 우리 회사의 경쟁 회사는 어디라고 생각합니까?

이 질문에 대한 답변 시 주의할 것은, 너무 뻔한 경쟁사를 제시하는 형태로 답변을 마무리하는 것은 좋지 않다는 것이다. 면접관이 경쟁사를 몰라서 묻는 질문이 아니라, 지원하는 회사(분야)와 관련되는 산업 전반에 대한 이해나 경제 상황, 경제 환경의 변화 등을 얼마나 알고 있는가를 파악하기 위해 질문을 던지는 것이다.

따라서 지원자는 유력한 경쟁사를 제시하는 것으로 그쳐서는 안 된다. 경제 상황이나 환경의 변화를 인식하고, 이를 토대로 미래에는 어떤 회사가 잠재적인 경쟁사가 될 수 있는지 예측해 보는 것이 필요하다. 또한, 앞으로는 특정 기업이나 회사가 경쟁 대상이 아니라, 그 기업에 대한 이미지, 반감 등의 사회적 현상 자체가 기업을 제약하는 경쟁적 요소로 더욱 부각될 것이다. 그리고 미래의 기업 환경은 경쟁사와 협력사를 이분법적으로 구분하는 접근방식도 점차 의미가 없어질 것이다. 이러한 여러 변화에 대비한 새롭고 참신한 답변이 필요하다. 이러한 점에서, 모범적 답변을 제시하기 어려운 질문이라 볼 수 있겠다.

GOOD

• 유력한 경쟁사를 하나 들고, 앞으로는 산업 환경이나 경제 상황의 변화에 따라 어떤 회사가 경쟁사로 등장할 것이라 말한다면, 대체로 무난한 답변이 될 것이다.
• 특정한 경쟁사보다는 기업에 대한 나쁜 이미지나 반감 등의 사회적 현상 자체가 경쟁적 요소로 부각할 수 있다는 답변은, 면접관들의 이목을 끌 수 있는 답변이 될 수 있다.

BAD

• 특정 회사를 경쟁사로 제시하고, 어떤 점에서 경쟁 관계를 있다고 말하는 것으로 답변을 완료하지 않도록 한다. 면접관들은 이미 알고 있으며, 이것을 알고자 질문한 것이 아닐 것이다.
• 회사가 업계에서 현재 1위의 회사인 경우라도, 경쟁사가 없다는 식으로 답변하는 것은 좋지 않다.

B E S T

- 현재는 A통신사가 경쟁사라고 생각합니다. 하지만 기본적은 가격 경쟁력을 갖추고 있고, 최근 통화 품질 향상을 위한 투자와 기술개발에 박차를 가하고 있는 B통신사가 앞으로는 가장 유력한 경쟁사가 될 수 있을 것이라 생각합니다. …

- C식품회사가 유력한 경쟁사라고 생각합니다. 다만, 최근 건강에 대한 국민적인 관심과 친환경 제품에 대한 선호 현상이 급격히 증가하고 있는데 비해, 식품업계는 식품재료의 유해성 논란으로 인해 소비자들의 반감과 불신에 직면해 있다고 들었습니다. 따라서 앞으로는 이런 국민적 인식의 변화와 식품업계에 대한 반감·불신이 경계해야 할 경쟁적 요소가 될 것이라 생각합니다.

※나의 답변은?

....

....

....

....

....

❻ 희망 연봉은 얼마입니까? / 본인의 연봉은 어느 정도 받길 원하십니까?

연봉과 관련된 질문을 받게 되면 어떻게 답변해야 될지 몰라 당황하는 지원자도 많고, 제대로 답변하지 못하는 경우도 실제 꽤 있다고 한다. 지원자의 입장에서는, 혹시 너무 많은 연봉을 말해 자신을 과신하는 사람으로 비치지 않을지, 혹은 너무 낮은 연봉으로 초라해 보이거나 자신감이 부족하게 비치지 않을지 걱정이 될 것이다. 또한 구체적 액수를 말해야 하는 건지 하지 않는 것이 좋은지를 알 수 없어, 답답한 사람도 있을 것이다.

신입사원으로 지원하는 경우는 대부분 연봉 액수가 어느 정도 결정되어 있다. 따라서 지원자는 이 부분을 그대로 말하고(사내 규정에 정해져 있다면 그에 따르겠다), 회사 측의 연봉 관련 규정을 보다 상세히 알 수 있다면 좀 더 구체적으로 말씀드릴 수 있을 것이라는 정도로 답변하는 것이 좋다. 대략적인 연봉 규정 외에 사내 복지를 위한 지원비용이나 학비 지원비용, 업무교육비용 등에 대한 설명을 들을 수 있다면, 그에 따라 희망연봉을 적절히 제시할 수 있을 것이나, 일반적인 상황은 아니다.

경력사원의 경우 대략적인 연봉 액수를 말할 수 있다. 물론, 경력에 따른 회사의 규정과 이전 회사에서 받은 연봉 등을 고려하여 적절한 수준으로 말하는 것이 좋다. 이때 연봉이 결정되는 것이 아니므로, 답변은 적절한 수준에서 하는 것이 좋다. 연봉을 협상하려 하거나, 얼마 이상은 받아야 하겠다는 식으로 말해서는 곤란하다.

GOOD
- 연봉 관련 규정이 있는 것으로 알고 있으므로, 그에 따르겠다고 답변하는 것이 무난하다.
- 구체적인 연봉 액수는, 회사의 연봉 규정을 들은 후에 신중하게 결정해 말씀드리는 것이 좋을 것이라고 하는 것이 좋다.
- 경력직인 경우, 경력에 따른 회사의 연봉 규정과 자신의 이전 연봉을 고려해 적절한 연봉 액수를 말할 수 있다.

BAD
- 연봉 액수를 바로 구체적으로 제시하는 것은 좋지 않다. 너무 높은 경우와 낮은 경우 모두 부정적으로 평가될 수 있으므로, 주의해야 한다.
- 잘 모르겠다거나, 회사에서 주는 대로 받겠다는 식으로 답변해서는 곤란하다. 무관심하거나 지나치게 위축된 모습으로 비칠 수 있다.
- 면접관과 연봉을 협상하려 하거나, 얼마 이상은 받아야 하겠다는 태도를 보여서는 안 된다.

7 자신의 직업관은 어떻게 됩니까? / 자신에게 직업은 어떤 의미를 갖습니까? 직업(회사)을 선택하는 기준은 무엇입니까?

이 질문은 지원자의 직업관을 통해, 회사에 대한 지원자의 가치관이나 열의, 지향하는 목적 등을 파악하기 위한 것이라고 볼 수 있다. 직업은 물론, 생계유지를 위해 돈을 버는 수단의 하나이다. 하지만 면접관의 입장에서는, 직업관을 통해 지원자가 진정으로 직업(회사)을 원하는지, 직업을 통해 돈을 버는 것 외에 어떤 가치나 목적을 추구하는지를 알고자 하는 것이다.

지원자는 자신이 이 직업(직무, 회사)을 선택한 특별한 계기가 있다면 간략하게 말하고, 직업을 통해 추구하는 목적을 논리적으로 설명하는 것이 좋다. 돈을 벌기 위한 목적 외에 무엇을 추구하는지를 언급해야 한다. 성취나 자아실현, 사회적 기여, 자기만족, 자기발전 등과 관련된 목적이 있을 것이다. 자신이 중요하다고 생각하는 것을 말하면 된다. 그리고 마지막으로, 직업 생활을 충실히 함으로써 그러한 것을 이룰 수 있을 것이라는 점을 강조한다면 무난한 답변이 될 것이다.

GOOD
- 생계유지를 위해 돈을 버는 것 외에 직업을 통해 무엇을 추구하는지 말한다. 자신이 추구하는 가치나 목적을 말하면 된다.
- 직업을 선택한 특별한 계기가 있고, 그것이 직업관과 연결될 수 있다면 간략히 언급한다.
- 그러한 가치나 목적을 실현하기 위한 각오나 다짐을 덧붙이면 좋다. 직업 생활에 충실한 자세로 임하겠다거나 자기성취 또는 자기발전의 기회로 삼겠다는 것, 즐기면서도 열심히 도전하는 자세로 임하겠다는 것 등이 좋은 방법이 될 수 있다.

BAD
- 돈 버는 것이 직업의 목적이라고 해서는 안 된다. 솔직한 답변인지는 모르겠으나, 면접관이 원하는 답변이 될 수는 없다.
- 직업적 안정성, 남들의 이목이나 평가 등에 기반한 가치나 목적을 언급하는 것은 좋지 않다.
- 경력을 쌓아 장래에 새로운 일을 해보겠다거나 다른 좋은 곳으로 이직하겠다는 인상을 주지 않도록 주의한다.

8 좋은 직장이란 어떤 곳이어야 한다고 생각합니까?
좋은 직장은 어떠한 직장을 말합니까?

이 질문은 직업관에 대한 대표적 질문의 하나이다. 좋은 직장은 어떤 곳인지를 고민해 봄으로써, 회사와 구성원들이 어떠한 직장으로 만들어가야 하는가에 대한 책임이나 의무를 강조하는 측면도 있는 질문이라 할 수 있다.

이 질문에 좋은 답변을 하기 위해서는, 직업생활에서 원하는 가장 바람직한 모습이 어떤 것인지에 대한 고민이 있어야 한다. 이는 직장에서의 원활한 인간관계라든가 의사소통의 측면, 직장생활에서의 상호배려와 협력의 자세, 자아실현 등에 초점이 맞춰져야 한다는 것이다. 단순한 직장의 근무 환경이나 조건, 업무 효율성 등에만 초점을 두어서는 면접관이 생각하는 답변이 되기 어렵다.

회사의 규모가 크고 경쟁력이 있으며, 연봉이 높다고 좋은 직장이 되는 것은 아니다. 결국 이 질문은, 좋은 직장이 되기 위해 회사나 직원들이 추구해야 할 모습과 관련이 있다. 좋은 직장을 만들기 위한 이러한 노력이 모일 때, 회사가 추구하는 성장과 발전은 그만큼 효율적으로 달성될 수 있는 것이다. 지원자도 이러한 점을 토대로 하여 답변하는 것이 가장 좋을 것이다.

GOOD
- 좋은 직장은 인간관계에서의 갈등이 적고 소통이 원활하게 이루어지며, 상호 배려와 협력이 이루어지는 곳이라고 말한다. 그리고 이를 통해 개인과 조직의 효율적 성장이 이루어질 수 있다는 점을 덧붙인다면, 가장 무난한 답변이 될 수 있다.
- 직장생활을 통해 개인의 자아실현이 가능한 곳이라면 이상적인 직장이라 생각하며, 이를 통해 자신의 성장과 회사의 발전을 모두 달성할 수 있다고 말하는 것도 좋은 답변이 된다.
- 좋은 직장이라 생각하는 점을 사례를 통해 표현하는 것도 좋은 답변이 될 수 있다. 다만, 그 사례에 대한 구체적 회사명은 밝히지 않는 것이 좋을 것이다.

BAD
- 직업적 안정성이 확보되거나, 또는 경쟁력을 갖춘 곳이 좋은 직장이라고 말하는 것은 모두 좋지 않다.
- 회사의 외적 환경이나 근무 조건(연봉, 복지 등)이 좋은 곳이 이상적 직장이라고 말하는 것도 바람직하지 않다.
- 업무가 효율적으로 진행되고 정해진 목표 달성이 가능한 곳이 좋다고 말하는 것도 좋지 않다. 이는 면접관들의 그대로 믿어주기 어려운 답변이 되기 쉽다.

❾ 야근이나 연장 근무에 대해서는 어떻게 생각합니까?

연장 근무는 회사에서 종종 이루어지는 것이 현실이므로, 제시될 가능성이 높은 질문이라 할 수 있겠다. 물론 주어진 근무시간에 충실하여 업무를 제때 완료하는 것이 가장 중요하지만, 업무가 가중한 경우나 예기치 못한 업무가 발생해 연장 근무를 해야 할 경우가 얼마든지 있을 수 있다. 이에 대한 질문이 있는 경우 어떻게 답변하는 것이 가장 좋을까?

대체로 이 질문에 대한 답변은 크게 두 가지 방향으로 정리해 볼 수 있다. 하나는 업무를 수행하는 과정에서 발생하는 연장 근무는 업무 수행과 하나로 연결되는 것이므로, 필요시 언제든지 수행하는 것이 옳다는 답변이다. 다른 하나는, 필요시 수행하는 것이 옳지만 그렇지 않은 경우, 즉 상사의 눈치를 보느라 연장 근무를 하는 것은 바람직하지 않다고 소신 있게 답변하는 것이다.

일반적으로는 두 가지 답변이 모두 좋은 것으로 판단할 수 있지만, 면접 시의 자세와 부합하는 답변은 전자(前者)라 할 수 있다. 면접관(회사)의 입장을 고려해 답변하는 것이 보다 적절하다는 것이다. 면접관도 상사나 조직 분위기를 살펴 연장 근무를 하는 것이 바람직하지 않다고 생각하지만, 신입사원이 가져야 하는 기본적인 근무 태도를 중시한다는 점에서 전자와 같은 자세를 선호한다는 것이다. 따라서 답변도 이러한 방식으로 하는 것이 좋다.

GOOD
- 야근이나 연장 근무는 필요시 언제든지 해야 한다는 생각을 밝히고, 그 이유를 적절히 설명하는 것이 좋다.
- 연장 근무를 해야 하는 이유로는, 연장 근무도 업무의 완료를 위해 필요한 것이므로 따로 구분할 필요가 없다거나, 업무의 진행과정에서 언제든지 예기치 않은 업무가 추가로 발생할 수 있으므로 연장 근무가 필요하다고 말하는 것이 대체로 무난할 것이다.
- 연장 근무에 대한 이러한 입장을 반영하는 자신의 경험이나 사례를 드는 것도 좋은 답변이 될 수 있다.

- 연장 근무는 가급적 안 할 수 있도록 근무 시간에 충실할 것이라 답변하는 것은, 대표적으로 피해야 할 답변이다.
- 필요시 연장 근무를 하되, 상사의 눈치를 보아서 하는 경우는 없을 것이라 말하는 것도 좋지 않다. 소신 있는 답변은 될 수 있지만, 면접관들이 가장 선호하는 태도는 아니다.
- 연장 근무를 매일 하는 것처럼 받아들이거나 지나치게 당연시하는 자세도 좋지 않다. 이러한 자세는 능력이 부족하다는 평가를 받을 수 있다.

저는 야근이나 연장 근무가 필요한 경우는 당연히 해야 한다고 생각합니다. 출판사에서 전공과 관련된 교정 아르바이트를 2개월간 한 적이 있었는데, 책이 출간되어야 할 날짜가 정해진 경우 연장 근무가 이루어져야 하는 일이 비일비재했습니다. 모든 편집 직원들이 연장 근무를 하지 않으면 제 날짜에 출간되기 어려운 것이 현실이었습니다. 연장 근무를 정상 근무와 구분되는 다른 근무 형태로 생각하기보다는, 업무의 완료에 필요한 업무의 연장이라 생각하는 자세가 필요하다고 생각합니다. 보상이나 대가를 얻기 위해 불필요한 연장 근무를 하는 경우가 아니라면, 언제든 임할 각오가 되어 있습니다.

※나의 답변은?

----

❿ 이상적인 상사는 어떤 사람을 말합니까?

이 질문은 지원자 자신이 앞으로 어떤 상사가 될 것인지, 어떤 모습으로 직장생활을 할 것인지를 묻는 질문이라 할 수 있다. 또한, 자신의 자리에서 어느 정도의 위치를 점하고 있는 면접관들의 입장에서 특히 궁금해할 수 있는 질문이기도 하다.

이에 대한 답변 방향은, 자신이 생각하는 이상적인 상사의 모습을 조금 구체적으로 표현하는 방식이 좋다. 그러한 사람들의 모습 중 이상적인 실제 사례를 들 수도 있고, 이상적인 모습을 구체적으로 설명하는 것도 좋다. 또한, 꼭 직장의 상사가 아니더라도 존경할 만한 윗사람 또는 가정이나 사회에서의 어른도 좋은 대상이 될 수 있다. 그런 사람들이 어떠한 모습과 자세로 살아왔기에 자신이 이상적이라 생각하는지 말하는 것이 중요하다.

주로 언급되는 이상적인 상사의 모습으로는, 강한 책임감이 있고 신뢰할 수 있는 상사, 배려를 통한 상호 발전을 모색하는 상사, 칭찬과 격려를 적절히 사용하는 상사, 명확한 업무 지시와 방향 설정 능력이 뛰어난 상사, 개인과 조직목표를 모두 고려할 수 있는 상사, 부족한 점을 보완하고 넘치는 부분을 조절할 수 있는 상사 등이 주로 제시되고 있다.

다만, 답변 시 너무 식상한 표현을 사용하거나, 현란한 표현을 사용해 띄우는 것은 좋지 않다. 또한, 자신도 그렇게 살겠다는 의지나 각오도 드러내지 않는 것이 좋다. 초점이 자신의 각오를 밝히는 것에 있지 않은 질문이다.

G O O D

- 이상적인 상사의 모습을 구체적으로 설명한다. 실제 사례를 들어 설명하는 것도 괜찮다.
- 그들이 어떤 모습에서 자신이 이상적이라 생각하게 되었는지가 드러나도록 해야 한다.
- 이상적인 모습이 직장생활에서 어떻게 반영되었는지를 설명한다. 직장 상사가 아닌 경우는, 그 장점을 어떻게 직장생활과 연결할 수 있을지가 드러나도록 말하는 것이 좋다.

- 이상적인 상사의 모습을 너무 식상한 표현이나 현란한 표현으로 묘사하는 것은 좋지 않다.
- 이상적인 모습이 너무 추상적인 칭찬 수준에 그치거나, 사적으로 편해서 좋다는 식으로 답변해서는 안 된다. 어느 정도 구체적으로 설명하고, 직장생활에서 연결될 수 있도록 설명하는 것이 좋다.
- 자기 마음에 들었던 점보다는, 일반적인 기준에서 수용할 수 있는 점을 이상적인 모습으로 말해야 한다. 결과적으로, 자신의 기준이 아니라 면접관의 기준에서 이상적인 상사의 모습이 그려져야 한다.

저는 두 가지 측면에서 이상적인 상사를 생각해 보았습니다. 하나는 업무 능력과 관련하여, 업무 지시가 명확하고 방향 설정 능력이 뛰어난 상사를 이상적이라고 생각합니다. 이는 기본적으로 뛰어난 업무역량과 판단능력이 있어야 가능하다고 생각합니다. 다른 하나는 칭찬과 격려를 모두 적절히 사용할 수 있는 자질이 있는 상사를 이상적이라고 생각합니다. 이는 잘한 일이나 성과에 대해서는 기꺼이 칭찬을 할 수 있고, 실패나 시행착오가 있는 경우 따뜻한 격려를 할 수 있는 것을 말합니다. 이러한 자질이 있는 경우, 구성원의 개인적 역량을 극대화함으로써 조직발전에 이상적으로 기여할 수 있을 것이라 생각합니다.

※나의 답변은?

------

11 많은 연봉과 안정된 직장 중 하나만 선택한다면 어느 것을 선택하겠습니까?

이 질문도 경우도 지원자의 입장에서는 쉽게 답변하기 어려운 질문에 해당한다. 연봉이 많은 곳을 선택하는 경우는, 자칫 자신의 능력보다 연봉에 집착하는 사람으로 비칠 수 있고, 안정된 직장을 선택하는 경우는, 개인적 역량이나 도전정신이 상대적으로 부족한 사람으로 비칠 수 있다. 하지만 어떤 것을 선택하는 것이 좋은지에 대해서는 그렇게 걱정할 필요가 없다. 이 질문은 직업관과 관련된 질문이긴 하지만, 답이 하나로 정해져 있는 질문은 아니다. 결론적으로 어느 것을 선택하든지, 그 나름의 분명한 이유와 논리가 있다면 괜찮다는 것이다.

많은 연봉을 받는 직장의 경우라면 직장의 분위기도 경쟁적일 가능성이 높고, 요구되는 능력과 책임감도 그만큼 클 수밖에 없을 것이다. 따라서 이를 선택한 경우, 자신도 여기에 어울리는 경쟁력과 능력, 책임감을 갖출 수 있는 준비가 되어 있음을 밝히는, 다소 도전적이고 자신감 넘치는 답변을 하는 것이 좋다. 연봉이 높은 회사는 안정된 회사가 될 가능성이 높다는 것을 강조하는 것도 좋다.

안정된 직장을 선택한 경우라면, 조직이 안정된 경우 구성원도 안정된 분위기 속에서 자신의 능력을 최대한 발휘할 수 있는 여건이 된다는 점을 강조한다. 그리고 자신도 조직이 꾸준히 성장·발전하는데 기여하겠다는 각오를 덧붙인다면, 좋은 답변이 될 수 있을 것이다. 안정적 분위기에서 일할 때 회사는 성장하게 되고, 이는 연봉이 높은 회사로 이어질 수도 있다는 논리로 전개하는 것도 괜찮다.

GOOD

• 자신의 소신대로 어떤 것이든 하나를 선택하고, 그에 걸맞은 적절한 답변을 한다.
• 많은 연봉을 선택하는 경우는, 그런 곳에서 요구되는 자질과 능력, 책임감을 갖추도록 노력하고, 이를 통해 회사의 목표 달성에 기여하겠다는 각오를 밝히는 것이 좋다. 자신감 있고 도전적인 자세를 보여주는 것이 필요하다.
• 안정된 직장을 선택한 경우는, 왜 조직의 안정이 개인의 역량 발휘에 중요한 요소인지를 설명하고, 자신도 이러한 안정된 분위기에서 최대한의 능력 발휘를 통해 회사의 발전에 기여할 수 있도록 하겠다는 것이 좋다.
• 연봉이 높은 회사의 경우는 높은 경쟁력의 발휘와 지속적인 목표 달성을 통해 안정된 회사가 될 가능성이 높으며, 안정된 회사는 개인의 역량을 효율적으로 발휘하도록 함으로써 결국 연봉이 높은 회사로 발전될 가능성이 높다는 논리를 펴는 것도 좋다.

- 어떤 것을 선택하든, 그 직장을 선택한 설명이 논리적이지 않은 경우는 좋지 않다.
- 둘 다 좋다거나, 어떤 것도 상관없다는 식으로 답변하지 않도록 한다.
- 연봉이 낮은 경우 근무의욕이 떨어질 수 있다거나, 직장에 헌신하기 어려운 점이 있다는 말은 하지 않도록 주의한다.
- 직장이 안정되지 않으면 장기적으로는 좋지 않다고 하거나, 연봉이 높아도 불안할 수밖에 없다고 말하지는 않는 것이 좋다. 어떤 선택을 하더라도 다른 선택에 따라 발생할 수 있는 문제점이나 단점을 지적하기보다는, 어떤 점이 좋아서 그것을 선택했는지를 중심으로 설명하는 것이 좋다. 전체적으로, 긍정적인 접근이 필요한 질문이라 할 수 있다.

※나의 답변은?

....

....

....

....

....

TiP 기타 출제 예상 질문

- 지원한 분야가 자신에게 어울린다고 생각합니까? / 그렇다면 그 이유는 무엇입니까?

- 자신의 적성에 맞는 일은 어떤 일입니까?

- 취업 준비 시 가장 부족하다고 느낀 것은 무엇입니까?

- 이 분야나 업무의 어떤 점이 가장 흥미롭습니까?

- 학생과 직장인의 차이는 무엇이라 생각합니까?

- 우리 회사에 입사하기 위해 구체적으로 어떤 노력을 했습니까?

- 채용 시 영어점수를 강조하는 이유는 무엇이라 생각합니까?

- 합격한 다른 회사가 있습니까?

- 그동안 지원한 곳이나 면접을 본 곳의 결과는 어떻게 되었습니까?

- 이 면접에서 떨어진다면 이유는 무엇이라 생각합니까?

- 당신이 면접관이라면 어떤 점을 중심으로 평가하겠습니까?

- 직종을 결정하는 데 있어 가장 중요한 것은 무엇입니까?

- 자신이 생각하는 우리 회사의 강점(장점)과 약점(단점, 문제점)을 말해 보십시오.

- 언제까지 우리 회사에서 일하고 싶습니까?

- 회사생활에서 가장 중요한 것 한 가지(3가지, 몇 가지)를 말해 보십시오.

- 지원 분야의 미래 전망은 어떤 것 같습니까?

- 출퇴근 시간은 어떤 의미가 있다고 생각합니까?

- 능력 있는 좋은 인재를 채용하려면 어떻게 해야 합니까?

- 당신이 사장이라면 일 잘하는 사람과 사규를 잘 지키는 사람 중 누구를 선택하겠습니까?

- 자신이 생각하는 바람직한 직장인의 모습은 무엇입니까?

1 직장생활은 얼마나 할 예정입니까?

높은 취업 경쟁률로 인해 취업이 아주 어려운 것이 현실이지만, 한편으로 신입사원의 조기 퇴사율도 결코 낮지 않은 수준에 이르고 있다. 최근의 조사에 따르면, 10명 중 3명 이상의 신입사원이 1년 내에 취업한 회사에서 퇴사하는 것으로 알려져 있다. 힘들게 들어간 회사를 조기에 그만두는 것은 퇴사한 개인의 입장에서도 어려움이 따르지만, 회사의 입장에서도 손실이 따른다. 신입사원을 교육하고 다양한 경험을 통해 역량을 쌓도록 하는 데는 많은 비용이 들며, 추가 채용을 위해서도 비용이 들기 때문이다.

면접관의 입장에서도, 채용된 사원이 오랫동안 함께 일하며 회사와 함께 성장해 가기를 무척 기대하고 있다. 따라서 이 질문에 대한 답변도 무척 중요하게 판단할 가능성이 있다. 그럼, 어떻게 답변해야 할까? 가장 좋은 답변 방향을 하나 들자면, 오랫동안 열정을 가지고 일할 예정이고 이를 위해 필요한 노력을 할 준비가 되어 있다고 하는 것이다. 다만, 직장생활을 해 나가면서 직책에 따라 요구되는 여러 자질을 갖춰야 할 필요가 있으므로, 그런 노력을 해 나가겠다는 각오를 함께 보여주는 필요할 것이다.

GOOD
- 오랫동안 열정적이면서도 성실한 자세로 직장생활을 할 것이고, 이에 필요한 노력을 할 준비가 되어 있음을 말한다.
- 승진과 직무 변동에 따라 요구되는 자질을 갖추기 위해 노력할 것임을 밝히는 것이 좋다.
- 오랫동안 근무한 후에 더 이상 회사의 발전에 기여하기 어렵다고 판단되면, 그때는 퇴사를 고려하겠다고 덧붙이는 것도 좋다.

BAD
- 얼마 동안 직장생활을 할 것인지 모르겠다고 하거나, 지나치게 짧은 기간을 말하는 것은 모두 좋지 않다.
- 특정 기간을 지정해 말하는 것도 적절하지 않다. 면접관으로 하여금 여러 가지 생각을 하게 만들 수 있으며, 의구심을 초래할 수 있다.

- 회사의 근무 여건이나 조건이 좋아서, 또는 안정성 있는 회사라서 오랫동안 할 수 있을 것이라 말하는 것도 좋지 않다.
- 오랫동안 근무할 것이라고 말하면서 그것을 위한 준비과정이나 요구되는 자질을 갖추기 위한 노력을 언급하지 않는다면, 좋은 답변이 되기 어렵다.

지금 가지고 있는 열정으로 회사의 발전에 기여할 수 있다고 생각하는 한, 오랫동안 직장생활을 이어갈 생각입니다. 물론 이를 위해서는 지속적인 노력이 필요할 것이라 생각합니다. 현재의 직책에 부합하는 역량을 갖추기 위해 노력해야 할 것이고, 승진에 따라 직책이 달라지는 경우에도 그에 맞는 자질을 갖출 수 있도록 노력하는 것이 꼭 필요하다고 생각합니다. 오랫동안 회사와 함께 한 후에, 제가 더 이상 회사의 발전이나 목표 달성에 기여하기 어렵다면, 열정을 갖춘 후배들을 위해 퇴사를 고려해 보는 것이 적절하다고 생각합니다.

※나의 답변은?

2 직장생활을 하며 자기계발을 위해 무엇을 할 생각입니까?

이 질문은 채용된 후 직장에 근무하면서 필요한 자기계발과 관련된 질문이다. 직장생활을 하면서 자신의 목표 성취나 직무 수행, 또는 직책의 원활한 수행을 위해 필요한 능력이나 자질이 있으며, 이를 갖추기 위해 직장생활과 병행하며 배워야 할 것이 있을 수 있다.

직장에서의 성공적 자기계발을 위해서는, 우선 직장에서의 자신의 목표를 명확히 설정하고 그것을 달성하기 위한 세부적인 실천 계획을 세우고 일정한 노력과 시간을 투자해야 한다. 답변 시에도 이러한 과정이 반영되도록 직장생활에서 어떤 목표를 가지고 있으며, 그것을 달성하기 위한 과정으로 어떤 것을 배우고 있으며, 어느 정도 시간을 투자하면 성과를 얻을 수 있을 것이라고 답하는 것이 좋다.

막연하게 자기계발이 필요할 것 같아 어떤 것을 하려고 한다고 말하기보다는, 앞에서 언급한 과정을 통해 조금 구체적인 목표와 자기계발 계획을 말하는 것이 좋을 것이다. 대표적으로 언급되는 자기계발 활동으로는 직무능력과 외국어 구사능력의 향상, 필요한 직무교육의 수강, 필수적 자격증의 취득, 인적관계의 확대 등이 있다.

너무 부담을 느낄 필요는 없다. 자신의 직무 분야나 구체적 업무, 회사의 사정 등에 따라 실제 목표는 다양할 수 있으며, 목표를 달성하는 과정도 여러 수단이 있을 수 있다. 따라서 각자의 상황에 따라 적절한 내용을 구상해 설명한다면, 충분히 좋은 답변이 될 것이다.

GOOD
- 자신이 직장생활 동안 추구할 목표와 그것을 달성하는데 필요한 실천 계획을 말한다.
- 계획을 실현하기 위해 어떤 노력을 할 것인지를 구체적으로 밝힌다. 이에 필요한 교육과정이 회사에서 운영되고 있다면, 이것을 수강하는 것도 방법이 될 수 있다.
- 어느 정도의 시간을 들여 노력한다면 어떤 성과를 기대할 수 있는지를 덧붙이는 것이 좋다.

BAD
- 막연한 목표나 계획을 제시하는 것은 좋지 않다. 회사에 대한 관심과 열의가 부족하고, 준비과정이 부족하다고 생각하기 쉽다.
- 목표와 실천 과정이 연결되지 않거나, 실천 과정에 대한 구체적 설명이 없는 것은 모두 좋지 않다. '목표 – 실천 계획 – 적절한 수단(노력)'의 연결과정이 명확한 것이 좋다.

❸ 상사(동료)와의 갈등은 어떻게 극복해 나갈 생각입니까?

인적 갈등은 모든 조직에서 흔히 발생할 수 있는 요소에 해당한다. 이러한 갈등을 어떻게 원만하게 해결할 수 있느냐를 통해 조직이 발전하기도 하고, 때로는 침체에 빠져 어려움을 겪기도 한다. 면접관 중에는 실제 기업의 상사에 해당하는 사람도 있으므로, 이 질문에 깊은 관심을 가질 수 있다.

그럼, 이 질문에 대한 답변은 어떻게 하는 것이 가장 좋을까? 앞에서 언급했다시피 조직에서의 인적 갈등은 피할 수 없는 것이 현실이므로, 갈등이 발생한 경우 원만한 해결방안을 찾을 수 있도록 노력하겠다고 말하는 것이 가장 좋다. 갈등을 겪지 않을 자신이 있다거나, 무조건 지시에 따름으로써 갈등을 원천적으로 봉쇄하겠다고 하는 것은, 현실성이 떨어지므로 좋은 답변이 될 수 없다.

갈등을 원만히 해결하기 위해서는 어떻게 해야 할까? 우선은 서로의 입장을 이해할 수 있어야 한다. 이를 위해서는 상대를 인정하고 상대의 입장에서 생각해 보려는 노력이 필요하다. 다음으로는 갈등의 원인을 파악해 봐야 한다. 단순한 견해 차이로 발생할 수도 있고, 보다 깊은 원인이 있을 수도 있다. 그리고 현실적 차원에서 그 원인에 대한 가장 적절한 해결방법을 함께 모색하는 것이 필요하다.

상사와의 갈등이 발생하는 경우, 고려해 볼 수 있는 일반적인 조언은 다음과 같다. 갈등의 원인이 업무의 진행과 관련이 있는 경우는, 경험이 풍부한 상사의 의견이 합리적인 경우가 많다. 업무의 개선이 필요해 갈등이 발생한 경우는, 그 필요성과 개선 방법에 대한 원활한 의사소통과 합의의 과정이 필요하다. 갈등의 원인이 성격이나 성향의 차이에서 발생한 것이라면, 상대를 인정하고 존중하는 자세가 가장 우선되어야 한다. 답변 시 이러한 해결 방안을 참고하면 도움이 될 것이다.

GOOD

• 갈등은 상대의 견해나 입장에 대한 이해가 부족할 때 발생하는 경우가 많으므로, 우선은 상대방을 이해하려는 노력이 있어야 한다고 말한다.

• 상대의 입장을 잘 이해하기 위해서는, 상대의 의견을 경청하고 상대의 입장에서 생각해보는 것이 필요하며, 친분이 더 쌓인 경우 이 과정이 더 수월하게 이루어질 수 있다는 설명을 덧붙이는 것도 괜찮다.

• 갈등의 당사자가 함께 갈등의 원인을 찾아 그 해결 방법을 모색하는 것이 가장 중요하다는 것을 언급한다. 그리고 해결 방법을 찾는 데는 추구하는 목표와 현실적 조건 등이 모두 고려하는 것이 필요하다고 덧붙인다.

- 상사나 동료와 갈등을 겪지 않도록 하겠다거나, 상대의 의견에 무조건 따름으로써 갈등을 원천적으로 봉쇄하겠다고 하는 것은, 모두 현실성이 없어 좋지 않다. 모든 조직에서 인적 갈등은 피할 수 없는 요소임을 염두에 둔다.
- 갈등 상대의 입장을 충분히 고려하지 않고, 갈등의 해결을 추진하는 것은 옳지 않다. 상대에 대한 이해가 가장 선행되어야 할 요소이다.
- 갈등 해결 방안을 혼자서 찾는 것은 적절치 않다. 해결 방안의 모색도 협조와 협력의 과정이 되어야 한다.

※나의 답변은?

....

....

....

....

....

4 직장 동료가 자신을 무시하거나 무능력하다고 비난하면 어떻게 하겠습니까?

이는 지원자의 기본적 인성과 대인관계에서의 문제 해결 능력, 원만한 의사소통 능력 등을 평가해보기 위해 제시하는 질문이다. 직장생활을 하다 보면 뚜렷한 이유 없이 자신을 무시하거나 비난하는 동료를 가끔 만날 수 있는데, 이런 경우 어떻게 대처하는 것이 좋을지 적절한 방법을 모르는 사람이 의외로 많다. 물론 각자가 성격과 가치관에 따라 대처 방법이 다를 수 있다. 그리고 그런 차이를 두고 우열을 가리기는 것도 적절하지 않다. 다만 문제를 방치하는 경우 자신과 팀(조직) 전체에 피해가 발생할 수 있으므로, 적절한 해결책을 강구하는 것이 필요하며, 그 경우 어떤 방법이 유효 적절한지가 문제 될 수 있다. 따라서 실제 상황을 가정해 답변을 고민해 보는 것도 의미가 있을 것이다.

일반적으로 가장 좋은 방법으로 제시되는 것은, 동료에게 자신을 어떤 이유로 무시하는지, 혹은 어떤 점이 무능력한지를 정중히 물어보는 것이다. 동료의 이야기를 충분히 들은 후, 동료가 오해한 부분이 있다면 푸는 것이 필요하다. 그리고 생각의 차이로 인해 발생한 경우는 자신의 생각을 이해시키려는 노력이 있어야 한다. 그런 방법을 통해 해결할 수 없는 경우는, 동료나 상사의 의견을 구하는 것이 좋다. 문제 상황을 공론화는 것은 다른 문제가 발생할 수 있으므로, 개인적인 조언을 구하는 형식이 바람직할 것이다.

만일 동료의 지적이 일리가 있다면 수용하고, 자신의 부족한 점이나 잘못된 점을 고치는 것이 필요하다. 그렇지 않고 근거 없이 무시하거나 비난했다고 하면, 그 행동이 적절하지 않았음을 지적해주는 것이 필요하다. 답변도 이런 식으로 접근하는 것이 좋을 것이다.

G O O D

- 동료에게 자신을 무시하는 이유나 무능력하다고 비난하는 근거를 정중하게 물어보는 것이 좋다.
- 동료가 오해한 것이라면 오해를 푸는 노력이 있어야 하고, 생각의 차이로 발생한 것이라면 자신의 입장을 전달하는 것이 필요하다고 말한다. 문제 상황이 해결되지 않는 경우 동료나 선배들의 조언을 구한다고 말하는 것도 괜찮다.
- 동료의 언행에 일리가 있다면, 그 점을 인정하고 수용한다는 자세가 좋다. 반대로 그러한 언행이 일리가 없거나 아무런 근거 없이 이루어졌다면, 그것이 적절하지 않다는 것을 지적해주는 것이 좋다.

BAD

- '눈에는 눈, 이에는 이'의 방식으로, 자신도 똑같이 해줌으로써 동료가 깨닫도록 해준다는 답변은 하지 않는 것이 좋다.
- '자신도 똑같이 동료를 비난하는 것은 좋지 않은 방법이므로 그냥 내버려 둔다'는 식으로 답변하는 것도 좋지 않다.
- 그런 동료를 찾아가서 문제를 따지고 충고한다고 말하는 것도 좋지 않다. 그 근거나 이유를 알아보고 적절하게 대처하는 것이 필요하다.
- 그런 동료의 비난이나 모함을 상사에게 보고하겠다고 하거나, 공론화하여 문제 해결을 시도하겠다고 하는 것도 좋지 않다.

※나의 답변은?

PART 4 주요 면접질문 및 답변

⑤ 근무 도중에 자신의 아이가 다쳤다는 연락을 받은 경우 어떻게 하겠습니까?

직장생활을 하다 보면 공적인 업무와 개인의 사적인 일이 겹치는 경우가 종종 있다. 이 경우는 일의 경중에 따라 달라질 수 있겠지만, 일반적으로 비중이 비슷한 경우는 공적인 일(회사의 일)을 우선하는 것이 바람직하다. 다만 이 질문의 사례에서는, 아이의 상태에 따라 어떤 일을 우선할지가 결정된다고 보는 것이 가장 적절하다. 답변도 이러한 방향에서 접근하는 것이 좋다.

구체적 답변에 있어, 우선은 아이가 어느 정도 다쳤는지 상태를 정확히 파악한 후, 그에 따라 적절히 대처하는 것이 필요하다는 것을 전제해야 한다. 아이의 부상이 가벼운 상태라면 배우자나 가족에게 아이를 돌봐주라고 하면 될 것이고, 아이가 심하게 다친 경우라면 본인이 상사에게 보고한 후 직접 가서 살펴보아야 할 것이다. 이 경우 외출이나 휴가를 이용하는 방식이 적절하다.

만일 직접 가봐야 하는데 자신이 처리할 중요한 일이 남아 있는 경우는, 그 사정을 상사에게 상세히 보고한 후 동료들에게 부탁하고 양해를 구하는 것이 필요하다. 인생을 살다 보면 이런 일은 누구에게라도 발생할 수 있는 일이므로, 동료들의 이해와 협조가 충분히 가능할 것이다. 이러한 점을 차분히 말할 수 있다면 좋은 답변이 될 것이다.

GOOD

- 회사의 일과 사적인 일이 겹친 경우, 비슷한 중요도인 경우 회사의 일이 우선이라는 것을 먼저 제시한다. 그리고 이 상황의 경우, 아이의 상태에 따라 대처하는 것이 바람직하다고 하는 것이 좋다.
- 아이의 부상 정도가 가벼운 경우는, 배우자나 가족에게 가서 살펴봐주라고 부탁하고 자신은 회사의 일을 처리하는 것이 옳다고 말한다.
- 부상 정도가 심한 경우에는, 이러한 상황을 보고한 후 자신이 가서 아이를 살펴보는 것이 적절하다고 답변한다. 상황에 따라 외출 또는 휴가를 내는 방식을 이용한다.
- 자신이 아이를 보살피기 위해 가는 경우에는 동료들에게 미리 양해를 구하며, 이로 인해 일을 대신 처리해 준 직원이 있다면 고마운 마음을 전달하는 것이 필요하다고 말한다면, 더 좋은 답변이 될 수 있을 것이다.

• 공적인 일이 우선이므로, 회사의 일에 집중한다고 말하는 것은 적절한 답변이 되기 어렵다.

• 아이가 다친 경우는 바로 아이에게 간다고 말하는 것도 좋지 않다.

• 외출이나 연월차 등의 휴가를 이용해 가본다고 말하는 것도 바람직한 답변은 아니다. 아이의 다친 정도와 회사에서 자신이 해야 할 일을 모두 고려해 결정하는 것이 적절하다.

• 아이를 살펴보러 가는 경우라도 그냥 바로 가서는 안 된다. 상사에게 보고한 후 외출이나 휴가를 받아 갈 수 있도록 해야 하며, 자신의 업무 중 그날 처리해야 할 일이 있는 경우 동료들에게 사정을 설명하고 미리 양해를 구해야 한다.

　직장에서의 일은 공적인 차원의 일에 해당하므로, 다급한 일이 없는 한 사적인 일보다 우선하는 것이 바람직하다고 생각합니다. 다만 아이가 다친 경우에는, 아이의 상태를 확인해 본 다음 결정하는 것이 필요할 것이라 생각합니다. 아이가 가볍게 다친 정도라면, 아내(남편) 또는 가족에게 가서 살펴봐 달라고 얘기하는 것이 적절할 것입니다. 만일 아이가 심하게 다친 경우라면, 상사에게 보고한 후 외출이나 휴가를 통해 아이를 보살피러 가는 것이 옳다고 생각합니다. 다만, 이 경우 제가 회사에서 처리해야 할 중요한 일이 있다면, 동료들에게 사정을 전달한 후 충분히 양해를 구하는 것이 필요할 것입니다. 아이를 살펴보고 아이가 어느 정도 안정을 찾은 다음에는, 다른 가족에게 아이를 부탁하고 업무에 복귀해 남은 일을 마무리할 수 있도록 하겠습니다. 만일 일을 대신 도와준 동료가 있다면 고마움을 전달하고 식사 대접이라도 하는 것이 좋지 않을까 생각합니다.

❻ 상사가 부당한 지시나 요구를 한다면 어떻게 하겠습니까?

면접관이 하고 싶어 하는 질문의 하나로 알려져 있다. 이 질문을 통해, 지원자의 위기 대응 능력과 상황판단 능력, 의사소통 능력, 조직 이해 및 적응 능력 등을 평가해 보고자 하는 의도가 반영되어 있다.

실제 직장에서 근무하는 경우, 상사의 바람직하지 않은 요구나 지시를 받는 경우가 종종 있다. 아주 가끔은 상사라는 직책을 이용해 부정한 방법으로 특혜를 요구하기도 하며, 불법적 로비 수단(뇌물, 리베이트 등)을 제공할 것을 강요할 수도 있다. 이런 경우 어떻게 대처하는 것이 가장 좋을까? 사실, 이러한 질문에 대해서는 근무경력이 풍부한 직장인들도 답하기가 쉽지 않다. 지시나 요구를 거절하자니 상사로부터 찍히게 되어 여러 어려움에 처하게 될 것이 뻔하고, 들어주자니 부정한 수단과 방법이 문제 될 경우 자신도 피해를 볼 수밖에 없다는 생각이 들기도 할 것이다. 따라서 이에 대한 답변도 무척 어려울 수밖에 없는 것이 사실이다.

이러한 질문에 대한 가장 현명한 대처 방법으로 알려진 것은 대체로 다음과 같다. 우선, 그 지시나 요구가 단순히 부당한 정도에 그치는 경우는 일단 따르는 것이 좋다. 그 후에 상사에게 그 지시나 요구가 부당하다고 생각되는 점을 전달하며, 자신의 생각에 대한 이해를 구하는 것도 좋다. 그 지시나 요구가 단순한 부당의 정도를 넘어 사규에 위배되거나 법률에 저촉되는 경우라면, 이행해서는 안 된다. 이 경우 자신의 생각을 전달하고 그 지시나 요구를 재고해 달라고 요청하는 것이 좋다.

만일 그 지시나 요구가 부도덕한 일이라면, 더 고민이 될 수 있을 것이다. 이 경우도 그것이 도덕적으로 옳지 않아 문제가 될 수 있음을 전달하고, 상사의 재고를 요구하는 것이 옳을 것이다. 답변도 이러한 방식으로 접근한다면 충분히 좋은 답변이 될 것이다.

- 상사의 지시나 요구가 단순한 부당의 정도에 그치는 것이라면, 일단 따르는 것이 좋다고 말한다. 이행한 후에는, 필요하다면 그 지시나 요구의 부당한 점을 설명하고 상사의 이해를 구하는 것도 좋을 것이라고 덧붙인다.
- 상사의 지시나 요구가 부당의 정도를 넘어 사규나 법적 측면에서 문제가 될 소지가 있거나, 도덕적으로 큰 흠결이 있는 경우라면, 이러한 생각을 충분히 전하고 그 이행을 정중히 거절하는 것이 좋다.

- 상사의 지시나 요구에 절대적으로 복종해야 한다고 말하지 않도록 한다.
- 상사의 지시는 들어주고 요구는 거절하는 것도 적절한 답변이 되기 어렵다. 지시나 요구의 내용에 따라 거절한 것인지 여부를 결정하는 것이 적절하다.
- 부당한 요구나 지시임을 이야기하고 거절한다고 하는 것도 좋지 않다. 단순한 부당의 경우 이행하는 것이 적절할 수 있다.
- 부당한 지시나 요구를 다른 동료나 상의하여 처리하겠다는 것도 좋지 않다. 이 경우 문제가 외부로 알려져 다른 문제가 발생할 수 있다.
- 끝까지 부당한 지시나 요구에 타협하지 않도록 처신한다는 것도 좋은 답변이 되기는 어렵다. 부당한 지시나 요구를 거절한 경우는, 그 이유에 대한 적절한 소명과 이해를 구하는 과정이 수반되어야 한다.

　　지시나 요구가 단순히 부당한 정도에 그치고 사규나 법적 측면에서 문제 될 소지가 없는 것이라면, 상사의 지시나 요구를 따르도록 하겠습니다. 이 경우 제가 생각하는 부당한 측면에 대해 상사에게 전달하고 이해를 구하는 과정이 필요할 것이라 생각합니다. 만일 그 지시나 요구가 사규에 위배되거나 법에 저촉되는 사항인 경우, 또는 도덕적으로 심각한 문제를 수반하여 회사 윤리에 부합하지 않는 경우라면, 이러한 사정을 상사에게 충분히 말씀드리고 정중히 거절하도록 하겠습니다. 이러한 방식은 상사가 자신의 생각을 재고해볼 수 있는 기회가 될 수 있고, 회사에 미칠 수도 있는 피해를 예방할 수 있다는 점에서 의미가 있다고 생각합니다.

7 직장생활에서 노력한 것보다 평가가 좋지 않은 경우에는 어떻게 하겠습니까?

공공기관의 경우 개인의 평가에 있어 상사 외에 동료, 민원인 등에 의한 다면평가가 이루어지기도 한다. 하지만 일반 기업에서는 상사가 부하 직원을 평가하는 형태가 일반적이므로, 이 질문은 상사(회사)에 대한 태도나 신뢰의 문제와도 관련된다고 할 수 있겠다.

타인에 대한 평가의 경우, 평가를 하는 사람도 받는 사람도 모두 곤란한 경우가 많다. 평가가 공정하게 잘 되어도 일부 대상은 낮은 평가를 받을 수밖에 없으므로, 평가의 공정성과 정확성에 의문을 가질 수 있다. 이는 명확한 평가 기준과 측정 도구를 갖춘 경우라 해도 마찬가지이다. 따라서 답변에 있어서도, 기본적으로 조직(회사, 상사)에 대한 기본적인 신뢰나 존중의 마음이 있어야 한다. 평가 결과를 신뢰하지 않거나, 평가 기준이나 도구가 제대로 된 것인지 의문을 가지는 자세는 바람직하지 않다는 것이다.

평가의 공정성과 정확성, 평가자에 대한 신뢰와 존중의 자세를 토대로, 평가 결과를 받아들이겠다는 답변이 가장 무난해 보인다. 그리고 좋지 않은 평가 결과라도 수용하는 것이 적절하다는 나름의 근거를 제시하는 것이 좋다. 대체로 자신과 다른 사람의 견해나 생각, 관점이 다른 경우가 많으며, 평가자를 믿고 그 판단을 존중하는 자세가 필요하다는 것이 근거로 제시될 수 있을 것이다. 여기에 자신의 부족한 점을 보완해 좋은 평가를 받을 수 있도록 더욱 노력하겠다는 각오를 덧붙인다면, 더 좋은 답변이 될 것이다.

GOOD
- 자신의 노력에 비해 평가 결과가 좋지 않은 경우도 받아들이는 자세가 바람직하다고 말하고, 그렇게 생각하는 나름의 근거를 덧붙인다.
- 평가 결과가 좋지 않은 이유를 파악하여 더욱 보완할 수 있도록 노력하겠다는 각오를 보여주는 것이 좋다.

BAD
- 노력에 비해 평가 결과가 좋지 않은 경우, 상사를 통해 이유를 파악하고 재검토나 재평가를 요구한다고 말하는 것은 좋지 않다. 이유를 물어볼 수는 있지만, 기본적으로 평가의 공정성과 정확성에 대한 신뢰가 전제되어야 한다.
- 평가 결과에 크게 신경 쓰지 않으므로, 문제 될 것이 없다고 답변하는 것도 좋지 않다. 평가 결과는 업무 능력이나 역량과 관련되는 중요한 요소이고, 평가 결과에 따라 승진이 결정되기도 한다.
- 평가 결과를 수용하겠다는 답변으로 마무리하는 것은 좋지 않다. 평가 결과가 나쁜 경우, 자신의 부족한 점을 수정·보완하는 자세가 필요하다.

8 직장생활 중 의견 충돌이 발생한 경우 어떻게 해결합니까?

이 질문은 직장생활에서 종종 발생할 수 있는 의견 충돌 시 어떻게 해결할 것인가를 통해, 조직 내에서의 합리적인 의사소통 능력과 문제 해결 능력, 조정 및 중재 능력, 인간관계 등을 평가해보고자 하는 것이다.

의견 충돌의 발생은 단순히 의견의 차이에서 발생할 수도 있지만, 개인 간의 성격차이나 갈등, 개인 및 조직 간의 자존심 등이 결부되어 더욱 복합적으로 전개되기도 한다. 여기서는 일단, 의견 차이로 인한 충돌을 전제로 하여 접근하는 것이 좋을 것이다. 따라서 기본적으로는 대화와 타협을 통해 의견 충돌을 해결할 수 있는 방법을 강구하는 것이 필요하다.

의견 충돌이 발생한 경우 합리적 해결 과정으로는 다음과 같은 것이 있다. 우선은 어떤 의견이 조직의 이익에 가장 부합하고 실현 가능성이 높은가를 먼저 고려해야 한다. 이 조건이 비슷한 수준에 해당하거나 그에 대해서도 의견 대립이 존재한다면, 다음으로는 보다 많은 사람들이 지지하거나 동의하는 의견을 반영하는 것이 좋다. 물론, 이 경우도 소수의견에 대한 충분한 검토가 전제되어야 한다. 지지나 동의하는 사람의 수가 비슷한 경우는 협상을 통한 해결(중재안 등)을 시도해 보고, 이것이 이루어지지 않는 경우라면 최종적으로 조직의 책임자나 상급자가 의견 조율을 통해 결정하는 것이 합리적이다. 답변도 이러한 방식으로 하면 좋을 것이다.

GOOD

- 의견 충돌은 조직에서 언제든 발생할 수 있는 것이므로, 합리적 해결 절차를 모색하는 것이 가장 중요하다는 것을 먼저 언급한다.
- 해결의 과정에서 가장 먼저 고려할 것은, '각각의 의견 중 어떤 것이 조직의 이익에 가장 부합하고 실현 가능성이 높은가'하는 것이다. 이 조건으로 결정되지 않는 경우에는, 보다 많은 사람들이 지지하는 의견을 우선하는 것이 좋다. 다만 이 경우 소수의견에 대해서도 충분히 검토해야 한다고 전제하는 것이 좋다.
- 두 번째 조건으로도 해결되지 않는 경우에는 각 의견에 대한 중재안을 마련해 해결을 시도해보고, 이것마저 불가능하다면 조직의 책임자나 경험이 많은 상사가 의견 조율을 통해 결정하도록 하는 것이 합리적이라고 말한다.

- 자신의 의견을 관철하기 위해 계속 상대를 설득한다고 하는 것은 좋지 않다.
- 의견 충돌로 갈등이 지속되는 경우 조직의 안정을 위해 양보한다고 하는 것도 적절한 방법은 아니다.
- 다수결 원칙에 따라 보다 많은 사람이 지지하는 견해를 우선해야 한다고 하는 것은 좋은 방법이 아니다. 다수의 의견이 소수의견보다 회사의 이익에 더 부합한다는 보장이 없으며, 각각의 의견에 대한 현실적 조건(실현 가능성, 재정적 측면 등)을 고려해 결정하는 것이 좋다.
- 의견 충돌이 발생한 경우 조직의 책임자나 결정권자에게 맡기는 것이 합리적이라 말하는 것도 적절하지 않다. 회사 실무자 간의 의견 충돌의 경우 실무자 간의 논의를 통해 결정하는 것이 합리적인 경우가 많다. 책임자에게 결정하도록 하는 것은 최종적인 결정과정에서 적합하다.

❋나의 답변은?

....

....

....

....

....

❾ 판매직(영업직, 매장 근무)은 힘든데 괜찮겠습니까?

일반적으로 판매직이나 영업, 매장 근무 등은 모두 힘들고 현장 근무가 많은 특수성이 있기 때문에, 일반 사무직과는 다른 조건이 강조되는 경우가 많다. 경력이나 경험, 체력, 외모, 인상 등이 평가 기준으로 특히 중시되기도 한다. 따라서 이러한 직무에 지원하는 경우는, 이러한 특징을 고려해 준비하는 것이 필요하다. 이 질문의 경우도 제시될 가능성이 꽤 있으므로, 충분히 준비해 두어야 할 것이다.

이 질문에 대한 답변 시, 자신이 이러한 직무와 관련된 어떠한 경력이나 경험이 있으며, 업무 방식이나 내용은 어떠한지를 어느 정도 알고 지원했다는 것을 밝히는 것이 필요하다. 특히 자신의 경험을 통해 체득한 힘들었던 점이나 배운 점을 언급한다면, 좋은 답변이 될 수 있다. 그리고 장기적으로 어떤 목표를 가지고 있는지를 밝히는 것도 좋다. 특히 이는 사직이나 이직 빈도가 높은 이 분야에서 요구되는 준비와 각오를 드러낼 수 있다는 점에서, 높은 평가를 받을 수 있을 것이다. 그리고 마지막으로, 어렵고 힘든 것을 극복하기 노력하겠다는 각오를 덧붙인다면 충분히 좋은 답변이 될 것이다.

GOOD

- 판매직이나 영업, 매장 근무의 경력이나 경험이 있다면 이야기하고, 현장 경험과 함께 해당 직무에 대해 충분히 알고 준비가 되어 있음을 밝힌다.
- 현장 근무 경험을 통해 겪은 힘든 점이나 배우고 경험한 사실이 있으면, 이것을 중심으로 준비가 되어 있음을 설명하는 것이 좋다.
- 장기적으로 이 분야에서 어떤 목표를 가지고 있는지 간략히 말하는 것이 좋다. 이를 통해 장기 근무의 준비와 각오가 되어 있음을 알릴 수 있다.
- 근무의 어려움과 힘든 것을 극복하고 목표를 달성하기 위해 노력하겠다는 각오를 덧붙이는 것도 좋다.

BAD

- 판매직이나 영업, 매장 근무가 어렵지만, 보수가 높고 다른 혜택이 있어 지원했다는 말은 하지 않는 것이 좋다.
- 지원한 분야를 잘 알지 못하고 지원했다는 느낌을 주는 말은 피해야 한다. 다른 사람의 추천으로 지원했다거나, 마땅히 지원할 곳이 없어 지원했다거나, 그냥 적성에 맞는 것 같아 지원했다는 답변은 모두 좋지 않다.
- 지원한 곳에서 경험을 쌓아 사무직으로 이직하겠다거나, 조건이 좋은 곳으로 이직을 고려하고 있다는 말은 하지 않도록 한다. 업무에 대한 열의나 진정성을 의심하게 되는 말이다.

⑩ 직속 상사의 지시로 업무를 진행하던 중에, 회사에서의 직급이 더 높은 팀장이 다른 일을 지시한다면, 어떻게 대처하겠습니까?

질문과 같은 경우도 직장생활에서 종종 발생하는 일이다. 어떤 경우는 여러 상사의 지시가 얽히는 경우도 있으며, 서로 긴급하니 빨리 처리해 달라고 요구할 수도 있다. 막상 이런 상황이 닥치는 경우, 대상자는 당황하여 어떻게 해야 적절할지 잘 모르는 경우가 많다. 업무의 긴급성과 직급 차이에 따른 지시 사항의 우선순위 간의 차이에서, 적절한 대처 방법을 몰라 문제를 일으킬 수 있다는 것이다.

이런 문제는 특별한 대처 방법이 있다기보다는, 지극히 상식선에서 접근하는 것이 옳다. 아직까지 우리나라의 회사는 대부분 수직적인 관료조직의 형태로 운영된다고 할 수 있으므로, 직급이 더 높은 상사의 일을 우선하여 처리하는 것이 적절하다. 따라서 이 질문과 같은 사례에서는 직급이 더 높은 팀장의 일을 먼저 수행해야 한다. 다만, 먼저 지시한 직속 상사에게 이를 전달하고 양해를 구한 후 진행할 필요가 있다. 답변도 이러한 방식으로 한다면, 충분히 좋은 답변이 될 수 있을 것이다.

GOOD

- 먼저 지시한 직속 상사의 지시사항이 곧 완료할 수 있는 경우가 아니라면, 팀장님의 지시사항을 이행하도록 하겠다고 답변하는 것이 좋다.
- 팀장의 일을 수행하는 경우, 먼저 지시한 직속 상사에게 이 사실을 전달해 양해를 구한 후에 일을 진행하여야 할 것이라는 점을 덧붙이는 것이 좋다. 만일 직속 상사가 팀장과 직접 협의해 처리 순서를 결정한다면, 그에 따라 진행하면 될 것이다.

BAD

- 일을 완전히 마무리 지은 후에 다음 일을 진행하는 것이 적절하므로, 직속 상사의 일을 완료한 후에 팀장의 지시사항을 진행한다고 답변하는 것은 좋지 않다.
- 보다 높은 상사의 지시사항이 우선이므로, 곧바로 팀장의 지시사항을 이행한다고 답변하는 것도 좋지 않다. 먼저 지시한 상사에게 상황을 전달해 허락을 구하는 절차가 필요하다.

11 흔히 말하는 '단순 반복 업무'만 수행하게 된다면 어떻게 하겠습니까?

사람들은 어떤 것이든 같은 일을 반복하는 것을 좋아하지 않는 기본적 성향이 있다. 특히 그 일이 단순 반복적인 업무에 해당한다면, 대부분의 사람은 지루하게 생각하기 쉽고 결국 싫증을 느껴 업무 능률은 떨어질 수밖에 없을 것이다. 따라서 이 질문은 '단순 반복 업무'만을 수행하는 경우 그것을 어떻게 극복해 나갈 것인지를 묻는 것이라 할 수 있다.

이 질문에 대한 답변은 도대체 어떻게 해야 하는 것일까? 여러 가지 답변이 제시될 수 있겠지만, 어떤 것이 좋다고 꼬집어 말하기는 어렵다. 좋은 접근법을 군이 하나 들어보자면, 우선은 그런 업무의 필요성을 인정하는 것이다. 조직에서 그런 일을 처리할 사람도 필요하다는 것을 말한다. 다음으로 단순 반복적인 업무를 맡게 된 경우, 조직발전이나 목표 달성을 위해 기꺼이 수행하려는 의지나 각오를 보여주는 것이 필요하다. 그리고 그 일을 하는 동안 개선점이나 더 나은 방법을 끊임없이 모색해보는 자세가 중요하다. 단순 반복적인 일을 수행하더라도, 그 업무에 아무런 생각 없이 임해서는 안 된다는 것이다. 이런 방식을 통해 답변한다면 좋은 평가를 받을 수 있을 것이라 생각한다.

GOOD
• 단순 반복 업무도 조직의 목표 달성과 조직발전을 위해 필요한 일이므로, 수행하는 것이 옳다고 말한다.
• 단순 반복 업무를 수행하는 과정에서 개선점이나 발전방향이 있는지 끊임없이 모색해보고, 있다면 적극적으로 건의할 수 있도록 한다.
• 그러한 업무의 수행으로 자신이 나태해지거나, 그러한 업무수행에 안주하지 않도록 노력할 것이라는 점을 강조하는 것도 좋다.

BAD
• 단순 반복적인 업무의 경우 오래 하기 어렵다는 식으로 말하지 않아야 한다.
• 자신의 적성에 맞을 것 같아 잘할 수 있다는 답변은 좋지 않다. 면접관은 이러한 답변을 하는 지원자의 경우 역량이나 의지가 부족하다고 느끼기 쉽다.

⑫ 직장생활 중 슬럼프가 발생한다면 어떻게 극복할 생각입니까?

직장생활을 하다 보면 어렵고 힘든 일을 많이 겪게 되고, 이로 인해 심신이 지치고 작업능률이 떨어지는 슬럼프에 빠지기도 한다. 슬럼프는 쉽게 벗어나기 어려운 특징이 있으며, 장기화될 경우 직장생활에 큰 부정적 영향을 미칠 수 있다. 따라서 면접관들의 입장에서는 지원자가 자신에게 닥친 슬럼프 상황을 어떻게 극복할 것인지에 대해 궁금할 수밖에 없으며, 따라서 이러한 질문이 제시될 가능성도 그만큼 크다고 할 수 있다.

슬럼프를 극복하기 위한 방법으로 널리 알려진 것으로는 여러 가지가 있다. 일을 멈추고 일정 기간 휴식하는 방법, 혼자만의 시간을 갖는 것, 운동 등 활동적인 생활을 통해 극복하는 방법, 압박과 경쟁을 잊고 대화나 명상을 통해 극복하는 방법 등이 주로 이용되고 있는 방법이다. 이러한 방법을 제시한 경우라면, 자신이 실제 효과를 본 방법을 예로 들어 설명하면 좋은 답변이 될 수 있을 것이다.

널리 알려진 방법보다 자신만의 독특한 극복 방법이 있다면, 면접관의 관심을 더 끌 수 있을 것이다. 슬럼프에 빠진 경우 자신이 예전에 했던 일이나 경험, 학업 등을 떠올릴 수 있는 자료를 하루 종일 보는 방법이 대표적이다. 운동선수가 자신이 잘했던 모습이 담긴 동영상을 반복해 보는 것이나, 힘든 자격증을 취득한 사람이 그것을 준비하며 봤던 책이나 기록을 찾아보는 것 등이 구체적 예이다. 이런 방식은 초심을 회복하는데 좋다고 알려져 있다.

어떤 사람은, 하루 정도를 철저하게 다른 사람의 입장이 되어 자신을 모습을 살펴보는 방법으로 슬럼프를 극복한다고 한다. 또한, 자신의 목표를 난이도에 따라 아주 세부적으로 구분한 다음, 가장 쉬운 것부터 하나씩 해나가며 기록하는 방법을 택하는 사람도 있다. 이런 방법들이 모두 정답이 되는 것은 아니지만, 슬럼프를 극복하는 독특한 방법의 하나가 될 수는 있다. 자신이 경험한 좋은 방법을 제시하고, 그 근거나 사례를 말할 수 있다면 좋은 답변이 될 수 있을 것이다.

G O O D

- 슬럼프를 극복하는 일반적 방법 중 하나를 제시하고, 자신이 그 방법을 통해 어느 정도의 효과를 봤는지 구체적 사례나 경험을 통해 설명한다.
- 슬럼프를 극복하는 자신만의 독특한 방법이 있다면 제시하고, 그 방법에 대한 구체적 근거를 제시하거나 효과를 본 실제 경험을 이야기한다.

B A D

- 슬럼프에 빠지지 않는 성격이라고 답변하는 것은 좋지 않다. 정도의 차이나 회복 기간의 차이는 있지만, 현대인은 누구나 슬럼프를 경험하게 된다.
- 슬럼프를 극복하기 위한 일반적 방법만을 설명하고, 거기에 대한 구체적 경험이나 사례 등을 언급하지 않는 것은 좋은 답변이 되기 어렵다.
- 슬럼프의 극복 방법을 실제 현실에서 실현하기 어렵거나, 그 효과에 대해 의문이 생기는 경우는 면접관의 공감을 얻을 수 없다. 직장생활을 하는 사람에게 발생한 슬럼프를 극복하는 것이므로, 그 방법을 실현하기 위해 직장을 그만두거나 상당한 지장을 초래하는 방법은 적절하지 않다. 또한 업무의 과중으로 슬럼프가 발생한 경우 다른 새로운 업무에 더욱 몰두하는 방법으로 극복한다고 하는 것은, 그 효과에 의문이 생길 수밖에 없다.

※나의 답변은?

⓭ 회사에서 노사갈등이 있는 경우 어떤 입장을 취할 예정입니까?

노사갈등으로 기업 경영에 곤란을 겪거나 경쟁력이 저하되는 기업이 있는데, 이 질문도 이러한 기업의 면접에서 제시될 수 있는 질문 유형이다. 따라서 자신이 지원한 회사가 현재 노사갈등으로 어떤 문제가 있다면, 면접 전에 미리 파악해 이러한 질문에 대비할 필요가 있다.

만일 회사가 노사갈등으로 문제가 있는 경우는, 답변에 있어서도 노동자 측의 입장보다는 사용자(회사) 측의 입장을 우선 고려하는 것이 현명한 대처 요령이 될 수 있다. 이러한 입장에서는, 자신의 요구가 관철되지 않는 경우 파업을 불사하지 않는 강성노조나 일부 대기업에서 자신의 이익을 추구하는 귀족노조의 문제를 제기할 수 있을 것이다. 또한 철도나 지하철, 병원 등의 공공서비스를 볼모로 하는 자신들의 이익을 추구하는 파업 행태를 지적할 수도 있다. 결론적으로는, 자신의 이익만을 추구할 것이 아니라 회사의 경영환경을 고려하고 시민들의 편의를 해치지 않는 범위 내에서 노조활동이 이루어져야 한다고 주장을 담을 수 있을 것이다.

지원한 회사의 노사갈등이 심각하지 않은 경우는 좀 더 중립적 시각을 보여주는 것이 필요하다. 자신의 생계를 위한 자리를 보장받고 헌법과 법률에 규정된 권리를 누리기 위한 수단으로서 노조가 필요하나, 기업의 여건이나 환경에 대한 고려 없이 노조의 본래 취지에서 벗어나 자신의 이익을 추구하는 수단으로 악용해서는 안 될 것이라 답변한다면, 무난한 답변이 될 수 있을 것이다.

G O O D

- 지원한 회사가 노사갈등으로 어려움에 처해 있는 경우는, 노동자 측의 입장보다 회사 측의 입장을 우선하는 답변이 좋다.
- 노조의 과도한 요구를 지적하거나, '강성노조'나 '귀족노조'의 문제, 시민들의 편의나 안전, 생업활동에 지장을 줄 수 있는 철도나 지하철, 병원 등의 파업 문제 등을 언급하는 것이 효과적이다.
- 지나친 노조 활동을 자제함으로써 기업이 성장하고 경쟁력을 갖출 수 있도록 하는 자세가 바람직하다고 말한다.
- 노사갈등이 심하지 않은 회사의 경우 다소 중립적인 답변하는 것도 괜찮다. 노조가 헌법과 법률에서 보장된 권리를 실현하고 자신의 생계유지 수단을 유지하기 위한 기능도 수행하는 장점이 있으나, 그 활동이나 요구가 노조의 본래 취지에서 벗어나거나 변질되거나, 자신의 이익 추구 수단으로 악용해서는 안 될 것이라 답변하는 것이 좋다.

- 노사갈등이 심각한 회사에서 노동자 측의 입장을 대변하거나, 노사의 활동을 지지하는 견해를 강조하는 것은 모두 좋지 않다. 이 경우는 노조가 본래의 취지에 벗어나 활동하는 사례를 언급하거나, 노조의 지나친 요구와 이로 인한 기업의 어려움, 사회적 피해 등을 말하는 것이 좋다.
- 노사갈등이 심각하지 않은 회사의 경우, 어느 한 쪽의 입장을 전적으로 지지하는 것은 적절하지 않다. 이 경우는 노사 양측의 입장을 모두 고려하는 중립에 가까운 발언이 더 좋을 수 있다.

※나의 답변은?

....

....

....

....

....

Tip 기타 출제 예상 질문

- 지원한 분야와 다른 곳에서 근무하게 되면 어떻게 하겠습니까? / 원하는 분야나 팀에 배치 되지 않는다면 어떻게 하겠습니까?

- 일이 적성에 맞지 않는 경우 어떻게 하겠습니까?

- 자신의 경력이나 경험 등이 구체적으로 업무에 어떤 도움이 되겠습니까?

- 공장이나 현장 근무가 가능합니까?

- 같은 팀 동료들은 모두 퇴근하는데 본인만 야근을 해야 한다면 어떻게 하겠습니까?

- 상사가 야근을 계속 지시한다면 어떻게 하겠습니까?

- 저녁에 중요한 약속이 있는데, 다른 팀원들이 모두 야근을 한다면 어떻게 하겠습니까?

- 직장생활 중 상사가 커피나 차 심부름을 자꾸 시키면 어떻게 하겠습니까?

- 직장 내의 성희롱 문제에 대해 어떻게 생각하십니까?

- 팀의 공동 수행할 일이 있는데, 한 팀원이 비협조적으로 나오면 어떻게 하겠습니까?

- 자신의 능력을 초과하는 일을 맡게 된다면 어떻게 하겠습니까?

- 제품에 대한 영업 또는 판매할당 요구가 있다면 어떻게 하겠습니까?

- 승진이 동료보다 뒤처지면 어떻게 하겠습니까?

- 파업에 대해 어떻게 생각합니까?

- 기업의 사회적 책임에 대해 어떻게 생각합니까?

- 자신의 서비스 마인드는 강한 편입니까?

- 고객의 컴플레인이나 까다로운 요구가 많은 경우 어떻게 대처하겠습니까?

- 회사의 이익과 고객의 이익 중 어떤 것이 더 중요합니까?

- 팀장이나 상사가 개인적인 일을 자꾸 시킨다면 어떻게 하겠습니까?

- 자신의 부하였던 사람이 어느 날 상사로 온다면 어떻게 하겠습니까?

07 대표적인 압박질문

1 학점도 낮고 영어 점수도 좋지 않은데, 당신을 채용할 이유가 있겠습니까?

학점이 낮고 영어 점수도 좋지 않은 경우는 물론 채용에 불리하다. 면접관은 이 질문을 통해 지원자가 어떻게 대응하는지를 살펴보고, 동시에 학점과 영어 점수가 높지 않은 다른 특별한 이유가 있는지 알아보기 위해 이러한 압박질문을 던진 것이다. 특히 학점과 영어 점수가 좋지 않은 지원자라면 받을 수 있는 질문이기에 준비해둘 필요가 있다.

지원자가 서류전형을 통과해 면접까지 보게 되었다면, 단순히 학점이나 영어 점수 외에 다른 강점이 보여서일 것이다. 따라서 지원자는 이 질문에 대해 자신감을 잃지 않고 답변할 필요가 있다.

그럼 어떻게 답변하는 것이 좋을까? 우선은, 학점과 영어 점수가 낮은데도 자신의 잠재력을 높이 봐준 것에 대해 감사하는 마음을 전하고, 어떤 공부를 하느라, 또는 어떤 경력이나 경험을 쌓느라 학점과 영어 성적 관리가 부족했는지를 간략히 밝힌다. 다음으로는 자신이 몰두한 공부를 통해 무엇을 잘 알게 되었고 어떤 능력을 갖추게 되었는지를 설명한다. 자신이 쌓은 경력이나 경험을 통해 무엇을 배우고 익혔는지를 설명하는 것도 좋다. 특히, 그러한 것들이 자신이 지원한 분야와 관련하여 어떤 도움이 될 수 있을지를 설명할 수 있다면, 아주 효과적인 답변이 될 것이다. 그리고 마지막으로, 이를 통해 회사와 직무분야에서 어떠한 역할을 수행할 수 있을지 자신의 각오를 밝히는 것이 좋다.

지원자의 전공과 경험에 따라 답변 내용은 무척이나 다양할 것이다. 다만, 이러한 측면을 중심으로 답변 내용을 각자의 입장에서 정리할 수 있다면, 충분히 좋은 답변이 될 수 있을 것이다.

G O O D

- 학점과 영어 점수가 낮은데도 잠재력을 높이 봐줘서 감사하다는 말을 전하고, 다른 학업이나 경력 · 경험을 쌓느라 학점 관리가 다소 부족했다고 말한다.
- 자신이 몰두한 학업 분야나 자신의 쌓은 경력과 경험을 통해, 구체적으로 무엇을 배우고 익혔는지를 설명한다.
- 자신이 배우고 익힌 것이 자신의 지원 분야나 업무에 어떻게 관련되며, 어떤 도움이 되는지를 설명할 수 있다면 더 좋을 것이다.
- 자신이 쌓은 지식이나 경험을 통해 회사 발전에 기여할 수 있도록 노력하겠다는 열의를 보여준다.

B A D

- 학점과 영어 점수가 낮은 이유를 제시하지 않는 것은 좋은 답변 방식이 아니다.
- 학점과 영어 점수를 상쇄할만한 이유가 구체적이지 않다면, 면접관이 공감하기 어렵다.
- 자신이 배우고 익힌 것이나 경험을 통해 얻을 것을, 자신의 업무 분야에 연결하지 못한다면 좋은 답변이 되기 어렵다.
- 자신이 배운 것이나 경험한 것을 통해 회사 발전에 기여하겠다는 각오를 보여주지 않는 것은 좋지 않다. 지원자들의 열의나 각오를 중시하지 않는 면접관들은 없다.

※나의 답변은?

....

....

....

....

....

② 입사 지원이 늦은 편인데, 아직까지 취업을 못한 이유가 있습니까?

이 질문은 졸업한 후 약간의 공백 기간이 있는 경우에 자주 제시되며, 답변도 쉽지 않은 질문에 해당한다. 따라서 지원자 중 이에 해당하는 사람의 경우는 충분한 준비가 필요한 질문이 될 것이다.

이러한 질문을 하는 면접관의 경우 기본적으로는 늦은 사유에 대한 궁금증도 있지만, 근본적으로 약간의 의구심이 질문에 내포되어 있다. 따라서 지원자는 지원이 늦은 원인에 대해 솔직하고 명확하게 설명해야 할 뿐만 아니라, 지원한 회사와 자신이 부합되는 측면과 자신이 수행할 역할과 요구되는 역량에 대해 명확히 설명하는 것이 필요하다. 자신의 각오를 덧붙이는 것도 좋다. 답변 태도 또한 불안하고 애매한 태도는 지양해야 하며, 수긍할 수 있는 분명한 기준을 제시함으로써 믿음을 줄 수 있는 태도가 필요하다. 그리고 다른 직장에서의 경력이 있는 경우에는, 그 직장을 그만두게 된 이유를 말하되 그 회사를 깎아내리거나 비난하지 않도록 주의한다. 이를 유념하고 답변할 수 있다면, 대체로 무난한 답변이 될 수 있을 것이다.

GOOD

- 자신의 지원이 늦은 이유를 솔직하고 명확하게 제시한다. 면접관이 수긍할 수 있을 정도의 이유가 있음을 보여주는 것이 중요하다.
- 지원한 회사와 자신이 어떤 점에서 부합되는지를 설명하고, 자신이 수행할 구체적인 역할과 필요한 역량에 대해 명확하게 제시하는 것이 필요하다. 각오를 덧붙이는 것도 좋다.
- 답변 시 믿음을 줄 수 있도록 분명하고 자신감 있는 태도로 말한다.

BAD

- 지원이 늦은 명확한 이유를 제시하지 못하거나, 납득하기 어려운 이유를 제시하지 않도록 한다.
- 지원한 회사가 어떤 측면에서 부합하는지 수긍하기 어려운 답변은 좋지 않다.
- 답변 태도가 애매하거나 뭔가 불안해 보이는 경우 면접관의 의구심은 더욱 커질 것이다.
- 이전에 잠깐 근무한 회사를 비하하거나 비난하는 자세는 좋지 않다. 그 회사를 그만둔 이유를 지원이 늦은 사유와 연결해 말하되, 자신의 생각이나 계획과 맞지 않았던 부분을 중심으로 설명하는 것이 좋다.

BEST

저는 2학년을 마친 후 1년간 봉사활동과 어학연수를 다녀왔고, 졸업 후 6개월 정도 다른 회사에 근무한 적이 있어, 귀사에 지원은 다소 늦게 되었습니다. 저는 디자인을 전공하였고, A사의 상품 디자인 공모전에서 수상한 이력도 있습니다. 그런데 이전에 근무한 회사에서는, 제가 디자인 업무보다는 제품 기획과 판매 파트에 집중할 수밖에 없는 상황이라 고민 끝에 그만두게 되었습니다. 귀사의 경우 최근 디자인 부분에 대한 깊은 관심을 보이며, 주력 상품의 디자인 개선에 주력하고 있다고 알고 있습니다. 최근 출시된 B제품과 C제품의 디자인은 특히 저에게 무척이나 인상적이었습니다. 귀사가 홍보하는 '사람을 위한 디자인'에 딱 부합한다고 생각합니다. 저는 디자인 분야에서 전문성을 키워 회사의 대표적인 전문가로 성장할 것을 계획하고 있습니다. 특히, 귀사의 디자인개발팀의 모토와 디자인 스타일이 저에게 가장 적합하다는 확신으로 망설임 없이 지원하게 되었습니다.

❀나의 답변은?

❸ 희망 연봉이 회사가 실제 지급하는 연봉과 차이가 있는데, 괜찮겠습니까?

연봉에 대해 민감하게 반응하는 면접관도 있고, 별 의미를 두지 않는 면접관도 있다. 이 질문의 경우, 주로 연봉에 대해 민감하게 생각하는 면접관이 할 수 있는 질문이다. 이러한 면접관들은 회사에 지원하는 사람, 특히 신입사원이 연봉에 대해 언급하는 것 자체를 탐탁지 않게 생각하는 경우가 많다. 따라서 이러한 민감한 면접관을 고려해 답변하는 준비가 필요하다.

면접관이 질문하기 전에 연봉에 대해 먼저 언급하는 것은 적절하지 않으며, 질문하는 경우 회사 규정에 따라 정해진 것이 있다면 그대로 받을 것이라 말하는 것이 좋다. 연봉을 높게 적은 것은, 이러한 내부 규정을 몰라 적은 것이라 말하면 된다. 특히 다른 사람에게 들었다고 하거나 혹은 대졸 초임이 그 정도 된다고 들어 적었다거나 하는 것은 좋지 않다. 자신의 판단이 아니라 남의 말을 듣고 연봉을 정하는 사람을 좋아할 면접관은 없다. 그리고 결론적으로, 연봉보다는 업무와 관련된 자신의 목표 달성에 매진한다는 각오를 보여주는 것이 필요하다.

지원자가 회사의 연봉 결정 기준에 대해 물어볼 수는 있지만, 이것도 신중해야 할 부분이다. 면접의 분위기나 질문자를 살펴 판단하는 것이 좋다. 답변도 이런 방향으로 한다면, 무난한 답변이 될 수 있을 것이다.

GOOD
- 희망 연봉을 높게 적은 것은 회사의 연봉 관련 규정을 잘 몰라서 적은 것이라 말한다.
- 연봉의 경우도 회사에서 정한 기준에 따라 받을 것임을 밝히는 것이 좋다.
- 만약 입사를 하게 된다면, 연봉보다는 자신의 업무에 있어 성과를 내고, 그것을 통해 인정받는 사람이 되겠다는 각오를 밝히는 것이 좋다.

BAD
- 희망 연봉은 그 정도가 적절하다고 생각해 적었다고 말하는 것은 좋지 않다. 이보다는 회사에서 정한 연봉에 대한 규정을 준수하는 것이 좋다.
- 연봉에 대해 남에게 들었다고 하거나, 뉴스나 신문 등을 통해 대졸 연봉에 대해 그렇게 들은 것 같아 희망 연봉을 적었다고 하는 것은 모두 좋지 않다. 면접관은 남의 의견에 따라 자신의 연봉을 결정하는 사람을 신뢰하기 어렵다.

- 답변으로 연봉 액수에 대한 이야기만 하는 것은 적절하지 않다. 연봉보다는 실질적인 자신의 가치를 높이는 것이 중요하다.

BEST

    회사의 연봉 관련 규정을 잘 몰라서 희망 연봉을 그렇게 적은 것입니다. 연봉에 있어서도 회사의 관련 규정을 따르도록 하겠습니다. 물론 취업 후 여러 사람에게 감사의 인사도 하고, 필요한 것도 사려면 돈이 어느 정도 필요한 것은 사실이지만, 그렇게 높은 연봉이 아니더라도 충분히 가능하다고 생각합니다. 제가 만일 입사하게 된다면, 연봉에 신경 쓰기보다는 제가 지원한 기술부문에서 잘 적응하도록 노력하고, 기계설계와 관련하여 두각을 낼 수 있도록 역량을 집중할 예정입니다.

※나의 답변은?

----

4 긴장한 것 같은데, 원래 그렇게 긴장을 잘하는 편입니까, 아니면 건강에 무슨 문제가 있어 그렇습니까?

    면접에 임하는 사람은 대부분 어느 정도 긴장을 하게 된다. 이런 점에서 보면 이 질문은 실제 긴장을 하고 있어서 받은 질문이라기보다는, 성격이나 건강상 별다른 문제가 없는지를 물어보고, 이런 질문에 어떻게 대처하는지 알아보기 위해 하는 것일 가능성이 크다. 물론 표정이 딱딱해 보여 가볍게 하는 질문일 수도 있다. 어떤 경우이든 쉽게 좋은 답변이 나오기는 어려운 질문이다. 말만 잘해서도 안 되고, 실제 표정도 지나치게 딱딱하거나 위축되어서는 안 될 것이다.

    그럼, 이 질문에 대해서는 어떻게 답변하는 것이 좋을까? 우선, 자신의 표정이 딱딱하게 굳어 있거나 표정이 무거운 경우는 표정을 밝고 여유 있게 하는 것이 필요하다. 그리고 지금은 조금 긴장되어 있으나, 건강 등에는 아무 문제가 없다는 것을 강조한다. 성격도 밝은 편이라도 덧붙이면 좋다. 실제로 자신의 건강을 보여주는 것도 효과가 있을 수 있다. 팔굽혀펴기를 한다든가 무거운 물건을 들어 보인다거나 하는 방법이 대표적이나, 면접관이 허락하는 경우에만 실행하도록 한다.

G O O D

- 지금은 면접에서 잘해야 한다는 마음으로 조금 긴장되어 있으나, 평소에는 성격도 밝고 건강하다는 점을 강조한다.
- 면접 준비에 전념하면서 잠을 충분히 자지 못해 표정이 다소 굳어 있다고 말하는 것도 괜찮다. 이 경우 자신의 표정을 밝게 할 수 있도록 노력한다.
- 면접관이 허락하는 경우 자신의 건강을 보여주는 행동을 시연해 보이는 것도 좋다.

B A D

- 평소 긴장을 잘하는 편이고, 긴장하면 표정도 굳어진다고 말하는 것은 좋지 않다.
- 건강에 다소 문제가 있다거나 그렇게 건강하지 않다는 표현은 자제하는 것이 좋다.
- 신체적 · 정신적으로 건강하다고 하면서, 표정이 굳어 있는 것은 좋지 않다. 면접관이 자신의 말을 신뢰할 수 있도록 표정을 밝게 할 필요가 있다.

5 지원한 분야는 남성이 대부분인 곳인데, 여성으로서 잘할 수 있겠습니까?

여성 지원자가 받을 수 있는 질문이며, 여성이 대부분인 곳을 지원한 남성 지원자도 이러한 형태의 질문을 받을 수 있다. 우선, 이 질문은 성차별적 우려가 있어 최근의 사회 분위기와 맞지 않는 질문이 될 수 있다. 하지만 질문을 받은 경우, 이러한 차별적 측면을 들추어 따져서는 곤란하다. 면접관의 입장에서는 남성이 대부분인 곳에서 여성으로서 잘 지낼 수 있는지, 남성이 보다 유리한 분야인데 잘 해낼 수 있는지를 묻기 위한 의도에서 한 질문일 가능성이 크다. 따라서 지원자도 이러한 측면에서 답변하는 것이 좋다.

이 질문에 대한 답변은, 여성이지만 남성이 많은 곳에서 대학생활(학과, 동아리 활동 등)을 하였고, 남성이 대부분인 곳에서 일해 본 적이 있어 문제가 없다고 하는 것이 좋다. 남성들이 많은 곳에서 어떻게 적응하고, 일은 어떻게 잘 처리했는지 실제 사례를 통해 간략히 설명하는 것도 좋다. 그리고 이러한 자신의 경험과 터득한 노하우를 지원 분야에서 근무할 때도 잘 적용할 것이며, 필요한 준비와 각오가 되어 있음을 마지막 부분에서 밝히는 것이 좋다.

이 질문에 대한 답변 시 주의할 것이 있다. 첫 번째는, 다른 답변도 마찬가지이지만 너무 모범답안 같은 답변을 그대로 답습해서는 안 된다는 것이다. 앞서 제시한 좋은 답변의 방식을, 자신의 실제 경험이나 사례에 적절히 적용해 설명하는 과정이 필요하다. 두 번째는 답변 시간을 적절히 조절해야 하는 것이다. 이 질문의 경우는 답변이 짧아도 안 되고 너무 길어도 좋지 않은 대표적인 질문의 하나이다. 적절한 시간은 대략 30초에서 1분 이내가 적합할 것으로 판단된다.

GOOD
• 대학 4년간 남성이 많은 학과에서 공부를 하였고, 남성들이 대부분인 곳에서 일한 경험(동아리, 아르바이트, 봉사활동, 인턴경험 등)이 있어 별다른 문제가 없음을 강조한다.
• 자신의 실제 경험을 통해, 남성이 대부분인 곳에서 잘 적응하는 요령이나 업무 수행 노하우 등을 설명할 수 있다면, 면접관들이 관심을 끄는 좋은 답변이 될 수 있을 것이다.
• 결론 부분에서, 자신의 경험과 노하우를 지원한 분야에서도 잘 적용할 수 있는 준비와 각오가 되어 있음을 밝힌다.

- 성차별적인 질문이라 답변하기 곤란하다고 말해서는 안 된다. 면접관은 남성이 대부분인 곳에서, 여성 지원자가 어떻게 적응하고 잘 해낼 수 있는지가 궁금해 물어본 것일 가능성이 크다.
- 남성들이 도와준다면 잘 해낼 수 있다고 하는 것은 좋은 답변이 아니다. 남성들은 여성 직원을 도와주기 위해 존재하는 사람들이 아니며, 무엇보다 이러한 답변에서 지원자가 업무에 임하는 기본적 태도나 의지에 대해 믿음이 생기지 않을 것이다.
- 성격이 남자 같다거나 털털한 편이어서 아무 문제가 없다고 말하는 것도 좋지 않다. 남자 같다는 것이 무엇인지 애매모호하며, 전체적으로 답변 취지와 부합하지 않는 측면이 있다.
- 그냥 괜찮다고 하거나 문제없다는 표현하기보다는, 실제 자기의 경험이나 사례를 제시하여 설명하는 것이 좋다.

※나의 답변은?

---

6 결혼 후에 지방근무 발령이 나면 어떻게 하겠습니까?

이 질문을 하는 것은 지원자의 대응방법을 파악해보기 위한 측면도 있지만, 회사와 업무 분야에 따라 지방발령이 실제로 종종 일어나는 일이므로, 지방근무가 얼마나 원만히 이루어질 수 있는지 알아보기 위한 측면도 있다.

이 질문도 자주 제시되는 질문 유형에 해당한다. 지원할 때부터 근무지가 지방인 경우는 큰 문제가 없다. 근무지를 알고 지원하므로 충분한 사전 준비가 가능하기 때문이다. 그런데 결혼을 한 후에 갑자기 지방발령을 받게 된다면, 여러 가지 어려움이 따를 수밖에 없다. 특히 아내(남편)가 서울에 근무 중인 경우나 아이들이 학교를 다니는 경우는 문제가 될 수 있다.

그럼, 질문에 대한 좋은 답변 방향은 어떻게 되는가? 결론부터 말하자면, 지방근무를 가도록 한다는 답변이 좋다. 만일, 배우자가 다른 직업이 있고 서울을 떠날 수 없는 상황이라면 주말부부가 될 수도 있으므로, 배우자와 충분히 상의하는 과정이 필요하다. 배우자에게는, 자신의 지방근무가 장기적 측면에서 근무실적이나 역량 강화에 도움이 된다는 것을 들어 설득하는 것이 좋을 것이다. 만일 아이가 있는 경우라면 아이들 문제까지 고려해 결정해야 한다. 답변도 이러한 방향으로 하되, 비교적 간략히 하면 더 좋을 것이다.

GOOD

- 회사의 사정상 지방근무가 필요하다면, 결혼 후에라도 가도록 한다고 말하는 것이 좋다.
- 만일 배우자가 직업이 있어 지방으로 가기 힘든 상황이라면, 배우자를 충분히 설득하는 과정이 필요할 것이라 말한다.
- 배우자에게 자신의 지방근무가 왜 필요한지를 설명하고, 그것이 자신의 근무실적이나 역량 강화 등에 도움이 될 것이라고 하는 등 긍정적 측면을 설명해 이해를 구하는 것이 좋다.

BAD

- 결혼 후에는 지방근무가 어렵다고 하거나, 배우자가 직업이 있거나 아이가 있는 경우는 더욱 곤란하다는 식으로 말해서는 안 된다. 지방근무는 회사의 필요에 의해 보내는 경우가 대부분이며, 면접관의 경우도 회사의 일을 우선할 수 있는 지원자를 선호할 수밖에 없다.
- 지방근무를 가더라도, 가족을 고려해 서울로 복귀하는 날짜나 조건을 정하고 가겠다고 하는 것도 바람직하지 않은 답변이다.
- 배우자의 의견과 관계없이 무조건 가겠다고 하는 것도 좋지 않다. 이것이 현실적으로 어렵다는 것은 면접관도 잘 알고 있으며, 그들도 지원자의 입장을 배우자에게 전달하고 설득하는 과정을 거치는 것이 더 적절하다고 생각할 것이다.

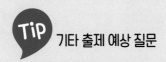
기타 출제 예상 질문

- 다른 사람보다 당신을 뽑아야 할 특별한 이유가 있습니까?

- 많은 사람이 취득한 자격증이 없는데, 이유가 무엇입니까?

- 우리 회사에 다시 지원한 이유가 무엇입니까?

- 결혼 후에도 직장생활을 계속할 겁니까?

- 후배가 상사가 되거나 나이 어린 사람이 상사가 되면 어떻게 하겠습니까?

- 팀장이 부정을 저지르는 것을 보면 어떻게 하겠습니까?

- 매일같이 야근을 해야 한다면 견딜 수 있겠습니까?

- 업무 특성상 주말에도 자주 출근하는데, 괜찮겠습니까?

- 집이 아주 먼데, 제때 출근할 수 있습니까?

- 다른 경험도 많은데 굳이 여기에 취업할 이유가 있습니까?

08 대표적인 이색 질문

1 시각장애인에게 노란색을 설명한다면?

이색 질문은 지원자의 순발력과 대처 능력, 아이디어, 논리력 등을 파악하고자 제시되는 특이한 질문을 말한다. 뜬금없고 황당한 내용인 경우가 많고, 딱히 정답이 없는 질문인 경우가 대부분이다. 따라서 지원자도 이러한 이색 질문이 제시된 경우 그에 맞춰 순발력 있게 답변하되, 답변에 있어 논리적 추론능력이나 기발한 아이디어, 재치 등이 드러날 수 있도록 답변하는 것이 좋다.

시각장애인에게 어떤 것을 설명해보라는 것도 이러한 대표적인 이색 질문 중의 하나이다. 이 질문을 통해 파악하고자 하는 것은 조직 생활에서 필요한 의사전달 능력과 설득력, 상대의 입장에서 생각해 볼 수 있는 역지사지의 자세 등이 될 것이다.

그럼 질문에 대한 답변은 어떻게 접근하는 것이 좋을까? 시각장애인의 경우, 통상 정상인들보다 시야가 좁고 흐리며 명암을 잘 구분하지 못한다. 하지만 시각을 제외한 다른 감각이 뛰어나므로, 그들에게 노란색에 어울리는 감각적 자극을 제공하는 것이 좋은 방법이 되는 경우가 많다.

달콤한 노란색 바나나를 먹어 보게 하거나 부드럽고 귀여운 노란 병아리를 만져 보게 하는 것, 봄의 느낌이 나는 노래를 들려주는 것, 봄 향기가 느껴지는 채소나 봄에 피는 꽃의 향을 맡게 해 주는 것 등이 좋은 예가 될 수 있다. 이런 것들을 통해 노란색의 이미지를 느낄 수 있도록 해주는 것이, 말로 노란색을 설명해 주는 것보다는 시각장애인들에게 더 효과적일 수 있다. 이러한 접근 방식을 통해 답변한다면, 무난한 답변이 될 수 있을 것이다.

2 서울시에 있는 중국집(음식점)은 모두 몇 개인가요?

역시 정확한 답을 요구하는 문제가 아니라, 자기 나름의 논리적 추론을 통해 중국집 개수를 산출하면 된다. 논리적인 추론 능력은 학습과정을 통해 충분히 배양될 수 있는 능력으로, 평소 이러한 문제를 통해 연습해 둔다면 면접에서 유사한 문제가 나온 경우에도 충분히 대응할 수 있을 것이다.

구체적인 답변 방법은 서울시의 인구와 주문 횟수, 중국집의 소화 가능 횟수 등을 추론해 논리적으로 답을 산출해 말하면 된다. 드러난 수치 외에는 수치 자체가 틀려도 상관없다. 기본적으로 자신이 판단한 논리적 과정을 통해 산출할 수 있으면 되는 것이다.

문제는 이러한 적극적인 추론의 자세나 도전정신이 부족한 경우이다. 이런 사람은 좋은 평가를 얻기 어렵다. 정말 도저히 모르겠다면, 자신이 편하게 자료를 가정하거나 임의로 인용하고, 그 범위 내에서 나름의 논리를 갖춰 추론하면 되는 것이다. 이런 자세로 임한다면, 이 질문뿐만 아니라 이색 질문 자체가 답변하기 가장 쉬운 질문이 될 수도 있다는 것을 알게 될 것이다.

BEST

서울시의 인구는 천만 명이며, 가구당 인구수를 4인이라고 가정할 때, 총 250만 가구가 있습니다. 평균적으로 가구당 2주에 1회 정도 주문해 음식을 먹는다고 할 때, 한 달에 대략 500만 번의 이상의 주문이 있게 되고, 이를 하루 단위로 계산하면 대략 170만 번 정도의 주문이 이루어진다고 할 수 있습니다. 중국집 한 곳에서 하루에 소화할 수 있는 주문량은 약 100회이므로, 서울시에 있는 중국집은 1만 7천 곳 정도로 추정됩니다.

❸ 전 세계에서 하루에 몇 명의 아이가 태어날까요?

우리나라의 경우 낮은 출산율로 큰 어려움에 처해있고, 기업의 입장에서도 출산율은 노동의 공급과 생산 및 소비시장의 유지를 위해서도 관심을 가질 수 있는 주제이다. 이 문제의 경우도 출산율과 관련이 있는 질문이다. 특히, 전 세계 인구는 상식적으로 알 수 있으므로, 이를 기준으로 해서 출산율을 감안하여 인구를 추론하는 방법이 좋을 것이다.

정답은 딱 정해진 것은 아니지만, 기본적인 추론과정은 논리적이어야 한다. 논리적 추론에서 벗어나거나, 현실적 수치와 지나치게 차이가 있는 가정은 피해야 한다. 또한 막연하게 몇 명 정도 될 것 같다는 식으로 추측하는 것도 좋지 않다.

BEST

하루에 대략 55만 명 정도의 아이가 태어나고 있습니다. 전 세계 인구가 72억 정도이니, 여성 인구는 36억 명 정도가 됩니다. 이 중 실제 출산을 하는 인구는 출산가능연령인 20~40세 여성으로, 총 10억 명 정도가 됩니다. 이에 속하는 여성들은 전 세계적 통계에 따를 때, 대략 10년에 걸쳐 평균 2명 정도를 출산하고 있습니다. 결국 전 세계적으로 10년간 20억 명이 새로 태어나는 것이므로, 1년에 2억 명의 아이가 태어난다고 추론할 수 있습니다. 따라서 하루에 태어나는 아이는 2억 명 나누기 365를 하면, 대략 55만 명 정도가 됩니다.

4 '510623-4937218'이 무슨 뜻이죠?

나열된 수치를 통해 떠오르는 것을 말하되, 정답에 가까운 것을 들고 설명하는 것도 좋지만 재치가 돋보이거나 재미있는 답변도 좋다. 면접관이 관심을 보이고 신선하게 느낄만한 답변이면 되는 것이다.

나열된 수치를 통해 생각해 볼 수 있는 것으로는, 통장의 계좌번호나 주민등록번호, 자신의 사번이나 군번, 비밀번호 등등 여러 가지가 있다. 꼭 현재 존재하지 않는 것이어도 상관없다. 어느 것이든 기발한 답을 찾아 바로 말하고, 왜 그렇게 생각하는지 간략히 설명한다면, 충분히 좋은 답변이 될 수 있을 것이다.

B E S T

• 특정인의 주민등록번호에 해당합니다. 구체적으로, 2051년 6월 23일에 태어난 여성의 주민등록번호에 해당합니다.

• 미래 제 아이의 사번입니다. 제일 앞에 있는 '51'은 '2051'년에 입사했다는 것을 나타내고, 근무부서, 사는 곳, 성별 구분, 지역번호 등에 해당하는 숫자가 차례로 나열된 것입니다.

5 소행성이 지구에 충돌해 인류 전체가 멸종될 운명에 처했는데, 다행히 3년 이상 생존할 수 있는 우주선이 하나 있다고 합니다. 최종 후보로는 목사, 돈 많은 사업가, 농부와 그 아내, 20살의 여성, 능력 있는 남성 변호사, 수영 국가대표 남성, 여교수, 40대 남성 과학자, 경찰 등 10명이 있다고 합니다. 자신이 결정권자이고, 최대 탑승 인원은 7명이라고 할 때, 누구를 태울 건가요?

역시 정답이 없는 문제이다. 여기서 주의해야 할 점은 인류가 멸종될 위기에 처했다는 것이다. 따라서 가장 중요한 탑승 기준으로 생각해 볼 것은, 인류의 지속(생존)과 인류가 다시 번성할 수 있도록 하는 것이다. 이러한 기준을 토대로 7명을 고르고, 자신이 생각하는 근거를 제시하면 된다.

BEST

저는 농부와 그 아내, 20대 여성과 수영 국가대표선수, 여교수와 과학자, 경찰을 탑승시키도록 하겠습니다. 인류가 멸종될 위기에 처한 상황이므로, 인류가 생존하여 다시 번성할 수 있도록 하는 것이 가장 중요하다고 생각합니다. 따라서 자식을 낳을 수 있는 농부와 그 아내를 탑승시키고, 건강한 자손을 낳을 가능성이 높은 20대 여성과 수영선수, 인류 발전에 기여할 수 있는 과학자와 여교수를 탑승시키는 것이 가장 합리적이라 생각했습니다. 그리고 나머지 한 명은 위기 상황에서 질서를 유지시키기 위한 관리자로서 경찰을 탑승시키는 것이 적절할 것으로 생각합니다.

❻ 사하라 사막을 10일 동안 혼자 여행하여야 합니다. 딱 3가지 물건만 챙겨갈 수 있다면 어떤 것을 가져가겠습니까?

극한적 환경에 해당하는 사막이나 극지방, 열대 정글이나 무인도 등에서 지내게 된 경우를 가정하고, 그 상황에서 자신에게 필요한 물건을 선정하게 하는 질문이 가끔씩 제시되기도 한다. 이 질문이 대표적인 유형이다. 자신이 생각해 봤을 때, 그 환경이나 상황에서 가장 필요한 물건 3가지를 고르고, 각각의 물건이 필요한 이유나 근거를 제시하면 된다.

통상, 자신이 머물게 될 곳의 환경을 고려해 생존과 안전을 확보할 수 있는 물건을 챙기는 것이 우선이다. 기발한 물건 한 가지 정도를 추가하는 아이디어도 제시될 수 있는데, 이 경우는 그 필요성에 대해 누구나 어느 정도 공감할 수 있는 것이어야 한다.

BEST

• 저는 생존과 안전이 우선이라고 생각해, 음식과 텐트, 총을 챙겨가겠습니다. 음식은 생존하고 기운을 얻기 위해 반드시 필요한 것이고, 텐트는 숙면을 취하거나 피로를 풀기 위해 쉴 수 있는 공간이며, 총은 들짐승 등의 위험으로부터 자신을 지키는 도구라 생각해 선정해 보았습니다.

• 저는 잠자고 쉬기 위한 침낭을 가장 먼저 챙기겠습니다. 다른 것보다 가벼워 휴대하기도 간편하다고 생각합니다. 두 번째는 마실 물을 챙겨가겠습니다. 보통의 음식과 달리 물은, 길어도 일주일 안에 마셔야만 생존이 가능한 것으로 알고 있습니다. 세 번째는 읽어야 하는 책 중에서 가장 재미없는 책을 한 권 가지고 가겠습니다. 쉬는 시간 동안 틈틈이 읽어 여행 기간 내에 다 읽도록 목표를 정한다면, 나름 재미있게 읽을 수 있을 것 같아 선정해봤습니다.

7 A사의 10층 건물에 1,500명이 근무한다고 합니다. 이 건물에 1번부터 5번까지 5대의 엘리베이터가 있는데, 이 중 3번 엘리베이터가 점심시간 1시간 동안 이동한 회수는 몇 회일까요? 또, 만일 엘리베이터 한 대가 유독 적게 이동하였다면, 그 이유가 무엇일까요?

정확한 수치를 요구하는 질문이 아니라, 논리적으로 추론하는 능력과 순간적인 판단력을 알아보기 위한 질문이다. 첫 번째 질문의 경우 창의적인 접근도 좋지만, 이미 문제에 많은 내용이 포함되어 있으므로, 그 내용을 중심으로 논리적으로 추론하는 것이 좋다.

두 번째 질문의 경우는 기발한 아이디어나 순발력이 특히 요구는 질문이다. 쉽게 생각할 수 있는 답변으로는, 한 엘리베이터가 고장났다거나 VIP 전용이라든가 하는 것이 될 수 있다. 합당한 이유가 있으면 제시해도 되지만, 기발하고 재치 있는 답변이 주목을 받을 가능성이 큰 질문에 해당한다.

B E S T

첫 번째 질문의 3번 엘리베이터는 다른 엘리베이터와 같이 20회 정도를 이동했다고 추론할 수 있습니다. 1,500명이 근무하지만, 이날 휴가나 결근한 사람, 외근을 나간 사람, 출장이나 교육에 참여한 사람이 전체의 10% 정도(150명)이므로, 건물에 남은 사람은 1,350명이 됩니다. 점심시간에는 엘리베이터를 이용하지 않는 사람이 있는데, 1층과 2층 사람의 대부분과 3층 사람의 절반 정도가 이용하지 않으므로, 그 수는 대략 340명 정도가 됩니다. 따라서 점심시간 동안 엘리베이터를 이용한 사람은 1,010명 정도입니다. 한 엘리베이터의 정원은 15명 정도이나 평균 10명 정도가 타게 되므로, 전체 엘리베이터는 대략 100회 정도 이동하였다는 것을 알 수 있습니다. 따라서 3번 엘리베이터의 경우는 20회 정도를 이동했다고 볼 수 있습니다.

두 번째 질문의 경우, 유독 적게 이동한 하나의 엘리베이터는 화물 엘리베이터입니다. 통상 큰 건물은 화물 엘리베이터가 따로 있는 경우가 많으며, 화물 엘리베이터 경우, 점심시간에 사람들이 식사를 많이 하므로 거의 이동하지 않습니다.

각국의 화폐에 들어가는 모델(인물 등)은, 그 나라의 발전에 기여했거나 그 나라의 역사에서 큰 의미가 있는 인물을 선정하는 것이 일반적이다. 우리나라에서는 이황, 이이, 세종대왕, 신사임당 등이 모델로 들어가 있다. 새로운 지폐에 담길 인물은 이러한 측면에서, 자신이 적합하다고 생각하는 인물을 선정하고, 그 이유를 간략히 밝히면 된다.

다만, 공적과 관련하여 논란이 심한 인물이나 아직 생존해 있는 인물은 선정하지 않는 것이 좋다. 단순히 그 사람의 인기나 인지도뿐만 아니라, 그 사람이 실제 국가의 발전에 어떠한 구체적인 기여를 했는지가 명확히 드러나는 인물이 적합하다.

BEST

- 저는 다산 정약용이 좋은 것 같습니다. 정약용은 조선시대 후기 실학을 집대성한 학자로서, 정치개혁과 사회개혁에 대한 체계적인 연구를 통해 수많은 저서를 남긴 것으로 유명합니다. 또한 자연과학에도 관심을 기울여, 홍역과 천연두의 치료법에 대한 책을 쓰기도 했고, 도량형과 화폐의 통일도 제안했으며, 건축기기에 대한 연구를 통해 거중기를 개발해 수원 화성의 공사기간을 단축하기도 했습니다. 우리 역사에서 가장 다양한 분야에서 공헌한 천재적인 인물이라 생각합니다. 그래서 10만 원의 모델로 정약용을 선정해 보았습니다.

- 저는 백범 김구를 추천합니다. 김구 선생님은 일제강점기 나라의 독립과 통일된 민족국가 건설을 위해 목숨을 걸고 노력한 대표적인 인물로 알고 있습니다. 임시정부의 주석을 지내며, 민족독립을 위해 한국광복군을 결성하기도 했고, 해방 이후에는 극심한 이념 대립이 전개되는 상황에서, 신탁통치 반대와 우리 민족에 의한 자주독립을 위해 노력하신 것으로 알고 있습니다. 그래서 존경의 마음을 담아 김구 선생님을 선정해 보았습니다.

❾ FC 바르셀로나에서 활약하고 있는 리오넬 메시는, 축구 실력뿐만 아니라 세계 최고 수준의 수입을 자랑하는 것으로도 유명합니다. 메시와 저녁식사를 같이할 자리를 두고 경매에 부친다면, 그 낙찰 예상 가격은 얼마나 될까요?

몇 년 전에, 오마하의 현인이라 불리는 세계적인 투자가 워런 버핏과 점심식사를 같이 하며 이야기를 나눌 수 있는 가격으로, 약 39억 원을 지불한 사람이 있다는 이야기가 화제가 된 적이 있다. 이렇듯 유명인과 하루 저녁식사를 위해서는 많은 돈이 필요하며, 그것이 화제가 되어 광고효과를 거둘 수 있다면 그 가격은 껑충 뛰어오르기도 한다.

그럼, 메시와 하루 저녁식사 자리를 두고 경매를 부치면 낙찰가는 얼마가 될까? 축구에 관심이 없는 사람은 메시의 수입이나 인기를 잘 모를 수도 있다. 하지만, 문제에서 이미 세계 최고의 수입을 자랑한다고 하지 않았는가. 자신이 생각하는 하루 수입을 나름대로 계산하고, 여기에 광고효과와 경매의 특성 등으로 추가 상승될 수 있는 부분까지 고려해 논리적인 예상가를 제시하면 된다. 정답을 바라는 문제가 아니므로, 자신감을 잃지 말고 논리력을 잘 발휘해 본다면, 얼마든지 좋은 답변이 될 수 있을 것이다.

BEST 메시의 수입은 연봉과 수당, 광고, 스폰서 등을 합쳐 연간 1,300억 원 정도라 알고 있습니다. 따라서 1일 수입으로 계산하면 대략 3.6억 원 정도가 됩니다. 하루 저녁식사 비용을 경매에 부치는 경우, 이 가격이 최저낙찰가로 제시될 것입니다. 실제 경매가 진행되면 홍보효과를 누리기 위한 많은 기업들이 참여할 것이고, 이로 인해 낙찰가는 계속 상승할 것으로 예상됩니다. 광고효과 등을 모두 고려해볼 때, 최종 낙찰가는 최저가의 5배 이상이 될 것으로 판단됩니다. 따라서 제가 산출한 낙찰 예상 가격은 18억 원이 조금 넘는 수준이 될 것이라 생각합니다.

⑩ 애인이 운영하는 쇼핑몰이 대박이 나서 많은 수입을 올리고 있는데, 시간이 없다고 하여 본인과 자주 만나지 못하는 상황입니다. 어떻게 하겠습니까?

친구나 애인 간의 관계에서 벌어진 여러 가지 일을 가정하고, 그때 본인은 어떤 자세나 입장을 취할 것인지 묻는 질문이 종종 출제되고 있다. 이 질문도 대표적인 질문의 하나이다. 이러한 상황에 접근하는 가장 적절한 방향은, 기본적인 신뢰관계를 최대한 유지하며 관계를 지속시키려는 노력이다.

인간관계뿐만 아니라, 기업의 경우도 마찬가지이다. 자신이 같이 고생하며 어렵게 근무하던 회사가 어느 날 대박이 나서 매출이 급증하고 있다고 가정해보자. 회사를 운영하는 사장은 회사의 급증한 매출 수요에 맞추기 위해 바쁘게 활동하고 있어, 예전 동료들을 챙겨주지 못하고 있는 상황이다. 이 경우 어떻게 하는 것이 바람직할까? 가장 바람직한 방법 중의 하나는, 자신의 일을 더욱 열심히 하여 회사가 더 성장할 수 있도록 돕는 것이다.

남녀관계도 마찬가지이다. 자신의 자리에서 애인을 격려해주고 때로는 조언도 해주며, 자신이 어떻게 도와줄 방법이 없나 고민해보는 것이 우선이다. 자주 만나주지 않는다고 불만을 제기하거나, 다른 의심부터 하는 것은 바람직하지 않다. 이런 관점에서 답변을 생각해 본다면, 좋은 답변이 될 수 있을 것이다.

BEST 애인의 사업이 잘 되고 있음을 축하해주고 도와줄 수 있는 부분은 도와주도록 하겠습니다. 직접적인 도움이 어렵다면, 필요한 격려나 조언의 말을 자주 해주도록 하겠습니다. 직접 만나기 어렵다면 전화나 문자, SNS 등을 통해 연락하는 것도 좋은 방법이 될 수 있을 것입니다. 자주 만나주지 않는다고 불평하거나, 다른 의심부터 하는 것은 바람직하지 않다고 생각합니다. 상대를 믿고, 자신의 일을 하며 기다려주는 것이 가장 좋을 것이라 생각합니다.

⑪ 애인이 친한 친구와 바람을 피운 경우 누구를 택하는 것이 좋을까요?

이 질문의 경우도 각자의 가치관에 따라 답변이 다를 수 있다는 점에서, 지원자의 가치관과 상황에 대한 판단력과 순발력 등을 알아보기 위해 제시되는 질문 유형으로 볼 수 있다. 다만, 이 경우는 앞에서 본 '애인의 사업이 대박이 난 경우'와는 구분되는 점이 하나 있다. 바로 애인이 신뢰를 저버린 행동을 한 것이다. 이러한 점을 토대로 누구를 택할지를 결정하고, 그 근거를 간략히 설명하면 된다.

애인을 택할 수도 있고, 친한 친구를 택할 수도 있다. 아니면, 두 사람 다 포기하거나 관계를 지속할 수도 있다. 어떤 것이든 선택의 기준이나 근거가 논리적이거나 수긍할 수 있는 것이면 된다.

BEST
저는 그런 경우라면 둘 다 포기하도록 하겠습니다. 애인의 경우는 바람을 피움으로써 상대방에 대한 기본적인 신뢰를 배반한 상황이므로, 관계를 지속하기 어렵다고 생각합니다. 친구의 경우도, 저의 애인임을 알고 바람을 피운 경우라면 친구로서의 기본적 믿음을 저버린 것에 해당합니다. 이는 곧 우정을 저버린 행위에 해당한다고 볼 수 있습니다. 인간관계뿐만 아니라 조직에서도 마찬가지라 생각합니다. 기본적인 신뢰를 저버리는 대상과는 파트너십을 지속하기가 어려울 것입니다. 따라서 저는 두 사람 다 선택하지 않을 것 같습니다.

12 현재 사귀고 있는 사람과 결혼하는 것을 부모님이 강력 반대합니다. 자신은 그 사람을 무척 사랑하기에 꼭 결혼을 하고 싶다면, 어떻게 해야 할까요?

현실에서 종종 있는 의견의 충돌이나 갈등 상황에 대한 질문이다. 실제 직장생활을 하는 경우에도 자신과 의견이 달라 문제가 되는 상황이 흔히 발생한다. 이 경우 어떻게 논리적으로 상대를 설득할 수 있는가가 중요한 능력의 하나로 평가되고 있다. 다만, 상대를 설득하는 데 있어 반드시 논리적으로 무장된 의견을 제시하고 합리적으로 설득해야만 되는 것은 물론 아니다. 상대의 마음을 사로잡는 다른 좋은 방안이 있다면, 이를 통해 상대를 설득하는 것도 가능하다.

이 질문에 대한 답변도 마찬가지이다. 자신이 생각하는 방법을 제시하고 그 근거를 논리적으로 제시해야 한다. 논리적인 방법을 떠올리기 어렵다면, 다른 수단을 강구해야 한다. 논리적이지 않더라도 면접관이 수긍할 수 있는 방법이면 되고, 재치 있고 재미있는 답변이면 더 좋을 수 있다.

BEST 두 가지 자료를 정리해 부모님께 보여드리는 방법을 통해 부모님을 설득하도록 하겠습니다. 하나는 저희 두 사람의 장점과 단점을 객관적인 시각에서 판단하여 정리한 자료입니다. 아무래도 부모님은 저를 아끼시는 마음에, 다른 사람의 조건보다 더 크고 높게 보는 경향이 있을 것입니다. 다른 사람들이 객관점인 관점에서 바라본 저의 장점과 단점, 그 사람의 장점과 단점을 정리해 보여드린다면 이러한 마음을 조금 바꾸실 수 있을 것이라 생각합니다. 다른 하나는 저희 두 사람이 앞으로 인생을 어떻게 설계해 나갈지의 청사진을 정리해 보여드리는 것입니다. 아무래도 집을 구하고 생계를 유지하며, 2세 계획은 어떻게 세워 실천할 것인지에 부모님은 많은 관심이 있을 것이라 생각합니다. 이 것을 저희 둘의 현재 모습과 발전 가능성을 중심으로 정리해 보여드린다면, 부모님이 안심을 하실 수 있고 어느 정도 만족하실 수 있을 것이라 생각합니다.

13 우리 회사 홈페이지의 방문자 수를 획기적으로 늘리려면 어떻게 해야 할까요?

　자사의 홈페이지에 대한 방문자 수를 늘리는 것은, 그 회사에 대한 홍보와 이미지 개선의 측면에서 도움이 되는 경우가 많다. 따라서 회사와 면접관들이 관심을 가질 만한 질문에 해당한다.

　여러 가지 방법이 있을 수 있겠다. 기본적으로는, 각자의 창의력과 상상력을 통해 기발한 아이디어를 제시하는 것이 가장 좋을 것이다. 다만 너무 많은 홍보 비용이 들지 않는 아이디어가 좋을 것이다. 많은 비용이 들거나 관심을 유도하기 위해 노이즈 마케팅을 하는 등의 방법은 모두 부정적으로 비칠 수 있으므로 주의해야 한다.

　몇 가지 방법으로 생각해 볼 수 있는 것은 다음과 같은 것이 있겠다. 우선, 홈페이지 이름을 자사의 이름 대신 재미있는 문구나 유행어로 대체하고, 회사 링크를 거는 것이다. 이 경우 기본 조회 수를 높일 수 있다. 홈페이지의 메뉴나 각각의 링크를 재미있는 게임 용어나 게임 상황에 대한 설명으로 대체하는 것도 효과적이다. 이것은 최근 모 방송사가 선거 방송에서 비슷한 방법을 도입해 화제를 모은 적이 있다. 또, 홈페이지를 유명인과 이름이 같은 직원 이름을 통해 홍보하는 방법도 좋은 방법이 될 수 있다.

　많은 방법이 있을 수 있으므로, 각자가 생각하는 재치 있고 좋은 아이디어를 한두 가지 제시하면 좋은 답변이 될 것이다.

14 당신이 근무하는 부서에서 부당한 로비나 특혜와 관련된 뒷거래가 발생하는 것을 알게 되었습니다. 어떻게 하겠습니까?

이 질문은 개인의 도덕성과 판단 능력, 사규 및 보고 체계의 이해 능력을 알아보고자 하는 목적을 담고 있다. 얼마 전 우리 사회에서도 불법적 로비나 특혜를 목적으로 하는 뇌물수수 등으로 큰 문제가 된 적이 있다. 실제 우리나라의 기업에서도 이러한 일이 가끔씩 발생해 문제가 되기도 하며, 그것이 사회적 문제로 확대되어 논의되기도 한다. 따라서 기발하고 개성 있는 재미있는 답변보다는, 모범답안에 가까운 답변을 하는 것이 가장 무난하다.

자신이 알게 된 것이 부당한 로비이고 특혜를 위한 뒷거래에 해당된다고 판단되면, 이를 바로잡고 문제를 해결하는 것이 가장 중요하다. 따라서 자신이 속한 부서의 팀장이나 부서장에게 이를 보고하는 것이 가장 먼저 할 일이다. 이는 기업에서의 비리를 방지하고, 이 문제가 더 큰 문제로 연결되는 것을 차단한다는 측면에서도 의미가 있다.

인터넷이나 방송 등을 통해 이 문제를 바로 외부에 알리는 것은 적절하지 않다. 전후 사정을 제대로 파악하지 않은 상태에서 외부로 알려지면, 조직은 문제의 진상을 파악하기도 전에 외부로부터의 비판과 비난에 시달릴 수 있다. 팀장이나 부서장의 결정을 통해 진상을 파악하여 내부에서 처리할 수 있는 정도의 문제인지 먼저 검토할 필요가 있다. 그 후에 이러한 검토 결과를 토대로 하여 구체적인 대응 방안을 강구하면 되는 것이다. 답변도 이러한 방식으로 한다면, 무난한 답변이 될 수 있을 것이다.

15 본인을 포함한 지원자들 대부분은 도대체 왜 검은색 정장만 입습니까?

이 질문은 정장의 색이 마음에 들지 않아 지적하기 위해 하는 것은 물론 아니다. 대부분 검은색이나 감색(짙은 남색)을 입는 이유가 뭐라고 생각하는지 묻는 것이며, 다른 색 중에서 괜찮은 색은 무엇이 있을까를 물어보기 위해 질문을 던지는 것이다.

따라서 답변에 있어서도 짙은 색 정장을 입은 이유를 설명하고, 다른 색 정장을 입는다면 어떤 것이 좋은지 간략히 설명하면 된다. 일반적으로, 특히 남성의 경우 검은색이나 짙은 감색의 정장을 입는 이유는, 이런 색이 지원자의 단정함과 차분함을 가장 부각할 수 있는 색이기 때문이다. 면접을 준비하는 사람은 어떻게든 좋은 이미지를 주기 위해 최선을 다할 수밖에 없는데, 이러한 심리적 이유로 인해 차분하면서도 단정한 이미지를 주는 짙은 색이 적절하기 때문에 선택한 것이다. 답변도 이런 식으로 하는 것이 가장 무난하다.

기업의 이미지가 정장의 색에도 영향을 미칠 수 있다. 다소 보수적이고 진중한 대기업의 경우는 대부분 이런 색을 선호하는 경향이 강하다. 혹시 면접관 중 색을 강하게 문제 삼는 경우가 있다면 이런 식으로 응대하는 것이 효과적이다.

최근에는 지원한 회사나 직무, 자신의 피부톤 등을 고려해 정장의 색을 약간씩 변화를 주기도 한다. 일반적이지는 않지만 남색과 회색 등을 입는 지원자도 있는데, 피부톤을 다소 부드럽게 하고, 온화하고 세련된 느낌을 주는 색으로 알려져 있다.

⓰ 면접 많이 보셨네요? 그동안 왜 떨어졌다고 생각하세요?

　면접을 많이 봤다는 것을 지적한 것으로 들릴 수 있지만, 기본적인 관심의 표현으로 이해하는 것이 좋다. 자신이 떨어진 이유를 솔직하게 말하되, 100% 솔직히 답하는 것보다 어느 정도의 연출은 필요하다. 가급적 문제점이나 단점을 부각해 설명하기보다는, 경험을 통해 그런 점을 어떻게 보완하고 개선해 왔는지를 강조하는 방식이 더 좋다.

　자신의 장점을 제대로 보여주지 못해 결과가 좋지 않았다는 설명도 괜찮다. 너무 긴장해서 그럴 수도 있고 면접 경험이 너무 부족해 그랬을 수도 있으므로, 보여주지 못한 이유를 간략히 밝힌다. 지원한 회사명을 거론하며, 'ㅇㅇ사'를 지원하기 위한 기회가 되었다고 재치 있게 답변하는 것도 나쁘지 않다. 그리고 지금은 그때보다 더 나아진 점이 어떤 것이 있는지 구체적 예를 제시한다.

　더 자세한 것은 앞서 언급한 지원 동기 등 관련 내용을 참고하면 될 것이다. 중요한 것은 이렇게 말로만 하는 것이 아니라, 면접에서 실제로 이런 점을 보여주는 것이 반드시 필요하다. 지금 가장 중요한 순간은 면접을 보는 바로 이 순간이므로, 자신감을 잃지 않고 자신이 준비한 것을 보여주는 것이 가장 중요하다.

⑰ 자기소개서에 보니 성격이 활달하고 유머 감각이 뛰어나다고 했네요?
30초 드릴 테니 면접관들을 웃겨보세요.

자기소개서의 장점이나 특기를 재치 있고 유머 감각이 뛰어나다고 적은 사람은 이러한 질문을 받을 수 있다. 다른 특기나 장기의 경우도 직접 보여달라는 요구를 받을 수 있으므로, 쓸 때도 잘할 수 있는 것을 골라 쓰고, 또 잘할 수 있도록 미리 충분히 준비해 두는 것이 좋다.

이 질문은 유머 감각이 있는지 확인해 보기 위한 목적도 있겠지만, 어떻게 대응하는지를 파악하고자 하는 목적이 더 클 것이다. 따라서 실제 준비해 간 유머를 시연해 면접관들을 웃겨 주는 것도 좋고, 채용해 주시면 확실히 보여드리겠다고 자신 있게 답변하는 것도 괜찮다. 실제 긴장하고 있는 면접장에서 짧은 시간에 유머를 보여주기는 쉽지 않으므로, 노력하는 모습을 보여주거나, 답변에서 그러한 당당한 모습을 보여줄 수 있다면 충분할 것이다.

B E S T

- (면접관들의 연령대에서 좋아할 만한 면접 소재를 찾아 충분히 연습해 두고, 요구가 있을 때 시연해 보인다.)

- 지금은 긴장된 상태이고 또한 주어진 시간이 너무 짧아, 저의 끼와 재치, 유머를 보여드리긴 어려울 것 같습니다. 하지만 저를 뽑아 주신다면 회사 장기자랑이나 야유회 때 확실히 보여드리겠습니다. 이것을 확약하는 의미에서 제 입사지원서 이름 옆에 서명을 해 드릴 수 있는데, 괜찮으시겠습니까? 곤란하시면 서명은 안 하도록 하겠습니다.

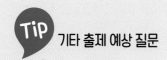

Tip 기타 출제 예상 질문

- 날아오는 총알을 잡으려 합니다. 어떤 방법들이 있겠습니까?
- 아프리카에 신발을 신지 않는 부족에게 신발을 팔아야 하는데, 어떻게 팔아야 할까요? 스님들에게 빗을 팔아야 하는데, 좋은 방법이 있으면 알려 주세요.
- 18번 노래가 있습니까? 왜 좋아하는지 말해보시고, 가능하면 조금 불러주세요.
- 지금 통장에 1억이 생긴다면 어떻게 사용할 것인가요? / 로또 복권 1등에 당첨된다면 어떻게 하시겠어요?
- 약혼식에 참석하러 가는데 흙탕물이 튀어 옷이 엉망이 되었습니다. 약혼식까지 30분 남았는데, 어떻게 하시겠어요?
- 해외여행을 가기 위해 이제 막 비행기를 탔습니다. 그런데 그때 공항에서 돈이 든 가방을 잃어버렸다는 것을 알았습니다. 어떻게 하겠습니까?
- 제가 이집트에서 온 고객이라고 가정하고, 이집트어로 회사를 소개해보세요.
- 방금 굴뚝 청소를 한 청소부의 얼굴이 깨끗하다면, 왜 그렇다고 생각하세요?
- 맨홀 뚜껑이 원형인 이유를 최대한 논리적으로 설명해보세요.
- 납품업체 과장으로부터 본인이 제일 좋아하는 양주 선물을 받았는데, 어떻게 하시겠어요?
- 빨래가 마르는 이유를 열역학적으로 설명해보세요.
- 우주에 있는 별의 수는 지구상의 모래알 수보다 많다는데, 증명해보세요.
- 우리나라의 가정용 전기요금 누진세가 다른 나라의 10배가 넘는 이유는 무엇일까요?
- 우리 회사의 A제품 점유율이 유독 A시에서만 낮은 이유가 무엇일까요?
- 우리 회사 B제품의 광고 모델로 김연아와 류현진 중 누가 적합할까요?
- 회사에서 계속 본인을 바이어 접대를 위한 술자리에 가라고 합니다. 어떻게 하시겠어요?
- 버스에 앉아 있는데 임산부와 다리를 다친 학생, 할아버지, 짐이 많은 아주머니가 탔다면 누구에게 먼저 자리를 양보할 것인가요? 그리고 그 이유는 무엇일까요?
- 배우자와 자식이 물에 빠졌는데 한 명만 구할 수 있다면, 누구를 구하겠어요?
- 무인도에 동물 한 마리를 데려갈 수 있다면 어떤 동물을 데려갈 것인가요?
- 지금 앞에 면접관 중 가장 관상이 좋은 사람은 누구인 것 같으세요? 근거는 무엇일까요?

09 주요한 집단토론주제

1 사형제도 유지에 대한 찬반 토론

| 주요 논점 |

▷ 찬성 측

- 사형제는 범죄를 억제하는 효과가 있다.
- 사형제가 효과가 있다는 미국과 영국 등의 사례가 있다.
- 사형제는 살인이나 아동 성폭행범 등의 강력 범죄에 대한 응보의 의미를 지닌다.
- 피해를 입은 가족의 처지를 고려해야 한다.

▷ 반대 측

- 사형제의 범죄 예방효과는 사실과 다르며, 과장된 측면이 있다.
- 사형제 폐지를 지지하는 유엔 보고서의 사례가 있다.
- 오판의 가능성을 고려해야 한다.
- 국가제도에 따른 사형도 결국의 살인의 한 유형에 불과하다.

| 찬성/반대의 의견 요약 |

| 상대측 의견에 대한 반박의 근거 |

| 최종 변론의 정리 |

❷ 존엄사 인정에 대한 찬반 토론

| 주요 논점 |

▷ **찬성 측**

- 환자가 존엄성을 지킬 수 있도록 스스로 죽을 권리(행복추구권 등)를 인정해야 한다.
- 의료 행위를 지속함으로써 발생하는 가족의 경제적 부담을 완화할 필요가 있다.
- 국가적 차원의 의료서비스를 회복·회생 가능성이 높은 환자에게 집중하는 것이 효율적이다.

▷ **반대 측**

- 생명 경시 풍조가 발생할 수 있다.
- 인간의 생명에 대해서는 누구도 결정권을 행사해서는 안 되며, 생명권의 가치를 훼손해서는 안 된다.
- 존엄사가 강조되는 경우 노인이나 장애인 등의 사회적 약자가 희생될 가능성이 크다.
- 장기 기증 등을 악용하는 사례가 발생할 수 있다.

| 찬성/반대의 의견 요약 |

| 상대측 의견에 대한 반박의 근거 |

| 최종 변론의 정리 |

3 영리 병원 도입에 대한 찬반 토론

| 주요 논점 |

▷ 찬성 측

- 경제적 측면에서 새로운 사업 기회를 제공하는 효과가 있고, 영리 병원을 통해 궁극적으로 의료서비스의 질이 제고된다.
- 투자가 확대되고 기업의 새로운 사업(병원사업) 운영 기회를 제공한다.
- 의료관광산업을 통해 외국인 환자를 유치한다.
- 기업들의 투자 확대와 서비스 경쟁의 확대를 통해 서비스의 질적 향상이 가능하다.

▷ 반대 측

- 공공의료체계의 붕괴가 우려된다.
- 오히려 의료서비스의 질적인 저하가 발생한다.
- 국민건강보험료가 상승하며, 의료비 상승에 따른 빈부 계층 간의 의료 혜택 차이가 확대된다.
- 병원의 대형화에 따라 중소병원이 경제적 타격을 입게 된다.
- 비영리병원의 의료서비스가 전반적으로 하락한다(유능한 의사가 영리병원으로 이동).
- 의료서비스가 수익성 높은 비급여 분야에 치중될 가능성이 커진다.

| 찬성/반대의 의견 요약 |

| 상대측 의견에 대한 반박의 근거 |

| 최종 변론의 정리 |

4 비만세(정크 푸드에 부과되는 세금) 도입에 대한 찬반 토론

| 주요 논점 |

▷ 찬성 측

- 비만세는 비만 유발 식품(정크 푸드)에 대한 수요 감소 효과가 있다.
- 여러 선진국에서 도입하거나 도입을 고려하고 있다.
- 비만세를 통해 비만의 예방과 치료에 필요한 재원을 확보할 수 있다.

▷ 반대 측

- 비만세 도입에 따른 비만 예방효과는 과장된 측면이 있다.
- 우리나라는 비만 문제가 심각한 편이 아니다.
- 비만세 도입에 따른 조세 전가 효과가 저소득층에 집중되어 조세 형평성이 저하된다.
- 비만세를 도입했다가 폐지한 국가도 있다.

| 찬성/반대의 의견 요약 |

| 상대측 의견에 대한 반박의 근거 |

| 최종 변론의 정리 |

5 양성평등 채용목표제(여성고용할당제)에 대한 찬반 토론

| 주요 논점 |

▷ **찬성 측**

- 우리나라는 사회적으로 고용문제를 포함하여 여성에 대한 차별이 사회 곳곳에 깊이 자리 잡고 있다.
- 여성의 고용과 관련된 불이익 제거 판례 등 법적 근거가 있다.
- 많은 나라에서 여성의 권리 확보와 평등의 실현을 위해 실시하고 있는 제도이다.

▷ **반대 측**

- 성별에 따라 고용에서 혜택을 주는 것으로, 남성에 대한 역차별에 해당된다.
- 헌재 판례에 따를 때, 여성고용할당제는 남성에 대한 기회의 박탈에 해당될 가능성이 크다.
- 이미 우리 사회에서는 고용에 있어 차별이 많이 완화되었다.

| 찬성/반대의 의견 요약 |

| 상대측 의견에 대한 반박의 근거 |

| 최종 변론의 정리 |

❻ 양심적 병역거부와 대체복무 인정에 대한 찬반 토론

| 주요 논점 |

▷ **찬성 측**

- 양심의 자유는 헌법에 보장된 기본권의 하나이므로, 양심적 병역거부도 기본권의 내용에 해당한다.
- 양심적 병역거부는 단순한 병역 기피와 구분되어야 하며, 지금까지의 처벌은 과도한 수준이었다.
- 군사적 대치 상황에 있는 나라도 양심적 병역거부를 인정하고 있으며, 유엔 인권위원회에서도 인정하고 있다.
- 국가적으로 일손이 부족한 곳이 많아, 대체복무를 통한 실효성이 굉장히 크다.

▷ **반대 측**

- 병역의 의무는 법률상의 의무로서, 반드시 준수하여야 한다.
- 병역의무를 거부하는 것은 이기적 행동이며, 의무를 이행한 사람들과의 형평성에 어긋난다.
- 대체복무를 인정하는 경우 악용의 우려가 있으며, 국가 안보를 저해할 수 있다.
- 양심적 병역거부를 인정하는 국가는 대부분 남북이 대치중인 우리와는 사정이 다르다.
- 군 복무를 이행 중인 사람들의 군기를 저하시키고, 상실감을 초래할 수 있다.

| 찬성/반대의 의견 요약 |

| 상대측 의견에 대한 반박의 근거 |

| 최종 변론의 정리 |

7 시간선택제 일자리 확대 정책에 대한 찬반 토론

| 주요 논점 |

▷ 찬성 측

- 출산이나 육아 등으로 전일 근무가 곤란한 인력에 대한 일자리 제공이 가능하다.
- 경력 단절 여성이나 퇴사한 장년층의 재취업 기회를 제공한다.
- 기업의 탄력적이고 유연한 인력 운영에 기여한다. 국가적 차원의 전반적인 일자리 창출에 도움이 된다.

▷ 반대 측

- 청년층의 일자리가 상대적으로 감소할 수 있다.
- 시간선택제 일자리의 질적 저하가 우려된다.
- 공공부문에 확대되는 경우 국민들의 세금이 지원될 가능성이 크다.

| 찬성/반대의 의견 요약 |

| 상대측 의견에 대한 반박의 근거 |

| 최종 변론의 정리 |

8 잡 셰어링(Job Sharing, 일자리 나누기) 시행에 대한 찬반 토론

| 주요 논점 |

▷ 찬성 측

- 잡 셰어링은 취업난과 실업자 증가를 억제하고, 일자리 창출을 통한 고용률 증진에 기여한다.
- 경기 침체 시 인적자원에 대한 해고를 억제하여 미래 호황기에 대비할 수 있다.
- 숙련된 인력의 계속적 활용이 가능하다. 소비 진작을 통해 내수가 활성화된다.
- 여가 시간의 증가로 레저산업 등 관련 산업이 활발해진다.

▷ 반대 측

- 실제로는 근로시간은 줄지 않고 급여만 삭감되어 근로환경이 악화된다.
- 비정규직이 확산되고 고착화될 가능성이 증가한다.
- 새로운 일자리가 창출되는 효과는 그렇게 크지 않다.
- 신규 인력의 증가로 장기적 측면에서 회사 경쟁력이 저하될 수 있다.

| 찬성/반대의 의견 요약 |

| 상대측 의견에 대한 반박의 근거 |

| 최종 변론의 정리 |

9 유치원의 CCTV 설치 의무화에 대한 찬반 토론

| 주요 논점 |

▷ 찬성 측

- CCTV 설치는 영유아를 보호하기 위한 필요 최소한의 조치이다.
- 유치원에서 문제 상황이 발생한 경우 CCTV를 통해 검증함으로써 불필요한 갈등을 방지할 수 있다(영유아뿐만 아니라 유치원과 교사를 위해서도 필요하다).
- 어린이집의 설치 의무화 규정은 유치원에서도 동일하게 적용되어야 한다.

▷ 반대 측

- 유아교육의 질을 저하시킬 수 있다. 교사의 인권과 프라이버시를 침해할 우려가 있다.
- CCTV의 사각지대가 존재하며, 설치한 곳에도 사건이 발생한다는 점에서 실효성에 떨어진다.

| 찬성/반대의 의견 요약 |

| 상대측 의견에 대한 반박의 근거 |

| 최종 변론의 정리 |

🔟 음주운전 단속 및 처벌 강화('윤창호 법')에 대한 찬반 토론

| 주요 논점 |

▷ 찬성 측

- 음주운전은 당사자뿐만 아니라 무고한 사람을 해치는 중대한 범죄이므로, 단속 및 처벌기준은 강화되어야 한다.
- 음주운전 교통사고로 인한 사회적 손실이 한 해 1조 원이 넘는다.
- 외국의 경우도 처벌을 강화하는 추세이다.
- 사고의 피해 정도를 감안할 때, 방치한 사람도 처벌하는 것이 당연하다.
- 단 한 잔의 술도 운전 전에는 마시면 안 된다는 인식의 확산을 위해서 필요하다.

▷ 반대 측

- 단속 기준 강화는 당연하나 처벌 강화나 처벌 대상의 확대는 신중할 필요가 있다.
- 상습적 음주운전자에 대한 차량 몰수는 개인의 재산권을 침해하는 지나친 처벌이다.
- 차량을 생계유지 수단으로 사용하는 운전자의 차량 몰수는 생존권을 위협할 수 있다.
- 술을 판 식당이나 회사에서 지휘감독 관계에 있는 사람까지 처벌 대상으로 포함시킨 것은 너무 과하다.
- 현실과 동떨어진 규제로, 전반적으로 실효성이 떨어진다.

| 찬성/반대의 의견 요약 |

| 상대측 의견에 대한 반박의 근거 |

| 최종 변론의 정리 |

11 지상파 광고 총량제 도입에 대한 찬반 토론

| 주요 논점 |

▷ 찬성 측

- 광고 총량제를 통해 유연하고 효율적인 프로그램 편성이 가능하다.
- 지상파의 재정적 안정성이 강화되어 양질의 프로그램 제작이 가능하다.

▷ 반대 측

- 시청률 위주의 프로그램 편성으로 공공성이 저하된다.
- 시청 중 광고를 자주 접하게 되어 시청권을 침해할 수 있다.
- 인기 프로그램에 광고가 몰리게 되어 영세 방송사업자 등이 어려워질 수 있다(매체 간 부익부 빈익빈 현상이 심화된다).

| 찬성/반대의 의견 요약 |

| 상대측 의견에 대한 반박의 근거 |

| 최종 변론의 정리 |

12 비즈니스 패스트트랙 도입에 대한 찬반 토론

| 주요 논점 |

▷ 찬성 측

- 비즈니스 패스트트랙은 우리나라를 제외한 세계 20위 내의 항공사는 모두 시행 중이므로, 인천공항의 글로벌 경쟁력 강화를 위해 필요하다.
- 가격차별화 전략은 이미 다른 곳에서 시행 중이므로, 문제 될 것이 없다.
- 일등석과 비즈니스 승객에게 패스트트랙 이용을 확대하면, 일반 출국 게이트의 처리 시간도 단축되어 효율적 승객 처리에 기여한다.
- 각 항공사가 운영 비용을 지불하므로 일반 승객의 부담이 발생하지 않는다.

▷ 반대 측

- 비즈니스석과 일반석 승객 간의 위화감이 확대될 수 있다.
- 국가적으로 신속한 입출국이 필요한 사람을 대상으로 한 정책은 이미 시행 중이다.
- 인천공항의 검색 및 심사 시간은 다른 나라와 비교할 수 없을 정도로 빠르다.
- 공항 자체가 공공재적 성격을 지니고 있다.
- 경제 논리 이전에 사회적 약자에 대한 보호가 우선되어야 한다(장애인, 고령자, 임산부 등 교통약자가 패스트트랙 이용 대상에서 제외되고 있다).

| 찬성/반대의 의견 요약 |

| 상대측 의견에 대한 반박의 근거 |

| 최종 변론의 정리 |

⓭ 여성 전용 택시 도입에 대한 찬반 토론

| 주요 논점 |

▷ 찬성 측

- 여성은 남성에 비해 범죄에 더 취약할 수밖에 없으므로, 안전에 있어 특별한 보호가 필요하다.
- 여성 전용 택시 수요는 충분하므로, 경제적 측면의 문제는 발생하지 않는다.
- 여성 운전자의 채용으로 고용이 증가되며, 여성의 사회 진출 확대에도 기여한다.

▷ 반대 측

- 여성 전용 택시는 남성에 대한 역차별이 확대될 수 있다.
- 범죄 대상의 성별을 정해져 있는 것은 아니며, 여성 전용 택시가 범죄의 표적이 될 수 있다.
- 택시 수가 한정된 상태에서 도입하는 것은 택시 이용을 어렵게 할 수 있다.

| 찬성/반대의 의견 요약 |

| 상대측 의견에 대한 반박의 근거 |

| 최종 변론의 정리 |

14 여성의 병역의무제 시행에 대한 찬반 토론

| 주요 논점 |

▷ 찬성 측

– 여성의 병역 의무제 도입은 남녀차별과 불평등 해소에 기여할 수 있다.

– 오늘날의 군대에서는 여성이 필요한 분야가 늘고 있다.

– 남성만 병역의무(국방의 의무)를 부담하는 것은 평등권에 위배될 수 있다.

– 사회진출과 직업선택 등에 있어 여성이 남성보다 유리하다.

▷ 반대 측

– 병역의무를 여성에게도 획일적으로 적용하는 것은 헌법정신에 부합하지 않는다(기계적 평등에 불과하다).

– 대부분의 국가에서 여성을 전투 병력으로 하는 것을 제한하고 있다.

– 여성에게 병역을 요구할 정도로 병역이 많이 필요한 상황이 아니다.

– 제도 시행에 막대한 비용이 수반된다.

– 여성들이 의무적으로 군 복무를 하는 경우 임신과 출산이 늦어져 저출산 고령화 문제가 더욱 심각해질 수 있다.

| 찬성/반대의 의견 요약 |

| 상대측 의견에 대한 반박의 근거 |

| 최종 변론의 정리 |

15 대기업의 농업 분야 진출에 대한 찬반 토론

| 주요 논점 |

▷ 찬성 측

- 대규모 자본 투자와 기술 도입으로 농업의 경쟁력이 강화된다.
- 일부 국가에서도 적극 찬성하고 있다.
- 지역 주민들의 고용을 촉진할 수 있고, 지역 농가의 소득수준을 향상시킬 수 있다(지역 경제 활성화에 기여한다).

▷ 반대 측

- 막대한 자본력을 갖춘 대기업이 진출한 지역과 그렇지 않은 지역의 격차가 확대된다.
- 진출하지 않은 곳의 농업은 존립이 위협을 받을 수 있으며, 농촌 지역의 공동화가 초래될 수 있다.
- 대기업이 외국자본과 결합하는 경우, 국내 농업의 종속화가 심화될 수 있다.

| 찬성/반대의 의견 요약 |

| 상대측 의견에 대한 반박의 근거 |

| 최종 변론의 정리 |

16 SSM(Super SuperMarket, 기업형 슈퍼마켓) 규제 법률에 대한 찬반 토론

| 주요 논점 |

▷ 찬성 측

- SSM 주변의 동네 상권은 대부분 초토화된다.
- SSM 규제가 없는 경우 결국 소비자가 피해를 보게 된다(독점 심화, 물가 인상, 소비자 선택권 제한 등).
- 정부는 대기업의 문어발식 확장이나 무분별한 이윤추구 행위를 억제할 의무가 있다.

▷ 반대 측

- SSM에 대한 규제는 WTO 서비스 협정을 위반하는 것이다.
- 규제는 오히려 소비자 선택권을 침해한다.
- 동네 슈퍼 등의 유통업체도 경쟁력을 확대할 필요가 있다.

| 찬성/반대의 의견 요약 |

| 상대측 의견에 대한 반박의 근거 |

| 최종 변론의 정리 |

17 온라인상의 잊혀질 권리(Right to be Forgotten) 도입에 대한 찬반 토론

| 주요 논점 |

▷ 찬성 측

- 인터넷상의 개인정보 과다 노출과 수집에 따른 피해를 막고, 사생활을 보호할 수 있는 수단에 해당한다.
- 개인정보 남용과 악용으로부터 개인의 권리를 지킬 수 있다.
- 다른 사람의 표현의 자유를 침해하는 것은 아니다.

▷ 반대 측

- 대중의 알 권리를 침해할 수 있다.
- 불리한 정보만을 삭제하는 경우 정보에 대한 판단을 왜곡할 수 있다.
- 정보를 작성한 사람이 아니라 인터넷 공급자에게 삭제 의무를 부과하는 것은 불합리한 측면이 있다.

| 찬성/반대의 의견 요약 |

| 상대측 의견에 대한 반박의 근거 |

| 최송 변론의 정리 |

18 영어 조기교육에 대한 찬반 토론

| 주요 논점 |

▷ **찬성 측**

- 외국어는 어릴 때부터 하는 것이 효과적이다(보다 쉽게 익히게 되고, 발음도 좋아진다).
- 영어 조기교육은 성인기 영어 공부 시 친숙함을 강화할 수 있다.
- 특히 외국어 말하기에는 장시간이 소요되므로 조기교육이 필요하다.
- 사교육 시장이 이미 형성되어 있어 수준에 따른 교육이 가능하며, 공교육도 긍정적 자극을 미칠 수 있다.

▷ **반대 측**

- 영유아기는 아동 발달에 있어 기본 소양을 쌓아야 하는 시기이므로, 외국어에 집중하는 것은 바람직하지 않다.
- 영어를 잘하고 못하고는, 학습 시기가 아니라 학습자의 의지에 달려있다.
- 언어적 사고력의 기초가 형성된 이후에 언어를 습득하는 것이 바람직하다.
- 과도한 조기 교육은 아이들에게 큰 부담이 될 뿐만 아니라, 학부모에게도 스트레스를 유발한다.

| 찬성/반대의 의견 요약 |

| 상대측 의견에 대한 반박의 근거 |

| 최종 변론의 정리 |

⑲ 청소년 범죄의 처벌기준을 강화하는 소년법 개정에 대한 찬반 토론

| 주요 논점 |

▷ 찬성 측

- 청소년 범죄 양상의 변화에 따른 대비가 필요하다(청소년 범죄의 연령이 낮아지고 범죄가 흉악해지며, 재범률이 높아지고 있다).
- 주로 경미한 처벌에 그치는 기존의 소년법은 강력범죄 발생을 조장할 수 있다.
- 기존의 소년법은 가해자 처벌 감경에 악용될 소지가 크다.

▷ 반대 측

- 청소년 범죄의 증가와 흉악화 경향은 과장된 측면이 있다.
- 청소년 범죄의 경우 처벌보다 교화가 중심이 되어야 한다.
- 처벌 연령은 낮추고 형량을 높이는 것은 근본적 처방으로 볼 수 없다(범죄 감소 효과가 크지 않다).

| 찬성/반대의 의견 요약 |

| 상대측 의견에 대한 반박의 근거 |

| 최종 변론의 정리 |

- 공공장소 CCTV 설치에 대한 찬반

- 대학 입학사정관제에 대한 찬반

- 기부입학제에 대한 찬반

- 오픈 카지노 도입에 대한 찬반

- 이주 아동 권리 보장 법안에 대한 찬반

- 군 가산점 부활에 대한 찬반

- 지방 축제의 정부 개입 및 규제에 대한 찬반

- 정년 연장에 대한 찬반

- 공무원 증원에 대한 찬반

- 정당 국고 보조금 폐지에 대한 찬반

- 담뱃값 인상에 대한 찬반

- 인터넷 실명제에 대한 찬반

- 성범죄자 신상 공개에 대한 찬반

- 사이버 모욕죄에 대한 찬반

- 원전에 폐지에 대한 찬반

- 중국 주도의 기축통화 재편 움직임에 대한 찬반

Q 오늘 뉴스 기사 중 가장 기억에 남는 것은 무엇입니까?

Q 오늘 아침 주요 일간지 톱(Top) 기사는 무엇입니까?

Q 현재 우리 사회의 대표적인 현안은 무엇입니까? 두 가지만 말해보세요.

Q 기업의 사회적 책임은 무엇이라 생각합니까?

Q '사회적 기업'이란 무엇을 말합니까? 우리나라의 대표적인 사회적 기업은 어디입니까?

Q 현재 우리나라에서 경제성장과 사회복지 중 어느 것이 우선되어야 한다고 생각합니까?

Q '공유지의 비극'을 구체적 예를 통해 설명해보세요.

Q 불경기를 어떤 경우에 가장 체감합니까?

Q '광주형 일자리'를 설명해보세요.

Q 자신의 현재 목표와 회사의 목표가 상충될 때에는 솔직히 어떻게 하겠습니까?

Q 최근의 '미투 운동'과 페미니즘에 대해 아는 대로 말해보세요.

Q '남녀고용평등과 일·가정 양립 지원에 관한 법률'에 대해 어떻게 생각합니까?

Q '그루밍 성범죄'란 무엇입니까?

Q '리벤지 포르노'란 무엇을 말합니까?

Q 우리나라의 자살률이 OECD 국가 중 몇 위입니까? 예방책에는 어떤 것이 있을까요?

Q '소확행'이란 무엇을 말합니까?

Q '인구 오너스 시기'란 무엇을 말합니까? 우리나라는 이 시기에 해당합니까?

Q 'VDT 증후군'은 무엇을 말합니까?

Q 가상화폐에 투자해 본 적이 있습니까? 가상화폐의 유용성과 폐해를 말해보세요.

Q 블록체인 기술은 무엇입니까? 블록체인이 비즈니스 측면에 적용하기 위해서는 어떻게 해야 합니까?

Q 미세먼지가 경제적 측면에 미치는 영향에는 어떤 것이 있을까요?

Q 기업 간의 인수합병에 대해 어떻게 생각합니까? 최근의 사례를 들어 설명해보세요.

Q 카풀 서비스가 뭡니까? 택시업계에서는 왜 서비스 도입을 반대합니까?

Q 고용문제가 여전히 심각한데, 이러한 고용환경 악화의 근본 원인은 무엇이라 생각합니까?

Q 유전자 편집 아기의 탄생이 세계적으로 화제가 되기도 했는데, '유전자 편집' 기술이 지닌 문제점은 무엇이라 생각합니까?

Q 최근 논란이 되고 있는 최저임금제에 대한 자신의 견해는 무엇입니까?

Q 남북 정상 간의 회담이 잘 진행될 경우 발생할 수 있는 경제적 측면에서의 이점에는 무엇이 있을까요?

Part 5

면접
시뮬레이션

01 면접 전의 준비

1 면접 1~2주 전의 준비 사항

① 면접 복장(정장)의 준비

면접 시 입어야 할 정장은 미리 준비해 두어야 한다. 통상 이 시기는 아직 서류전형의 결과가 나오지 않은 경우가 많은데, 막상 서류합격 발표 후 주어지는 면접까지의 기간이 그리 길지 않은 경우가 많으므로, 늦어도 1~2주 전에는 미리 정장을 마련해 두어야 한다.

자신이 면접에서 입을 정장을 따로 갖춰 둔 경우가 아니라면, 본격적인 채용 시기가 시작된 후 적어도 한두 곳의 면접이 진행될 가능성이 있다면, 미리 정장을 준비해 두는 것이 좋다. 특히 정장이 잘 맞지 않거나 손봐야 할 부분이 있다면, 그 시간까지 고려해 늦어도 1주 전에는 준비해 입어보는 것이 좋다.

괜찮은 정장의 경우 한 벌의 가격은 통상 30만 원 이상이 된다. 이 가격이 부담된다면, 요즘에는 이를 대여해주는 곳이 많으므로, 인터넷 등을 통해 사이트나 매장의 위치, 대여료 등을 미리 알아두는 것이 좋다. 물론, 최근에는 정장을 입지 않고 자율복장으로 면접을 시행하는 곳도 있다. 하지만 아직 대부분의 회사에서는 정장 차림을 요구하고 있으며, 면접 복장에 대해 따로 언급하지 않은 경우라도 정장이 기본인 경우가 대부분이다.

그럼 정장은 어떻게 입고, 또 어떻게 연출하는 것이 좋을까? 구체적으로 살펴보면 다음과 같다.

• 정장의 색상과 스타일

– 일반적으로 짙은 색상이 좋다. 검은색과 감색, 짙은 회색 등이 선호된다.

– 남성의 경우 정장 상의가 엉덩이의 반을 덮을 정도의 길이가 적당하며, 바지 길이는 발등 부분을 살짝 덮을 정도로 하여 발목 뒷부분에서 끝나는 일자 정장 바지가 좋다. 최근 트렌드는 발목을 드러내는 것이 유행이라고 하는데, 면접 때는 유행보다는 격식이 중요하므로, 이런 스타일은 피하는 것이 좋다.

– 여성의 경우도 남성과 같은 색상이 좋다. 회사의 특성에 따라 회색이나 단정한 밝은 색상을 입기도 한다. 다만, 지나치게 화려한 원색은 피해야 한다.

– 여성 하의의 경우 치마 정장이 일반적이나, 치마나 바지 정장 모두 무난한 것으로 알려져 있다. 영업직이나 일부 외국계 회사와 같이 활동적 측면을 강조하는 회사의 경우는 바지 정장을 선호하기도 한다. 다만, 원피스는 정장으로 피하는 것이 좋다.

• 셔츠와 블라우스

– 남성 셔츠의 경우 흰색 또는 옅은 블루, 옅은 핑크 색이 무난하다. 흰색 셔츠에 스트라이프가 들어간 셔츠를 입기도 하는데, 이 경우 단정한 느낌이 들어야 한다.

– 셔츠의 크기는 자기 몸에 맞춰 적절한 치수를 입어야 한다. 너무 작아 꽉 끼지 않도록 하고, 반대로 너무 커서 구김이 생기지 않도록 해야 한다. 단추를 모두 잠갔을 때 목둘레와 소매에 모두 손가락 하나 정도가 들어가면 꼭 맞는 치수라 알려져 있다.

– 여성의 경우 셔츠나 블라우스의 색상 대부분 흰색 등 밝은 색이 가장 무난한 것으로 알려져 있다.

– 블라우스의 경우 속이 비칠 정도로 얇은 것은 피해야 한다.

• 넥타이

– 넥타이는 일반적으로 밝고 활기찬 색상이면서 단정한 느낌이 드는 넥타이가 좋은 것으로 알려져 있다. 지나치게 화려하거나 복잡한 문양이나 색상은 모두 피하는 것이 좋다.

– 넥타이 매는 법은 미리 익혀두는 것이 좋다. '윈저노트' 방법이 가장 무난한 것으로 알려져 있으나, 매는 법을 익히기 곤란한 경우 이런 형태로 메어진 넥타이(일명 자동 넥타이)를 구매해 착용하면 된다.

• 구두와 양말

– 구두는 정장보다 짙은 색상이 좋으므로, 검은색이 가장 선호되는 색상이다. 특히 무늬가 있는 구두나 밝은 색 구두와 양말은 모두 피해야 한다.

– 여성의 경우도 남성과 비슷하다. 일반적으로 검은색과 브라운 계통의 색상이 가장 무난하며, 앞코가 막혀 있고 무늬가 들어가지 않는 것이 좋다. 굽 높이가 너무 높은 경우 걸음걸이에 지장을 줄 수 있으므로, 5~7㎝ 정도가 가장 적당하다.

[남성 면접 복장]   [여성 면접 복장]   [여성 블라우스 복장]

② 헤어스타일

남성 면접자의 경우 지원 회사마다 다소 차이가 있으나, 일반적으로 짧고 단정한 헤어스타일이 가장 선호되는 것으로 알려져 있다. 특히 이마와 귀를 드러내어 시원해 보이는 스타일이 좋으며, 앞머리를 내려야 할 경우에는 눈썹 위에 살짝 닿을 수 있는 정도로 하고 자연스럽게 옆으로 넘겨주는 것이 부드러운 이미지 연출에 효과적이다.

여성 면접자의 경우 지나치게 짧은 단발은 피하며, 웨이브를 심하게 넣어 이미지를 해치지 않도록 주의해야 한다. 적당한 길이의 머리나 단발머리는 무난하나, 머리가 아주 긴 경우는 머리핀 등을 사용해 단정하게 묶어주는 것이 좋다.

통상 새롭게 꾸민 헤어스타일이 효과적으로 자리 잡는 데는 일주일 정도가 소요된다고 하므로, 1주일 전에 미리 꾸미고 면접에 임박해서는 가볍게 다듬고 정리하는 정도로 하는 것이 좋다.

• 피해야 할 헤어스타일

– 지나친 웨이브 연출, 화려한 올림머리나 세팅 펌(퍼머넌트)
– 짙은 염색, 헤어 스프레이나 젤의 과도한 사용
– 적당히 묶거나 정리하지 않은 긴 머리

③ 화장

면접 화장은 1주 전에 해야 할 일은 아니지만, 화장에 익숙지 않은 경우 자신의 피부톤이나 얼굴형에 맞는 스타일, 어울리는 립스틱 색, 지원 분야의 특성을 등을 모두 고려해 미리 준비해 둘 필요가 있다.

가급적 평범하게 보이는 옅은 화장이 가장 선호된다고 알려져 있다. 화장을 전혀 안 하는 경우를 선호하지 않는 면접관도 있으므로, 가볍게 하는 것이 좋다. 다만, 짙은 화장과 매니큐어, 너무 튀는 립스틱 등은 모두 피해야 한다. 화장을 통해 자신의 얼굴이 밝고 건강하게 보일 수 있다면, 좋은 인상을 남길 수 있을 것이다. 따라서 이러한 연출을 위해 미리 조금씩 연습해 둘 필요가 있다.

• **피해야 할 면접 화장법**

> • 얼굴과 목의 색이 다른 화장
> • 스모키 화장이나 가부키 스타일의 화장
> • 속눈썹 연출 및 화장, 과도한 아이라인
> • 과도한 볼터치
> • 짙은 립스틱

❷ 면접 2~5일 전의 준비사항

① 지원 회사에 대한 정보검색

서류전형의 결과가 발표될 시기라 할 수 있는 면접 4~5일 전부터 면접 2일 전까지의 시기에서 가장 먼저 확인해야 할 것은 지원 회사에 대한 정보의 검색이다. 물론, 취업 준비와 지원 과정에서 어느 정도 파악해 알고 있겠지만, 지금은 면접이 임박한 특정 회사와 지원 분야에 대해 집중적인 정보를 파악할 필요가 있다는 점에서 조금 차이가 있다.

그럼, 구체적으로 어떤 것을 파악해 숙지해야 하는가? 우선은, 기본적인 정보, 즉 회사와 지원 분야의 명칭, CEO의 이름, 신년사, 회사의 비전과 목표(가치), 주력 산업 분야 등을 먼저 인터넷 등을 통해 검색해 숙지해 두어야 한다. 다음으로는 자신의 지원 분야나 기업 관련 뉴스를 확인해야 한다. 특히 사회적으로 화제가 되었거나 공감대를 형성할 만한 뉴스가 있었다면 반드시 파악해 두어야 할 것이다. 그리고 지원 분야에서 최근 강조하고 있는 기업의 정책이나 투자 방향, 연구 주력 분야, 추진 사업 등에 대해서도 알아 두어야 한다. 이 정도만 파악해 둔다면 회사와 지원 분야에 대한 충분한 대비가 될 수 있을 것이다.

② 예상 질문 리스트 만들기

면접이 잡힌 곳의 이력서나 지원서, 자기소개서 등을 다시 검토하여 예상 질문 리스트를 작성해야 한다. 지원자 중에는 자신이 쓴 이력서나 자기소개서를 서류전형용으로 치부하거나 별로 대수롭지 않게 생각하는 경우가 있는데, 이는 아주 잘못된 생각이다. 회사와 면접관들은 지원자 본인이 어떤 사람이며, 어떠한 역량을 갖추고 있는지 알 수가 없다. 따라서 면접에 임하기까지는 지원자의 이력서와 자기소개서를 통해 그 사람을 파악할 수밖에 없으며, 실제 면접에서도 이를 토대로 하여 질문을 할 수밖에 없는 것이다.

지원자는 자신이 작성한 내용을 제대로 기억하는 것이 중요한데, 이는 특히 면접에서의 답변 내용이 자신의 이력서나 자기소개서의 내용과 배치되는 것을 방지하는 효과가 있다. 답변 내용이 이력서나 자기소개서의 내용과 다른 경우 기본적으로 면접관들은 면접 준비가 충실하지 못하다고 느끼게 된다. 또한, 그 내용과 관련하여 신뢰를 잃게 되어 결국 지원자를 신뢰하지 못하게 만들 수 있다.

구체적인 질문 리스트의 작성 과정을 살펴보면 다음과 같다.

• 이력서나 입사지원서의 질문 리스트 작성

> - 이력서에 기재된 항목을 모두 검토한다. 특히 자신의 전공이나 학점, 학교에서의 활동, 사회경험 등을 꼼꼼히 검토해 관련 질문 리스트를 작성한다.
> - 리스트 작성은, 면접관의 입장에서 어떤 질문을 할 수 있는지 살펴보고 그 핵심 내용을 적는 것으로 보면 된다.

• 자기소개서의 리스트 작성

> - 자기소개서를 꼼꼼히 읽고, 자신의 활동이나 경험 등과 관련된 내용을 중심으로 질문 리스트를 작성한다.
> - 실제 면접 시 1분 자기소개 등 간단한 자기소개를 요구하는 경우가 많으므로, 반드시 준비해 두어야 한다.
> - 면접 스터디를 하고 있다면, 다른 사람들로부터 면접관들이 궁금해할 내용이나 알고 싶은 내용을 물어볼 수 있을 것이다. 다른 사람을 통해 파악하는 것이 특히 효과적인 부분이라 할 수 있다.

• 스펙 및 역량, 인성 관련 리스트의 작성

> - 자신의 스펙과 역량, 인성 등과 관련된 내용을 검토해 질문 리스트를 작성한다.
> - 스펙과 역량에 대한 부분은 자신이 기재한 내용을 토대로 작성하며, 인성과 관련된 부분은 면접 서적이나 인터넷 카페 등을 통해 관련 정보를 입수해 작성하면 된다.
> - 인성에 대한 질문은 최근 중요하게 부각되고 있으므로, 면접 관련 서적을 등을 참고해 충분히 대비해 두어야 할 것이다.

③ 질문 답변의 작성

질문 리스트에 따라 실제 답변을 작성해 본다. 면접과 관련된 책을 통해 좋은 답변의 방향을 파악한 후 자신의 활동과 경험을 적용해 작성한다면, 보다 쉽게 작성할 수 있을 것이다. 유사한 질문 유형은 함께 묶어 작성 · 정리하는데, 해당 질문의 답변 기준이 될 사실을 먼저 명확히 정리할 필요가 있다. 그리고 이 사실을 토대로 하나의 답변을 실제로 작성하고, 이를 중심으로 비슷한 질문 유형에 적절히 적용할 수 있는 답변을 구상한다면, 보다 효율적인 준비가 될 수 있을 것이다.

④ 질문 답변의 연습(시연)

질문에 대한 답변이 작성되었다면, 실전과 같은 환경을 통해 직접 답변해보는 연습과정이 필요하다. 이 과정은 가능하다면 다른 사람 앞에서 직접 답변하는 형태로 진행하는 것이 효과적이다.

만일 지원자가 면접 스터디에 참가할 수 있다면, 구성원들끼리 실제 면접 환경 및 상황과 유사한 조건을 갖춰 시연해 보는 것이 좋다. 면접관과 답변을 할 지원자를 정하여 준비된 질문과 답변을 돌아가며 모두 시연해 본다면, 비교적 짧은 시간에 큰 효과를 볼 수 있을 것이다.

스터디를 구성하기 어려운 경우라면, 주위의 친구나 지인들 앞에서 직접 해보고, 발표 내용과 자세 등과 관련된 문제점을 알려 달라는 방법이 좋을 것이다. 남들 앞에서 직접 시연해 보는 것은 답변 시의 자세나 화법 등에 대한 점검과 피드백이 가능하다는 큰 장점이 있다.

⑤ 면접 스터디의 효율적 활용

• 스터디의 필요성

취업 준비 시 여러 스터디를 구성해 대비하기도 하는데, 많은 장점에도 불구하고 몇 가지 문제점을 지니는 것도 사실이다. 스터디에서 집중할 내용이 너무 방대해지는 것이 대표적인 문제이다.

가장 효율적인 스터디 형태는 면접 스터디이다. 면접 스터디를 통해 실전 같은 모의면접을 함께 시연해보고 서로 개선점을 알려 주며, 꼭 필요한 정보를 공유하는 것이 가능하다. 면접 스터디가 마땅히 없는 경우 자신이 스터디를 구성해도 된다. 통상 2~4일 정도 집중적으로 연습하는 것이 효율적이므로, 같은 회사에 지원한 사람이나 가까이 있는 몇 사람을 중심으로 구성해 운영하는 것이 효율적일 것이다.

• 모의면접의 구체적 진행 방법

면접 스터디를 구성해 모의면접을 시연하는 경우, 가장 먼저 구성원 중 면접관과 면접자를 구분하고, 강의실 등을 이용해 실제 면접장에 맞추어 좌석을 배치해야 한다.

단순한 질문과 답변만 하는 방식보다는, 입장부터 착석, 질문과 답변, 퇴장까지의 전 과정을 연습해 보는 것이 좋다. 면접관들은 답변 내용뿐만 아니라 답변 시의 자세나 표정, 시선처리, 목소리 크기, 말의 속도 등 전반적인 상황을 평가해야 한다. 이런 방식으로 구성원들이 모두 면접자의 역할을 수행한 다음에는 검토와 평가, 피드백 과정을 가져야 한다.

❸ 면접 1일 전의 준비사항

① 답변 내용의 최종 점검

　자기소개를 비롯하여 작성된 질문 리스트의 답변을 다시 한번 복습한다. 실전과 같은 형태로 소리내어 답변하고, 답변이 잘되지 않거나 어색한 부분은 여러 번 복습하여 완전히 숙달한다. 그리고 지원회사에 대한 내용 중에서도 복습이 필요한 부분이 있다면, 다시 한 번 정리 내용을 읽어 충분히 숙지할 수 있도록 한다. 면접 당일에는 막상 이런 것을 복습할 여유가 없는 경우가 많으므로, 전날 연습을 마지막이라 생각하고 점검해 두어야 할 것이다.

② 면접 복장 및 준비물의 최종 점검

　면접 당일에 입을 정장과 셔츠 등을 전부 다시 입어보고, 전체적인 상태와 옷매무새 등을 점검해 본다. 넥타이와 양말, 구두까지 모두 이상이 없는지 확인해 두어야 한다.

　면접 당일에 챙겨가야 할 준비물이 있다면 미리 챙겨서 한 곳에 모아두는 것이 좋다. 어떤 회사에서는 면접날 자기소개서를 제출하도록 하는 곳도 있는데, 회사에서 요구한 것은 하나도 빠트리지 않도록 미리 목록을 만들어 챙겨두어야 한다.

③ 생활 관리 및 수면

　면접 전날 특별한 약속은 잡지 않도록 한다. 특히, 음주 약속이나 시간이 오래 걸리는 외출은 자제하는 것이 좋다. 저녁 식사 후 평소보다 조금 일찍 잠자리에 들어 다음날 늦잠을 자지 않도록 해야 한다. 기상 시간에 일어나기 어려운 사람은, 알람을 미리 맞춰 두고 잠자리에 드는 것이 좋을 것이다.

02 면접 당일의 준비와 면접 실전

1 면접 당일의 준비

① 기상 및 출발 전 준비

정해진 시간에 기상해 깨끗이 씻고 아침 식사를 가볍게 한다. 식사 전후로 시간이 날 때 당일의 주요 뉴스나 기사를 검색해 둔다. 신문을 보거나 뉴스를 시청할 수도 있지만, 이것이 곤란한 경우에는 인터넷 검색을 통해 뉴스 제목과 주요 내용을 확인해 두어야 한다.

② 출발 및 도착 시간

자가용을 이용하든 대중교통을 이용하든 간에, 면접 예정 시간보다 20~30분 정도 일찍 면접 장소에 도착하는 것이 좋다. 그리고 아침에는 러시아워로 교통이 막혀 지체될 수 있다는 것을 감안해 충분히 빨리 출발해야 한다. 여유 없이 급하게 도착한 사람은 처음부터 압박감을 느끼게 되고, 좋은 컨디션에서 답변하기 어려운 등의 여러 문제가 있을 수 있다.

③ 면접 장소 인근에서의 주의 사항

면접 장소나 가까운 인근에는 면접관이나 면접을 관리하기 위한 직원들도 있을 가능성이 크기 때문에, 몇 가지 주의해야 할 것이 있다. 우선, 큰 소리로 소란스럽게 떠들거나 전화 통화를 통해 면접에 관해 이야기하지 않도록 주의해야 한다. 그리고 아무 곳에서나 담배를 피우거나 불량한 자세로 있는 행위, 커피 등 음료수를 마신 후 아무 곳이나 버리는 행위 등 모든 행동을 주의해야 한다.

이러한 행동은 지원자의 이미지에 부정적 영향을 미칠 수 있으며, 그날 혹은 오전/오후 면접 조의 전반적인 인상으로 기억될 수 있다. 정말 거슬리는 모습에 대해서는 지원자의 얼굴을 기억하는 면접관도 있다고 한다.

❷ 면접 실전

① 대기실에서의 태도

면접 장소에 가면 우선 대기하는 장소에서 잠깐 머물게 된다. 대기실에서 바로 면접장으로 들어가는 경우도 있고, 대기실에서 면접장 앞으로 가서 잠깐 대기한 후 들어가는 경우도 있다. 대기실이나 면접장 앞에서는 면접 안내 직원의 지시사항을 잘 들어야 한다. 면접장 입장이나 퇴장 시 수행하여야 할 인사나 구호, 요구되는 자세, 면접 소요 시간 등에 관한 여러 정보를 제공할 수 있으므로, 잘 듣고 그대로 준수하는 것이 좋다.

일반적으로 대기실이나 면접장 앞에서 필요한 바람직한 태도와 피해야 할 태도는 각각 다음과 같다.

• 바람직한 태도

- 면접 안내자의 말을 잘 경청하며, 예의 바른 태도를 유지한다.
- 가볍고 밝은 표정을 유지한다.
- 기본적으로는 자신감을 잃지 않아야 한다. 가슴과 허리를 쭉 펴고 바른 자세로 앉아, 심호흡 통해 긴장을 해소할 수 있도록 한다.
- 차분한 자세로 대기하며, 면접에서의 자세나 질문에 대한 답변을 상기한다.
- 면접 안내물이나 회사 홍보물, 면접 관련 서적 등이 있다면 보는 것도 좋다.

• 피해야 할 태도

- 뒤로 기대앉거나 다리를 꼬고 앉는 등 불량한 자세를 취한다.
- 전화통화를 하거나 SNS, 문자 메시지 등에 몰두한다.
- 다른 지원자와 큰 소리로 이야기한다.
- 웃고 떠들거나, 농담을 한다.
- 면접 안내 직원에게 꼬치꼬치 질문한다.
- 장시간 자리를 비우거나 여기저기 돌아다닌다.

② 대기실에서의 준비 사항

조별면접을 실시하는 경우는 대기실이나 면접장 앞에서 같은 조원들끼리 먼저 가볍게 인사를 나누는 것이 좋다. 그리고 면접장 입장 후 면접관에게 어떻게 인사할지를 결정해야 한다. 대체로 면접장에 노크를 한 후 들어가면서 가볍게 목례를 하며, 착석할 의자 앞에 서서 한 사람(통상 번호가 가장 빠른 사람)이 "차렷", "경례"라 말하면, 단체로 "안녕하십니까?"라고 말한 후 인사하는 식으로 진행된다. 인사말을 먼저 한 후 고개를 90도 정도로 숙이는 것이 가장 좋은 것으로 알려져 있다. 이런 방식을 조원들끼리 정해서 통일적으로 실행할 수 있도록 한다.

개별면접을 실시하는 경우는 조별면접과 비슷하나, '차렷, 경례'구호는 생략하고 바른 자세로 인사를 하면 된다.

[면접장에 입장하기 직전의 모습]

③ 면접장에서의 태도와 자세

면접장에 입장하는 순간부터 본격 면접이 시작된다고 할 수 있다. 우선, 면접장 문을 열고 들어가는 순간부터 가볍게 미소를 띠는 표정이 필요하다. 첫인상이 미치는 영향은 사실 굉장히 크다. 면접이 완전히 종료될 때까지 시종일관 밝은 표정을 잃지 않아야 한다. 미소와 밝은 표정에 익숙하지 않은 사람은, 평소 충분한 반복 연습을 통해 이러한 표정을 연출하는 것이 좋다.

다음으로 가슴과 허리를 쭉 펴고 당당한 걸음걸이를 통해 의자 앞까지 이동해야 한다. 평소 걸음걸이나 자세가 좋지 않은 경우 거울을 보며 연습하거나 다른 사람을 통해 교정하는 것이 좋다.

인사를 한 후 의자를 앉을 때도 주의해야 할 것이 있다. 바로 면접관이 앉으라고 할 때 앉아야 하는 것이다. 그냥 마음대로 앉는다면 불편하게 느낄 면접관이 있을 수 있다.

의자에 앉은 후에도 반듯한 자세를 유지해야 한다. 남성 지원자의 경우 편하게 주먹을 쥔 채로 무릎 위에 자연스럽게 손을 얹고, 다리를 어깨 너비로 벌려 앉는다. 발은 가능한 11자로 유지하는 것이 좋으나, 지나치게 벌리거나 오므리지 않는다면 크게 신경 쓰지 않아도 된다.

여성 지원자의 경우 치마가 구겨지지 않도록 앞쪽을 쓸고, 의자에 앉으면서 치마 뒤쪽을 쓸어내리는 것이 좋다. 착석 후에는 오른손이 왼손 위에 올라가도록 포갠 뒤 무릎 위에 편하고 자연스럽게 놓는다. 역시 밝은 표정을 유지하며, 면접관을 바라보며 가볍게 미소 짓는 것도 좋다.

④ 면접장에서의 답변 태도

면접 시 질문에 대한 답변 태도에 대해서는 앞서 충분히 언급하였다. 기본적으로 자신감을 가지는 것이 가장 중요하며, 답변 시에도 밝고 당당한 어조로, 간결하면서도 분명하게 답변하는 것이 가장 좋다.

지원자는 실제 면접장에서 긴장하는 경우가 많은데, 어느 정도 긴장하는 것은 당연하나 면접관의 분위기 메이킹에 현혹되어서는 안 된다. 면접관은 제대로 된 평가를 위해 면접장 분위기를 이용하는 경우가 종종 있으므로, 딱딱한 표정과 말투로 공격적으로 질문할 수도 있고, 반대로 편하고 자유로운 분위기를 연출할 수도 있다. 이에 지원자가 현혹되어 같이 흥분하거나 굳은 표정을 보인다거나, 긴장이 풀어져 느슨하고 해이한 모습을 보여서는 절대 안 된다. 처음부터 끝까지 밝고 당당하면서도 겸손한 지원자의 자세를 유지해야 한다. 그것이 가장 중요하다.

면접관의 질문에 제대로 답변하지 못하는 경우도 있을 수 있다. 지나치게 긴장해서 그럴 수도 있고, 자신이 미처 준비하지 못한 질문을 해서 그럴 수도 있다. 어떤 경우이든 한 번은 괜찮다고 본다. 적절한 답변이 떠오르지 않는 경우, "죄송합니다만, 지금 긴장을 해서 그 부분은 생각이 떠오르지 않습니다. 잠시 후에라도 생각이 나면 다시 말씀드리도록 하겠습니다."라고 양해를 구하는 것이 좋다.

한 번 답변을 못했다고 그 지원자를 떨어뜨리는 면접관은 없다. 그렇게 낙담할 필요가 없다. 그 이후 답변을 잘하면 충분한 것이다. 다만, 이는 한 번에 그치는 것이 좋다. 자꾸 반복되면, 결국 그 사람의 준비부족 또는 역량부족으로 평가할 수밖에 없을 것이다.

- **면접장에서의 바람직한 태도**

> – 밝고 당당하며, 자신감 있는 모습을 유지한다.
> – 면접관을 밝은 표정으로 바라보되, 겸손함을 잃지 않아야 한다.
> – 면접관의 말을 경청하며, 질문을 받았을 때 충분히 큰 소리로 또박또박하게 답변한다.
> – 바른 자세를 유지하며, 자세가 흐트러지거나 몸을 뒤척이지 않도록 주의한다.

- **면접장에서의 피해야 할 태도**

> – 자신감 없고 소극적인 모습을 보인다.
> – 어두운 표정이나 굳은 표정을 띤다.
> – 답변 시 지나치게 경직된 모습으로 답변하거나, 말끝을 흐리거나 얼버무리는 모습을 보인다.
> – 면접 시 산만하거나 집중하지 않는 모습을 보인다.
> – 면접관이나 다른 지원자의 말을 경청하지 않고 다른 생각을 한다.
> – 질문에 대해 웃음으로 답변을 대신하려 하거나, 흥분한 모습으로 답변한다.

⑤ 면접장에서의 퇴장

면접이 끝난 경우는 면접관의 언행을 통해 알 수 있다. 면접관들끼리 간단한 의견 교환 후 "수고했습니다." "오늘 여기까지입니다. 모두 고생하셨습니다."라는 멘트를 하면, 쭈뼛거리지 말고 자리에서 일어선다. 개별면접의 경우 다시 인사하고 퇴장하면 되겠지만, 조별면접의 경우 다른 사람이 모두 일어설 때까지 기다렸다가, 구호에 맞춰 "감사합니다."라고 인사한 후 당당하고 바른 자세로 퇴장한다. 입실 때와 마찬가지로, 출입문 앞에서 돌아서 가볍게 목례하는 것이 좋다.

면접을 잘 봤다거나 혹은 잘 못 봤다고 느끼는 사람은 퇴장 시 그것이 반영되어 표출될 수 있는데, 그러지 않도록 끝까지 주의해야 한다. 맥이 풀려 낙심하거나 짜증이 묻어나는 모습이 드러나서는 안 되며, 반대로 잘 봐서 너무 들뜨거나 흥분해서도 안 된다. 끝까지 바르고 당당한 자세를 유지한 채 퇴장하는 것이 좋다. 면접장을 나온 후에도 면접 안내 직원과 밝은 표정으로 "수고하셨습니다."라고 인사하고 귀가하는 것이 좋다. 모든 일이 그렇듯, 시작과 끝이 좋아야 최종 결과도 좋은 경우가 많다.

부록

최근의 면접
빈출 질문

01 일반면접 빈출 질문

Q 자기소개를 해 보세요.

Q 당사 지원 동기는 무엇입니까?

Q 당사에 대해 아는 대로 말해보세요.

Q (경력) 이직 또는 퇴직 동기는 무엇입니까?

Q 마지막으로 하고 싶은 말이 있다면 해보세요.

Q 입사하면 어떤 일을 하고 싶어요?

Q 자신의 취미를 소개해보세요.

Q 해당 직무를 선택한 이유는 무엇입니까?

Q 다른 회사에 지원했나요? 결과는 어떻게 됐어요?

Q 지방근무나 비연고지 근무는 가능하세요?

Q 입사 후 포부를 구체적으로 말해보세요.

Q 자신의 장점 또는 강점을 말해보세요.

Q 지원 직무에서 어떤 일을 하는지 아십니까?

Q 살면서 힘들었던 경험을 말해보세요.

Q 자신을 채용해야 하는 이유를 말해보세요.

Q (경력) 직장 경력을 소개해보세요.

Q 자신의 특기를 설명해보세요.

Q 주량은 어느 정도인가요?

Q 전공이 직무/업종과 안 맞는데 지원한 이유는 무엇입니까?

Q (졸업/휴학/재수/편입 전후 등) 공백 기간 동안 뭘 했습니까?

Q 자신의 전공을 소개해보세요.

Q 인턴경험을 구체적으로 소개해보세요.

Q 아르바이트 경험을 소개해보세요.

Q 자신의 가족을 소개해보세요.

Q 희망하지 않는 분야에 배치된다면 어떻게 하시겠어요?

Q 동아리 경험이 있으면 말해보세요.

Q 학점이 좋지 않은데 그 이유는 무엇입니까?

Q 프로젝트 경험을 소개해보세요.

Q (졸업자) 아직 취업하지 않은 이유는 무엇입니까?

Q 자신의 자격증에 대해 설명해보세요. / 그 자격증을 취득한 이유는 무엇입니까?

Q 최근에 읽은 책을 소개해보세요.

Q 자신의 꿈이나 비전은 무엇입니까?

Q 자신의 단점에 대해 말해보세요.

Q 자신의 실제 성격은 어떻습니까?

Q (경력자) 자신의 직무 경험을 말해보세요.

Q 자신만의 경쟁력은 무엇이라 생각하세요?

Q 자신의 성격상의 장단점을 설명해보세요.

Q 당사의 제품이나 상품 서비스에 대해 아는 대로 말해보세요.

Q 10년 후 자신의 모습은 어떠할 것 같습니까?

Q 당사의 이미지는 어떠한가요?

Q 면접관에게 질문이 있으면 해보세요.

Q 봉사활동 경험을 말해보세요.

Q 지원 분야에서 자신의 강점은 무엇입니까?

Q 해당 직무 담당자가 갖춰야 할 역량은 무엇입니까?

Q 당사 업종에 지원한 특별한 이유가 있습니까?

Q 일이 힘든데 할 수 있겠습니까?

Q 존경하는 인물은 누구입니까?

Q 자신의 롤모델이 되었던 사람은 누구입니까?

Q 입사를 위해 준비한 것을 말해보세요.

Q 군 경험을 말해보세요. 군 생활은 어떠했나요?

Q 자신만의 스트레스 해소법을 말해보세요.

Q 영업이란 무엇이라 생각합니까?

Q 집이 먼데 회사에 어떻게 출근할 것입니까?

Q 입사하면 회사에 어떻게 기여할 것입니까?

Q 창의력을 발휘한 경험을 말해보세요.

Q 문제점을 개선해 본 경험을 말해보세요.

Q 상사가 부당하거나 불법적인 지시를 내린다면 어떻게 할까요?

Q 인생에서 중요하게 여기는 것은 무엇입니까?

Q 자신의 가치관에 대해 말해보세요.

Q 교외활동이나 대외활동에 대해 말해보세요.

Q 학과 공부 외에 몰두한 것이 있나요?

Q 당사를 알게 된 계기는 무엇입니까?

Q 당사와 경쟁사를 비교 설명해보세요.

Q 당사 영업점에 가 본 적이 있습니까? 그 소감을 말해보세요.

Q 성취감을 느껴 본 경험을 말해보세요.

Q 노조에 대해 어떻게 생각합니까?

Q 이성친구가 있습니까?

Q 자신의 영어실력은 어느 정도입니까?

Q 주위에서 자신을 어떻게 평가합니까?

Q 사람들과 갈등한 경험을 말해보세요. 어떻게 해결했나요?

Q 실패 경험을 하나 말해보세요.

Q 자신의 전공을 선택한 이유는 무엇입니까?

Q 좋아하는 운동은 무엇입니까?

Q 전공이 지원 분야에 어떻게 도움이 될지 구체적으로 말해보세요.

Q 기억에 남거나 관심 있는 과목은 무엇인가요?

Q 자신이 가장 자신 있는 과목은 무엇이고, 특별한 이유가 있을까요?

Q 자격증이 없는데, 이유가 무엇입니까?

Q 상사와 갈등이 계속 발생한다면 어떻게 하시겠어요?

Q 자신의 생활신조/좌우명은 무엇입니까?

Q 영어점수가 낮은 이유는 무엇입니까?

Q 지원 분야에서 일을 잘 할 수 있겠습니까? 그렇다면 그 이유는 무엇입니까?

Q 희망연봉을 말해보세요.

Q 자신의 도전 경험에 대해 말해보세요.

Q 부모님을 소개해보세요.

Q 가능한 외국어는 무엇입니까? 외국어 실력은 어떤가요?

Q 학창시절 가장 기억에 남는 것은 무엇입니까?

Q 최근 사회이슈나 사건에 대한 자신의 견해를 말해보세요.

Q 희망 근무 지역의 선택 사유는 무엇입니까?

Q 팀을 이루어 일을 해 본 경험을 말해보세요.

Q 최근 관심 있게 본 신문/뉴스 기사는 무엇입니까?

Q (경력자) 전 직장에 대해 말해보세요.

Q 당사가 개선해야 할 점에는 무엇이 있을까요?

Q 자신의 별명에 대해 말해보세요.

Q 지원 분야에서 가장 중요한 점이나 필요한 역량은 무엇일까요?

Q 학창시절 주로 무엇을 했습니까?

Q 당사 업종이 나아가야 할 방향이나 향후 전망을 말해보세요.

Q 자신의 학교를 소개해보세요.

Q 담배를 피웁니까? / 흡연하지 않는 특별한 이유가 있을까요?

Q 자신의 학점에 대해 어떻게 생각합니까?

Q 졸업이 늦은 이유는 무엇입니까? / 학교를 오래 다닌 이유는 무엇입니까?

Q 야근이 많은데 잘 할 수 있을까요?

Q 대학에 편입을 한 이유는 무엇입니까?

Q 팀 동료와 갈등이 생긴다면 어떻게 하겠습니까?

Q 자신의 대인관계는 어떻습니까?

Q 현재 사는 곳인 어디입니까?

Q 개인적으로 중요한 일과 회사일이 겹친다면 어떻게 하겠습니까?

Q 해외 근무는 가능하신가요?

Q (회사의 상품 등) 즉석에서 상품을 팔아보세요.

Q 당사 제품이나 서비스를 구매(이용)해 본 적 있습니까?

Q 주말이나 휴일에는 주로 무엇을 합니까?

Q 자신만의 영업전략을 말해보세요.

Q 회사에서 몇 년까지 일할 생각입니까?

Q 친구 많아요? 자신의 친구를 소개해보세요.

Q 당사 홈페이지를 본 적이 있죠? 느낀 점을 말해보세요.

Q 회사를 선택하는 자신만의 기준은 무엇입니까?

Q 살면서 가장 열정을 가지고 해 본 일은 무엇입니까?

Q 자신의 졸업논문/졸업작품에 대해 말해보세요.

Q 자신의 직업관을 말해보세요.

Q 자신 있는 외국어로 자기소개를 해 보세요.

Q 리더십을 발휘해 본 경험을 말해보세요.

Q 해외 경험을 통해 느낀 점이나 배운 것을 말해보세요.

Q FTA에 대한 자신의 견해는 무엇입니까? 그 장단점을 말해보세요.

Q 학점이 아주 좋은데, 공부만 한 것 아닌가요?

Q 학점이 좋은데, 특별한 공부비법이 있나요?

Q 인턴한 회사가 아닌 당사에 입사하려는 이유는 무엇입니까?

Q 당사에 아는 사람이 있습니까?

Q 당사가 어떤 사업을 하는지 알고 있습니까?

Q 상사와 의견이 다를 때 어떻게 하겠습니까?

Q 다른 직무도 할 수 있습니까? 2지망 직무가 있으면 말해보세요.

Q 자신을 표현할 수 있는 단어는 무엇일까요?

Q 자기계발 노력을 말해보세요.

Q 나이가 많은데 어떻게 극복할 생각입니까?

Q 면접 경험이 많은가요? 몇 번째 면접입니까?

Q 식사는 하셨나요? 어떤 메뉴였나요?

Q 살면서 가장 자랑스러웠거나 잘한 일을 말해보세요.

Q 운전할 수 있습니까?

Q 다룰 줄 아는 컴퓨터 프로그램은 무엇입니까?

Q 최근에 본 영화는 무엇입니까?

Q 바로 일할 수 있나요? 입사 가능한 구체적 시기는 언제입니까?

Q 오늘 면접 복장을 선택한 이유는 무엇입니까?

Q 공모전 경험을 말해보세요.

Q 열역학 법칙을 설명해보세요.

Q 직장생활에서 가장 중요한 것은 무엇일까요?

Q 당사 인재상 중 자신과 가장 잘 맞는 사례는 무엇입니까?

Q 당사 면접에서 불합격된다면 어떻게 하시겠어요?

Q 살면서 가장 후회되는 일을 말해보세요.

Q (재지원자) 이전에 당사에서 떨어졌는데, 다시 지원한 이유는 무엇입니까?

Q 당사 관련 기사를 읽은 적 있습니까? 하나만 이야기해 보세요.

Q 복수 전공을 선택한 이유는 무엇입니까?

Q 마케팅이란 무엇입니까?

PT면접 빈출 주제

Q 당사 영업 및 마케팅 전략을 세워 발표

Q 당사 발전 방향을 세워 발표

Q 전공 소개 및 당사에 기여 방안

Q CSR(Corporate Social Responsibility)

Q 지원 분야에 대한 자신의 역량 또는 강점

Q 자기소개 PT(자기 PR)

Q 당사의 경쟁력 강화 방안

Q 당사 광고의 홍보 방안

Q 회사의 해외진출 방안

Q 환율하락/상승에 따른 대처 방안

Q 정부 정책(녹색성장, 소득주도 성장 등)에 따른 기업이 나아가야 할 방향

Q 고령화가 당사 업종에 미치는 영향 및 대책

Q 당사/지원 분야의 고객 유치 방안

Q 저출산의 원인과 대책

Q 지점/점포 상황에 맞춘 영업마케팅 방안

Q 당사 상품/브랜드의 경쟁우위 전략(프로모션 활성화 전략)

Q 자본시장법이 당사 업종에 미치는 영향

Q 당사의 지속 가능한 성장 전략

Q 당사의 신사업 기획안/신규 사업에 대한 아이디어

Q 청년실업에 대한 견해 및 대책

Q 베르누이 법칙

Q 열처리의 종류

Q 빅데이터 활용 방안

Q 지원 분야 경험 소개 및 향후 계획

Q SNS를 활용한 마케팅 방안

Q 회사 매출 목표 달성 방안

Q 신재생에너지 종류와 각각의 발전 방법

Q 지원 직무가 회사에 기여하는 역할

Q 제시된 조건에 따른 금융상품 기획

Q 당사의 장단점

Q 당사 홈페이지 개선 방안

Q 우리 그룹의 수직계열에 대한 장단점 분석

Q 신사업 진출 시 전략을 어떻게 세워야 하는가에 대한 발표

Q 방카슈랑스 확대 방안

Q 양극화 문제

Q 당사에 대한 스왓(SWOT) 분석 후 발표

Q 회사의 매출 신장 방안

Q 당사의 기업 이미지 제고 방안

Q 산업현장의 역률개선 방법

Q 신규 고객 확보 및 기존 고객 구매 확대 방안

Q 입사 후 만들고 싶은 신상품

Q 중국시장에의 진출 전략

Q 정부의 부동산 정책에 대한 견해

Q 윤리경영에 대한 견해

Q 국내외 경제위기에 대한 대응 방안

Q 상생경영 방안

Q 핀테크에서 우위를 점할 수 있는 전략

Q 고객 대기시간 불만 최소화 방안

Q 자신이 지금까지 수행한 프로젝트 중 하나를 골라 발표

Q 자신의 졸업 논문 내용

Q 당사 매장의 구체적 개선 방안

Q 당사 브랜드 이미지 제고 방안

Q 공항 서비스 향상 방안

Q 당사의 사회공헌 활동

Q 담뱃값 인상에 대한 견해

Q 원가절감 방안

Q 당사의 제휴 방안

Q 직장일과 개인 생활 중 자신의 우선순위

Q 마케팅 4P에 대한 설명

Q 해당 직무담당자가 갖춰야 할 자질

Q 우리나라 반도체 산업의 발전 방향

Q 제품 공정상 문제점 해결 방안

Q 지원한 분야에서의 수익 극대화 방안

Q 자신을 상품화여 세일즈 하기

03 토론면접 빈출 주제

Q 문재인 케어 찬반토론

Q 중소기업 적합업종 선정에 대한 찬반토론

Q 우버택시에 대한 찬반토론

Q 카카오택시 유료화 찬반토론

Q 잊혀질 권리에 대한 찬반토론

Q 성범죄자 신상공개

Q 탈원전 찬반토론

Q 소년법 개정(청소년범죄 처벌 강화) 찬반토론

Q 주 52시간 근로에 대한 찬반토론

Q 점장이라면 근무태도가 불량한 아르바이트 직원을 어떻게 할 것인가에 대한 토론

Q 공공성과 수익성에 대한 토론

Q 4차 산업혁명의 장점과 부작용 토론

Q 기업의 사회적 책임에 대한 토론

Q 당사 앱 활성화 방안

Q 재판 생중계에 대한 찬반토론

Q AI가 일자리에 미치는 영향

Q 신용회복 지원 프로그램 중도 탈락자 감소방안

Q 중금리 대출 활성화 방안

Q 무료 우산대여 회수율 제고 방안

Q 블라인드 채용에 대한 찬반토론

Q 문제 연예인의 방송 복귀 찬반토론

Q 공유경제에 대한 찬반토론

Q 신약개발 시 동물임상실험에 대한 찬반토론

Q 전신 스캐너에 대한 토론

Q 사형제도 찬반토론

Q 투표시간 연장에 대한 찬반토론

Q 직장일과 개인생활 우선순위에 대한 토론

Q 고객 대기시간 불만 최소화 방안

Q AIIB에 대한 논의 및 대응 방안에 대한 토의

Q 당사 CF와 로고송 제작 토의

Q 종교인 세금 징수에 대한 찬반토론

Q SNS의 장단점에 대한 토론

Q 통일세(통일비용)에 대한 찬반토론

Q 당사가 추진해야 할 환경경영 실천 방안

Q 당사 사회공헌활동에 대한 토의

Q AR, VR이 당사에 미치는 영향

Q 터널 사고를 줄이기 위한 방안

Q 회사 유휴지에 필요한 사원 복지시설

Q 유연근무제에 대한 찬반토론

Q 최저임금 인상에 따른 자영업자 소득보장 및 일자리 수 유지 방안

Q 양심적 병역거부 찬반토론

Q 낙태에 대한 찬반토론

Q 비정규직에 대한 견해 / 비정규직 기간 연장에 대한 토론

Q 청년수당 지급에 대한 찬반토론

Q 김영란법이 당사 업종에 미치는 영향과 대응 전략 토의

Q 고졸 취업자 및 사회취약계층에 대한 사회적 배려가 역차별에 해당하는가에 대한 토론

Q CSV(Creating Shared Value) 방안에 대한 토론

Q 액티브 시니어 고객 유치 및 확대 방안에 대한 토의

Q 고객 유치 방안에 대한 토의(토론)

Q 카셰어링 교통사고 증가에 대한 대응 방안

Q 셧다운제(신데렐라법) 찬반토론

Q 어린이집 CCTV 설치 의무화 방안에 대한 찬반토론

Q 당사의 차별화 전략에 대한 토론

Q 당사의 강약점과 개선방안에 대한 토론

Q 당사의 신상품 기획안 토의

Q 당사의 브랜드 가치에 대한 토론

Q 수출 촉진 방안에 대한 토의

Q 게임 재화 현금거래에 대한 찬반토론

Q 임금피크제에 대한 찬반토론

Q 노인 연령 상향조정에 대한 찬반토론

Q 스펙 초월 전형에 대한 찬반토론

Q 캣맘(길고양이 먹이주기)에 대한 찬반토론

Q 휴가 사용 장려 방안에 대한 토의

Q 회사 제품 판매와 매출 증대에 대한 토의

Q 경쟁사를 이길 수 있는 전략에 대한 토론(토의)

Q 미래 자동차 트렌드 분석 토의

Q 지하철 여성전용칸에 대한 찬반토론

Q 단통법에 대한 찬반토론

Q 제품의 기술문제 해결방안

Q 종교의 필요성에 대한 찬반토론

Q 군 가산점에 대한 찬반토론

Q 혼밥/혼술 문화에 대한 회사의 대응전략 토의

Q 블랙컨슈머에 대한 토론(토의)

Q 지상파 중간 광고 허용에 대한 찬반토론

Q 성형수술 찬반토론

Q 해외투자유치방안에 대한 토의

Q IT업계 동향 분석 및 미래 변화 예측

Q 금융과 IT기술 접목 방안 토의

Q 보편적 복지와 선별적 복지의 토론

Q 안락사 찬반토론

Q 원격진료에 대한 찬반토론

Q 조직 변화에 대한 거부감 최소화 방안에 대한 토의

Q 리더가 갖추어야 할 덕목에 대한 토의

Q 당사 제품과 브랜드의 콜라보 방안에 대한 토의

Q 프로페셔널의 정의에 대한 토의

Q 쇼핑몰 활성화 방안

Q 푸드트럭에 대한 찬반토론

Q 24세 이하 술 광고 금지에 대한 찬반토론

Q 배너광고와 키워드 광고에 대한 토론

Q 게임 결제비용 제한의 타당성 토론

Q 당사 콘텐츠를 활용한 축제 기획안

Q 프랜차이즈 기업을 선정해 신규 사업계획 토론(토의)

Q 고졸 채용 확대에 대한 찬반토론

Q MCN(Multi Channel Network)을 활용한 프로모션 방안 토론(토의)

Q 캠핑족 증가를 활용한 사업방안 토론(토의)

Q 노키즈존에 대한 찬반토론

Q 대형마트(SSM) 규제에 대한 찬반토론

Q 노령화 문제에 대한 토론

Q 정년연장에 대한 찬반토론

Q FTA 득실에 대한 토론

Q 자기소개를 해보세요.

Q 자신의 취미는 무엇인가요?

Q 지원 동기는 무엇입니까?

Q 해외 경험을 말해보세요.

Q 전공을 소개해보세요.

Q 당사 면접장에 올 때까지의 상황을 설명해보세요.

Q 가족을 소개해보세요.

Q 전공 선택 사유는 무엇입니까?

Q 당사에 대해 설명해보세요.

Q 여행 경험에 대해 말해보세요.

Q 5년 후, 10년 후 자신의 모습을 말해보세요.

Q 휴일이나 여가 시간에 뭐하세요?

Q 최근 읽은 책은 무엇인가요?

Q 제시된 그림/사진을 설명해보세요.

Q 자신의 장단점은 무엇입니까?

Q 자신을 뽑아야 할 이유는 무엇인가요?

Q 존경하는 인물은?

Q 사는 곳인 어디인가요?

Q 아르바이트 경험을 말해보세요.

Q 면접을 받는 지금 심정이나 소감을 말해보세요.

Q 최근에 본 영화는 무엇인가요?

Q 입사 후의 포부는 어떻게 됩니까?

Q 좋아하는 스포츠는?

Q 주말에는 주로 무엇을 합니까?

Q 출신 학교를 소개해보세요.

Q 마지막으로 하고 싶은 말은?

Q 자신의 특기나 강점은 무엇인가요?

Q 고향을 소개해보세요.

Q 이성 친구는 있나요?

Q 인생의 목표는 무엇인가요?

Q 자신의 꿈을 말해보세요.

Q 친한 친구에 대해 말해보세요.

Q 가장 힘들었던 일은 무엇인가요?

Q 자신의 성격은 어떤가요?

Q 영어공부는 어떻게 했나요?

Q 입사하면 어떤 일을 하고 싶나요?

Q 당사의 이미지는 어떤가요?

Q 면접 끝나면 뭐 할 건가요?

Q 스트레스는 어떻게 푸나요?

Q 외국인에게 추천하고 싶은 한국의 명소는?

Q 군대생활은 어떠했나요?

Q 가장 좋아하는 과목은?

Q 자신이 회사에 기여할 수 있는 것은 무엇일까요?

Q 좋아하는 음식은?

Q 좋아하는 연예인/스타는?

Q 가보고 싶은 나라는 어디인가요?

Q 최근 본 신문 내용을 말해보세요.

Q 오늘 날씨 어떤가요?

Q 지난 주말에 뭘 했어요?

Q 어제 뭐 했어요?

Q 오늘 아침/점심식사 메뉴는?

Q 이번 주말에 뭐 할 건가요?

Q 좋아하는 계절은?

Q 봉사활동 경험을 말해보세요.

Q 성취감을 느낀 일을 말해보세요.

Q 동아리 경험을 말해보세요.

Q 즐겨보는 TV 프로그램은?

Q 지원 직무에서 요구되는 핵심역량은 무엇인가요?

시스컴은
여러분을
응원합니다